Walter Hebeisen

F. W. Taylor und der Taylorismus

Über das Wirken und die Lehre Taylors und die Kritik am Taylorismus

Mensch ▪ Technik ▪ Organisation **MTO ▪ Band 24**

Eine Schriftenreihe
herausgegeben
von Eberhard Ulich,
Institut für Arbeitsforschung
und Organisationsberatung

Die Deutsche Bibliothek – CIP-Einheitsaufnahme

Hebeisen, Walter:
F. W. Taylor und der Taylorismus : über das Wirken und die Lehre Taylors und die Kritik am Taylorismus / Walter Hebeisen – Zürich : vdf, Hochschulverl. an der ETH Zürich, 1999
(Mensch, Technik, Organisation ; Bd. 24)
ISBN 3-7281-2521-0

Bildnachweis:
Abb. 1, 4, 5, 7, 8, 9: Photo courtesy Stevens Institute of Technology, Taylor Collection, Hoboken, N. J.
Abb. 6: Photo courtesy Bethlehem Steel Co.
Abb. 2, 3: Photo courtesy of Mrs. William L. Hearne

ISBN 3 7281 2521 0

Der vdf auf Internet: http://www.vdf.ethz.ch

Abb. 1: Frederick W. Taylor

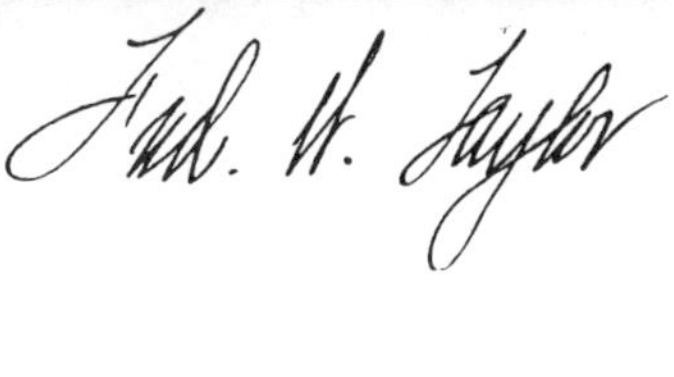

Inhaltsverzeichnis

Vorwort des Herausgebers

Als der Autor dieses Buches mich im Juli 1997 aufsuchte und nach meinem Interesse an einer Diskussion über die ‚wirkliche' Geschichte Frederick Winslow Taylor's fragte, war ich einerseits neugierig, weil ich ihn viele Jahre zuvor zum ersten Mal getroffen und als ‚seriösen Praktiker' in Erinnerung behalten hatte. Andererseits war ich gespannt, was es denn Neues über Taylor zu erfahren gäbe. Schliesslich gab es doch in der Arbeitspsychologie seit Jahrzehnten kaum je bestrittene Sicherheit über dessen Arbeiten und deren Wirkungen.

Meine anfängliche Skepsis wich ziemlich rasch wachsendem Interesse, und als ich später die erste Rohfassung des Manuskripts erhielt, war bald klar, dass ich Wissenswertes über Taylor nicht gewusst hatte. Wie andere auch, hatte ich etwa die zweibändige Biographie von Copley (1923)[1] nicht zur Kenntnis genommen und damit eine wichtige Informationsquelle übersehen, obwohl sie von Vahrenkamp (1977)[2] in der Einleitung zur Neuauflage der ‚Grundsätze wissenschaftlicher Betriebsführung' mehrfach zitiert ist. Angeregt durch die hier vorliegende Arbeit von Walter Hebeisen habe ich mir inzwischen diese und weitere Literatur zugänglich gemacht und dadurch ein wesentlich differenzierteres – zugleich aber auch weniger einheitliches – Bild von Frederick Winslow Taylor gewonnen. So kann ich auch nachvoll-

[1] Copley, F. (1923). Frederick Winslow Taylor. Father of Scientific Management. Vol. I and II. New York: Harper

[2] Vahrenkamp, R. (1977). Frederick Winslow Taylor - Ein Denker zwischen Manufaktur und Grossindustrie. In: F. W Taylor, Die Grundsätze wissenschaftlicher Betriebsführung (S. LII - LXC). Neu herausgegeben und eingeleitet von Walter Volpert und Richard Vahrenkamp. Weinheim: Beltz

ziehen, was Ekkehart Frieling (1998, 17)[3] meint, wenn er aus der Erfahrung seiner dreijährigen Tätigkeit in einer Unternehmung anmerkt: „Fast bin ich geneigt zu behaupten, dass der vielbeschimpfte Taylor humanorientierter war als die streamline Trainees der neunziger Jahre". Oder wenn es bei Frieling und Sonntag (1999, 79)[4] heisst: „...Taylor war in seinen Methoden zum Teil fortschrittlicher und humaner orientiert, als die derzeitigen Protagonisten des Lean managements ..., die sich um die Auswirkungen auf die betroffenen Mitarbeiter weniger kümmern als Taylor dies tat." Dementsprechend finden sich bei Copley Auszüge aus Taylors Manuskript seiner Vorlesungen an der Harvard Universität, in dem es u.a. heisst: „As I several times tried to point out, the value of any system of treating or managing workmen should be measured chiefly by the effect which it has in the long run upon the character of the workman as well as upon his prosperity" (Taylor nach Copley 1923, I, 326).

Im hier vorliegenden Buch finden sich, gestützt auf die älteren und neueren Biographien, zahlreiche weitere Belege dafür, dass eine differenziertere Beurteilung von Person und Werk Frederick Winslow Taylors ebenso angebracht ist wie eine Unterscheidung zwischen seinem Tun und dem seiner Epigonen. Wenn der Autor manchen Kritikern Taylors vorhält, ihre Kritik am Taylorismus sei in Wahrheit Ideologiekritik, so mag dies dem einen oder der anderen nicht gefallen. Aber auch damit müssen wir uns schliesslich auseinandersetzen. Und wenn noch immer zutrifft, dass Taylor zu jenen Autoren zählt, „die man zur Zeit am häufigsten nennt und am wenigsten liest" (Volpert 1985, 28)[5], dann sollte das Buch von Walter Hebeisen Veranlassung sein, sich erneut und ernsthaft mit dem Mann zu beschäftigen, der als Begründer der Arbeitswissenschaft gilt und dessen Name seit Jahrzehnten in keinem arbeitswissenschaftlichen Grundlagenwerk fehlt.

Zürich, im Juni 1999 Eberhard Ulich

[3] Frieling, E. (1998). Drei Jahre in der Praxis - oder welchen Sinn kann Job rotation für Hochschullehrer haben? Arbeit 7, 7-20

[4] Frieling, E. & Sonntag, Kh. (1999). Lehrbuch Arbeitspsychologie. 2. Auflage. Bern: Huber

[5] Volpert, W. (1985). Zauberlehrlinge. Die gefährliche Liebe zum Computer. Weinheim: Beltz.

1 Vorwort

Während meiner Ausbildung zum Betriebsingenieur an der ETH kam ich 1948 erstmals mit dem Werk Frederick Winslow Taylors (1856–1915), des „Vaters der wissenschaftlichen Betriebsführung“, in Kontakt und blieb während meiner ganzen beruflichen Tätigkeit fasziniert von der Bedeutung dieses Mannes und der Wirkung seines Werks auf die Entwicklung der Industrie und der Betriebswissenschaften. Gleichermassen fesselte mich auch die heftige und bis heute nicht nachlassende Kritik an diesem Mann und an dem, was man gemeinhin als Taylorismus bezeichnet. Vor rund sechs Jahren habe ich begonnen, seine Schriften aufzustöbern und sie wenn möglich in der Originalsprache zu lesen. Auf der Bibliothek des Betriebswissenschaftlichen Instituts (BWI) der ETH Zürich finden sich die meisten der in der Bibliographie im Anhang zu diesem Bericht aufgeführten Werke Taylors in ihrer Originalfassung. Die einzige Ausnahme bildet die Publikation „A Piece-Rate System“ 1895, die auf der Bibliothek der ETH selbst zu finden ist. Auf der Bibliothek des Betriebwissenschaftlichen Instituts werden auch wesentliche Werke aus der Zeit des beginnenden zwanzigsten Jahrhunderts aufbewahrt, worunter als wichtigste Veröffentlichung die 1923 publizierte Biographie Taylors in zwei Bänden von Frank B. Copley, welche insgesamt 950 Seiten umfasst und spannend zu lesen ist. Ein aufschlussreiches Buch über die wissenschaftliche Betriebsführung ist auch das unter dem Namen „Hoxie Report“ bekannte Buch von Robert Franklin Hoxie „Scientific Management and Labor“, 1915, New York, in welchem die Ergebnisse aus der Untersuchung der „US-Commission on Industrial Relations“ unter der Leitung von R. F. Hoxie über die Auswirkungen der neuen Systeme wissenschaftlicher Betriebsführung auf die Arbeiterschaft präsentiert und kommentiert werden. Eine Reihe weiterer Publikationen über Taylor und seine Lehre sind in jener Zeit in Deutschland und auch in der Schweiz erschienen und viele davon ebenfalls in der Bibliothek des BWI an der ETH verfügbar.

Die Literatur über Taylor und seine wissenschaftliche Betriebsführung ist auch heute reichhaltig, weil das Interesse während des ganzen zwanzigsten Jahrhunderts nicht nachgelassen hat. Neben den Bibliotheken an der ETH waren auch die Bibliothek des „Institute of Management Services" in Enfield, Middx, England und die Zeitschrift des amerikanischen Institute of Industrial Engineers „Solutions" ergiebige Quellen für zeitgenössische Kommentare zum Taylorsystem und zu seiner Anwendung. Für den vorliegenden Bericht wichtigste Veröffentlichung aus unserer Zeit ist sicher die 1997 bei Penguin Books, New York erschienene neueste Biographie Taylors von Robert Kanigel unter dem Titel „The One Best Way, Frederick Winslow Taylor and the Enigma of Efficency". Der Rezensent der amerikanischen „Business Week" schloss seine Kritik über dieses Buch mit den Worten „I was sorry when it ended".

Bei der Abfassung dieses Berichts geriet der biographische Teil umfangreicher als geplant. Ich verzichtete aber aus zwei Gründen auf eine Kürzung. Erstens sind biographische Unterlagen über Taylor in deutscher Sprache selten und es wurde meines Wissens auch keine der zahlreichen Biographien Taylors ins Deutsche übersetzt. Es mag für diesen und jenen an Taylors Leben und Werk Interessierten nützlich sein, wenigstens eine zusammengefasste Biographie auf Deutsch zur Verfügung zu haben. Zweitens ist die Kenntnis von Taylors Lebenslauf und seiner Bezüge zur gesellschaftlichen und industriellen Situation in seiner Epoche wesentlich. Nur so kann sein Werk und die umfangreiche und oft harsche Kritik personen- und sachgerecht beurteilt werden.

Ohne die wiederholte Ermutigung durch Dritte wäre dieser Bericht wohl nicht zustande gekommen. Für die wertvolle Unterstützung dieser Art danke ich in erster Linie Herrn Professor Dr. Eberhard Ulich, bis 1997 Direktor des Instituts für Arbeitspsychologie an der Eidgenössischen Technischen Hochschule in Zürich, und Herrn Dr. Roland Müller, Chefredaktor der Zeitschrift „Management & Qualität", des Organs der Schweizerischen Arbeitsgemeinschaft für Qualitätsförderung. Herrn Dr. Roland Müller danke ich darüber hinaus für die gründliche Durchsicht des gesamten Textes und die vielen wertvollen redaktionellen Empfehlungen, welche zu einer spürbaren qualitativen Verbesserung des Berichts geführt haben. Dank gebührt auch Herrn Heini Glatz, Präsident der Schweizerischen MTM- (Methods-Time Measurement) Vereinigung, der mir manchen nützlichen Hinweis bezüglich der Anwendung des Arbeitstudiums in der heutigen Ära moderner Führungssysteme geben konnte und Herrn Viktor Suter, MTM-Chefinstruktor, der die MTM-Analyse der taylorischen Studie des Umladens von Eisenbarren erstellte. Vielen Dank auch an Frau Nydia Cruz, Assistant Curator am Stevens Institute of Technology in Hoboken, N.J. für die Besorgung der Fotografien in diesem Buch. Zuletzt ganz herzlichen Dank an meine liebe Gemahlin Eleonor für die äusserst sorgfältige Überprüfung des gesamten Berichts und ihre wertvollen stilistischen Verbesserungsvorschläge, wenn meine möglichst wortgetreuen Übersetzungen aus den amerikanischen Unterlagen ins Deutsche doch zu holprig gerieten.

2 Einleitung

Schon zu Lebzeiten wurde Frederick Winslow Taylor weltweit als Pionier der modernen Betriebsführung erkannt. Er galt als grosser Erfinder und als Überbrücker der Kluft zwischen Arbeiterschaft und Unternehmern, ja als Sozialrevolutionär. Taylor entwickelte und verfolgte mit äusserster Konsequenz den Grundsatz, die Anwendung der menschlichen Arbeitskraft zum Gegenstand wissenschaftlicher Beobachtung und Analyse zu machen und die daraus gewonnenen Erkenntnisse zum Nutzen aller zu verwenden. Die mit seinen Methoden gesteigerte Produktivität sollte gleichermassen die Gewinne der Unternehmen steigern, die Verdienste der Arbeitenden erhöhen und ganz allgemein den Wohlstand der Bevölkerung vermehren.

Taylor stiess von Anfang an auch auf heftigen Widerstand und zwar nicht nur bei den Gewerkschaften. Auch von der Unternehmerseite erfuhr er intensive Kritik. Die Auseinandersetzungen um seine Lehre gipfelten in den USA im Jahr 1912 in einem Hearing, als Taylor vor einem Sonderausschuss des Repräsentantenhauses während 5 Tagen Rede und Antwort stehen musste.

Die Kritik an Taylor oder vielmehr am sogenannten Taylorismus ist bis heute nicht verstummt. Es vergeht kein Monat, in welchem nicht in Fachzeitschriften, in Büchern und sogar in Tageszeitungen auf den „menschenverachtenden“ und heute „längst überholten“ Taylorismus hingewiesen wird. Gleichzeitig fragen sich aber Betriebsfachleute und Betriebsingenieure, welche während ihrer Ausbildung von den grundlegenden Entwicklungen Taylors auf dem Gebiet des Arbeitsstudiums, der Zeitmessung, der Leistungsentlöhnung und der Betriebsorganisation gehört haben, warum die Lehre Taylors derart kritisiert wird. Die in der Praxis tätigen Betriebsfachleute wissen, dass das, was sie täglich tun, in sehr vielem nach wie vor mit den

Grundsätzen Taylors übereinstimmt, die darauf hinausgehen, Arbeitsmethoden und -abläufe aufgrund von systematischen Analysen zu entwickeln, anstatt sich auf Tradition und Faustregeln zu verlassen. Viele, die sich mit der Organisation menschlicher Arbeit befassen, fragen sich, warum ein System, das vor rund hundert Jahren entwickelt worden ist, heute immer noch so vehement bekämpft wird. Sie möchten mehr darüber erfahren, ob die frühen und vor allem die heutigen Kritiken an Taylor und seinem System berechtigt sind.

Dass die Problematik des Taylorismus nach wie vor aktuell ist, bestätigt auch Prof. E. Ulich in seinem Werk „Arbeitspsychologie", 4. Auflage, vdf Hochschulverlag, 1998 (S. 6): „Das Buch von Frederick Winslow Taylor (1856–1915) über ‚Die Grundsätze wissenschaftlicher Betriebsführung' wurde neu herausgegeben und eingeleitet von Volpert und Vahrenkamp (1977). Da der Taylorismus – für manche unerwartet – im Zusammenhang mit einigen fortgeschrittenen technologischen Entwicklungen erneut an Aktualität gewonnen hat, lohnt sich die Lektüre auch heute noch – oder wieder."

Wenn es in der hier vorliegenden Untersuchung darum geht, herauszufinden, was es mit dem Taylorismus und der Taylorismuskritik auf sich hat, ist es notwendig, sich die am häufigsten geäusserten Kritiken näher anzuschauen. Es ist aber vor allem auch notwendig, sich mit der Person Taylor, aber auch mit seiner Zeit und besonders mit dem auseinander zu setzen, was er publiziert, was er selbst ausgesagt und was seine Tätigkeit zu seinen Lebzeiten bewirkt hat. Die Literatur ist reich, weil das Interesse an Taylor eben immer noch gross ist. In den letzten Jahren sind allein in den USA zwei gewichtige Werke zu Taylor publiziert worden:

1991 erschien bei Business One Irwin, Homewood, Illinois von Charles D. Wrege und Ronald G. Greenwood das Buch „Frederick W. Taylor, The Father of Scientific Management, Myth and Reality" (286 Seiten) und 1997 bei Viking, Penguin Books USA Inc., New York das biographische Werk von Robert Kanigel, wissenschaftlicher Journalist aus Baltimore, „The One Best Way, Frederick Winslow Taylor and the Enigma of Efficiency" (675 Seiten). Beide Werke sind in keiner Weise darauf ausgelegt, Taylor zu verherrlichen, enthalten aber manche Anregung und viele Bezüge zu den folgenden Ausführungen.

Viele nützliche Hinweise bietet auch die erste und offizielle Biographie über F.W. Taylor von Frank B. Copley, „Frederick Winslow Taylor, The Father of Scientific Management", in zwei Bänden (467 und 472 Seiten), welche von der Familie Taylors dem Wirtschaftsjournalisten Frank B. Copley in Auftrag gegeben und 1923 bei Harper New York und London publiziert wurde. Auch diese Biographie bietet ein breites Bild von Taylors Leben und Werk. Einzelne Punkte, die darin aus Rücksicht auf die Wünsche der Familie unterlassen oder zu positiv dargestellt worden sind, haben Wrege und Greenwood 1991 im oben erwähnten Werk kritisch herausgearbeitet, wobei es sich dabei vor allem um Angaben über die finanziellen Beteiligungen und Beziehungen Taylors und seiner Familie und um Ungenauigkeiten bei zahlenmässigen Angaben in Taylors Publikationen handelt.

1998 hat der Verlag Engineering & Management Press, Atlanta, GA, USA, "The Principles of Scientific Management" von F.W. Taylor neu herausgegeben.

Der Verfasser dieser Zeilen hat sich in erster Linie auf die englischen Ausgaben der in der Literaturliste im Anhang aufgeführten Werke Taylors und seiner Biographen gestützt, insbesondere weil ihm nur die Publikationen Taylors „Über Dreharbeit und Drehstähle" (übersetzt von Wallichs 1907), „Die Betriebsführung" (übersetzt von Wallichs, Ausgabe 1914) und „Die Grundsätze wissenschaftlicher Betriebsführung" (übersetzt von Roesler 1913) in deutscher Sprache zur Verfügung standen. Diese Werke verwenden aus heutiger betriebswissenschaftlicher Sicht zum Teil überholte Bezeichnungen. Bei direkten Zitaten sind diese soweit nötig der heutigen Ausdrucksweise angepasst worden, mit Ausnahme von Taylors Hauptwerk „Die Grundsätze wissenschaftlicher Betriebsführung", wo immer die Übersetzung von Roesler übernommen wurde. Wenn hier ausnahmsweise eine persönliche Übersetzung notwendig schien, wird dies im Text vermerkt. Bei den Quellenhinweisen in diesem Bericht beziehen sich die Seitenzahlen bei den Schriften Taylors mit Ausnahme der „Grundsätze ..." auf die amerikanischen Original-Ausgaben.

3 Die am häufigsten geäusserten Kritiken an Taylor und am Taylorismus

Es ist nicht einfach, aufgrund der Kritiken am sogenannten Taylorismus herauszufinden, wie der Begriff „Taylorismus“ eigentlich zu definieren wäre. Jeder Kritiker hat seine eigene Vorstellung, was Taylorismus ist. Für den einen ist es der Grundsatz, menschliche Arbeit immer feiner zu unterteilen, bis die Ausführenden pro Arbeitsgang nur noch zwei oder drei Bewegungen auszuführen haben. Für einen anderen Kritiker ist es die extreme Arbeitsteilung in planende und ausführende Tätigkeiten, welche den Ausführenden jede Denkarbeit wegnehme und ihnen die Arbeitsmethode bis in die kleinste Einzelheit genau vorschreibe. Ein weiterer Ansatzpunkt der Kritik ist das von Taylor propagierte System der leistungsabhängigen Entlöhnung, welche zur Erschöpfung der im Betrieb Tätigen führe.

Taylorismuskritik gibt es auch auf der volkswirtschaftlichen Ebene. Das von Taylor propagierte System sei volkswirtschaftlich verwerflich, weil die mit der Anwendung der Grundsätze Taylors erzielbaren Produktivitätsverbesserungen zu Entlassungen und damit zu erhöhter Arbeitslosigkeit führen. Walter Volpert bezeichnet in seinem Buch „Zauberlehrlinge. Die gefährliche Liebe zum Computer“ (1985, 34) alle diejenigen als „Tayloristen“, welche durch Rationalisierung der Arbeit Arbeitsplätze vernichten und auf den Vorwurf, Rationalisierungen produzieren Arbeitslose, die Aussage Taylors ritualhaft wiederholten: „Selbstverständlich würden Leute ‚freigesetzt‘. Aber die hätten nun die Chance, eine Arbeit zu finden, die für sie geeigneter sei.“

Es würde den Rahmen dieser Arbeit sprengen, wenn man noch darlegen wollte, inwiefern Produktivitätsverbesserungen volkswirtschaftlich positiv sind. Taylor war eindeutig dieser Ansicht, aber es geht sicher zu weit, wenn alle diejenigen Volkswirtschafter als „Tayloristen“ bezeichnet werden, welche den ökonomischen Sinn der Rationalisierung befürworten. In ein weiteres Neben-Kapitel gehört die besonders in deutschen Landen geübte ideologisch/marxistische Kritik, welche in der systematischen Analyse der menschlichen Arbeit eine ungehörige „Wissensenteignung" der Arbeitenden durch das Management sieht und auch andere Aspekte von Taylors Grundsätzen als Ausbeutung der Arbeitenden betrachtet.

Für den Zweck der vorliegenden Untersuchung scheint es nicht sinnvoll zu sein, sich schon zu Beginn auf eine spezifische Definition des so unterschiedlich verwendeten Begriffs des Taylorismus' zu konzentrieren. Zu Lebzeiten Taylors und auch später wurde oft auch die Bezeichnung „Taylor-System" verwendet. Frederick W. Taylor selbst legte Wert darauf, dass die von ihm entwickelten Grundsätze als Gesamtheit betrachtet werden. Er selbst bezeichnete sein System im Einverständnis mit Frank B. Gilbreth, Henry L. Gantt, Jim Dodge und anderen (Kanigel, 431) als das System des „Scientific Management", was auf Deutsch allgemein mit „Wissenschaftliche Betriebsführung" übersetzt wird. Nach Kanigel ist Taylorismus die Anwendung wissenschaftlicher Methoden zur Erzielung maximaler Effizienz in der industriellen Tätigkeit oder Ähnlichem (Kanigel, 7). Eigentlich müsste man „Taylorismus" als Anwendung des Taylor-Systems, d.h. als Anwendung der „Wissenschaftlichen Betriebsführung" nach Taylor definieren. Wie später dargelegt wird, kann man jedenfalls Taylor nicht gerecht werden, wenn man nur einzelne Punkte seines Systems herausgreift.

Eine Zusammenfassung zum Begriff des „Taylorismus" befindet sich im Kapitel 6.

Frederick Winslow Taylors Laufbahn als Ingenieur und Berater

4

4.1 Technologische und industrielle Umwälzungen zwischen 1850 und 1900

Der 1856 in Germantown bei Philadelphia in Pennsylvania USA geborene F.W. Taylor erlebte ein Zeitalter grosser technischer Umwälzungen und wurde selbst zu einem bedeutenden Initiator industrieller Veränderungen. Sein Leben und seine Tätigkeit waren eng verbunden mit der Entwicklung der noch sehr jungen Stahlindustrie. In Taylors Geburtsjahr 1856 liess Henry Bessemer in England sein revolutionäres Verfahren zur Stahlherstellung patentieren, welches Ende der 1860er Jahre durch William Siemens und Pierre und Emile Martin zum Siemens-Martin-Verfahren weiterentwickelt wurde. Die industrielle Entwicklung in der zweiten Hälfte des 19. Jahrhunderts und die Lebensgeschichte Taylors und sein Werk kann man sich ohne diese bedeutenden Erfindungen nicht vorstellen.

Eine ganze Reihe weiterer technischer Durchbrüche fielen zusammen mit der Jugend und der aktivsten Zeit Taylors: 1874 wurde die Schreibmaschine und 1876 das Telephon erfunden, 1877 erschienen der Verbrennungsmotor und das Grammophon, 1880 folgte die elektrische Beleuchtung und 1895 das Radio.

Parallel zu dieser technischen Evolution haben sich die Vereinigten Staaten in weniger als dreissig Jahren aus dem, was man heute als „landwirtschaftlich orientiertes Entwicklungsland“ bezeichnen würde, zu einer treibenden industriellen Kraft entwickelt. Einwanderer strömten von überall her nach Amerika. Ohne sie wäre diese wirtschaftliche Entwicklung nicht denkbar. Während derselben Periode wandelten sich die Städte von Zentren des Handels im Dienste der Landwirtschaft zu Zentren der Bevölkerung und der industriellen Macht. Grosse Industriekomplexe wurden geschaffen und parallel dazu etablierten sich auch die Gewerkschaften als neuer Machtfaktor.

Um 1870 arbeiteten dreiundfünfzig Prozent der amerikanischen Arbeitskräfte auf Farmen. Um 1900 war dieser Prozentsatz auf siebenunddreissig gefallen – eine eindrückliche Verschiebung, wobei um die Jahrhundertwende niemand hätte voraussagen wollen, dass dieser Anteil bis heute auf weniger als 5 Prozent fallen würde.

Diese epochalen Veränderungen muss man sich vor Augen halten, wenn es gilt, das Leben und das Werk Taylors zu würdigen.

4.2 Taylors Familie

Frederick Winslow Taylors Lebenslauf entspricht weder der Tradition seiner Familie noch seinen eigenen ursprünglichen Absichten. Die Familie war verwurzelt im puritanischen Geist der Quäker. Taylors Vater war in Germantown, Pennsylvania nahe bei Philadelphia USA als Advokat tätig und seine Familie lebte finanziell in sehr guten Verhältnissen. Diese erlaubten der Familie zum Beispiel mehrere Aufenthalte in Europa, welche insgesamt über zwei Jahre dauerten.

Frederick Winslow Taylor wurde am 20. März 1856 in Germantown als zweiter Sohn von Franklin Taylor und Emily Annette Winslow geboren. Musik, Sport und ein intensives gesellschaftliches Leben im Elternhaus prägten seine Jugendjahre.

4.3 Taylors Ausbildung

Da für den jungen Fred eine juristische Laufbahn wie die seines Vaters vorgezeichnet war, besuchte er vom 4. September 1872 an die Privatschule Phillips Exeter in Exeter, New Hampshire als Vorbereitung für sein Jus-Studium am Harvard College.

Aus jener Zeit stammt die amüsante Geschichte, welche Taylor später gerne zur Illustration seines Interesses an der Messung menschlicher Tätigkeit zum besten gab, unter anderem an den Hearings des Repräsentantenhauses im Jahr 1912 (Taylor, Testimony, 258). Der Mathematiklehrer George A. „Bull“ Wentworth pflegte Taylor und seinen etwa fünfzig Klassenkameraden von Zeit zu Zeit eine Serie von rund fünf Algebra- oder Geometrieaufgaben zu stellen, welche im Klassenzimmer zu lösen waren. Wenn ein

Schüler mit seinen Aufgaben fertig war, hatte er als Zeichen die Hand zu erheben und mit seinen Fingern zu schnippen. Wentworth habe nie bis zum letzten zugewartet. „Jetzt ist es genug," pflegte er zu sagen, wenn sich etwa die Hälfte gemeldet hatten. Mit seiner Uhr hinter dem Pult mass Wentworth, wie Taylor feststellen konnte, wie lange der durchschnittliche Schüler, der fünfundzwanzigste von fünfzig, brauchte, um alle Aufgaben zu lösen. Dann verglich er die Zeit dieses Schülers mit der Zeit, die er selber für deren Lösung benötigte und berechnete daraus einen Koeffizienten. Wenn er dann Hausaufgaben zusammenstellte, benutzte er diese Zahl um rückwärts zu kalkulieren, wieviel Zeit seine Schüler brauchen würden. Taylor habe sich damals gewundert, warum er immer ungefähr zwei Stunden für seine Hausaufgaben gebraucht hatte: Wentworth hatte sie mit Hilfe einer Art von Zeitstudie so aufgebaut. Taylors Biograph Kanigel (Kanigel, 215) hat vermerkt, dass sogar in Zeitstudien-Blättern, die Taylor in den Jahren 1883 oder 1884 entworfen hatte, Platz vorgesehen war für den „rein geistigen" Teil einer Tätigkeit. „Lernen was zu tun ist" wurde von Taylor als erstes Element einer zu messenden Arbeit aufgeführt. Darin zeigt es sich, dass schon fast von Anfang an auch der intellektuelle Anteil einer Tätigkeit nicht vor den Augen Taylors verborgen blieb.

Im Frühjahr 1874, im Alter von achtzehn Jahren verliess Taylor die Schule Phillips Exeter, jedoch nicht um nach Harvard zu ziehen, obschon er die Eintrittsprüfung mit Erfolg bestanden hatte: ein hartnäckiges Augenleiden hinderte ihn an intensiven Studien (Copley I, 67–68).

Einige Monate später, im Herbst 1874 nahm Taylors Leben eine entscheidende Wende. Er begann eine Lehrzeit zuerst als Modellschreiner und später als Mechaniker in einer kleinen Pumpenfabrik, den Hydraulic Enterprise Works in Philadelphia. Damals gab es noch wenige grosse Fabrikbetriebe. Die meisten Unternehmen waren klein, schlecht ausgerüstet und auch schlecht eingerichtet und kaum beleuchtet. Es war das Zeitalter des Dampfes und der Riemenantriebe. Aber der grösste Teil der industriellen Tätigkeit stützte sich noch sehr stark auf die menschliche Arbeitskraft ab (Kanigel, 95–96). Andererseits wurde in diesen Jahren der gute Ruf amerikanischer Werkzeugmaschinen begründet, zum Beispiel durch Browne & Sharpe an der grossen Ausstellung in Philadelphia zum hundertjährigen Jubiläum der Vereinigten Staaten 1876. Dort hatte Taylor als Lehrling die Chance, während längerer Zeit am Stand seiner Pumpenfabrik mit Kunden in Kontakt zu kommen (Kanigel, 125–130).

Eine Lehre in einem Industriebetrieb zur damaligen Zeit bestand darin, das zu lernen, was man beobachten konnte. Erfahrene Mechaniker waren sehr zurückhaltend, einem jungen Mann Ratschläge zu erteilen. Für die theoretische Fachausbildung gab es zu Taylors Zeiten in den USA nur die Lektüre eines einzigen Buchs, Rose's *Complete Practical Machinist*. In späteren Jahren erinnerte Taylor daran, wie er während seiner Lehrzeit ein Stück Drehstahl formte: „Wir erwärmten das Stück in der Esse, legten es auf dem Anboss auf eine Seite und baten einen Freund, dem Stück einen scharfen Schlag mit dem Hammer zu versetzen, um dann das Stück zu wenden und den Prozess zu wiederholen, bis es eine diamantförmige Spitze hatte. Aber warum diese Form? Warum nicht gerundet oder stumpf?“ „In den primitiven Werkstätten wie in jener, in der ich meine Lehre absolvierte“ erklärte er, „war eine diamantförmige Spitze zu verwenden, Punkt!“. Wie so vieles in der Praxis der Werkstätten, „es war Tradition, es hatte keine wissenschaftliche Basis“. Auf diese Weise fuhren die Männer fort, „indem sie das Stück wendeten und drehten und es mit dem Hammer traktierten“, so wie es immer gemacht wurde (Kanigel, 137).

4.4 Taylor bei der Midvale Steel Company 1878–1890

Nach Abschluss der vierjährigen Lehrzeit trat Taylor 1878 als 22-jähriger in die Midvale Steel Company in Philadelphia ein. Taylors Familie hatte persönliche Beziehungen mit dem damaligen Präsidenten von Midvale, William Sellers und dem Finanzdirektor E.W. Clark, dessen Sohn Clarence später Taylors Schwester heiratete. Midvale war zu dieser Zeit ein Stahlwerk mit einer Stahlgiesserei, mit einem Walzwerk und mit einer mechanischen Werkstätte zur Stahlbearbeitung. Diese umfasste Schmiedehämmer und Maschinen zur spanabhebenden Bearbeitung wie Hobelmaschinen, Drehbänke und Bohrwerke. Die Leitung des Unternehmens war bestrebt, die neuesten Techniken der noch jungen Stahlherstellung und -bearbeitung zu übernehmen und weiterzuentwickeln. In den 1860er Jahren hatten die Wissenschaften der Chemie und der Metallurgie in der Industrie noch kaum Platz gefunden. Midvale war eines der ersten Unternehmen, welches Ingenieure und Chemiker anstellte, um sich mit den Herstellverfahren im Betrieb zu befassen, „gegen den Widerstand aller Männer der Praxis“ (Copley I, 107). Das Produktesortiment von Midvale war relativ breit. Aus den Berichten Taylors und aus den Biographien ist ersichtlich, dass es unter anderem Geschützrohre, geschmiedete und bearbeitete Radreifen und Achsen für Dampflokomotiven und Eisenbahnwagen und Brückenteile für die Brooklyn Bridge in New York umfasste. Radreifen für Eisenbahnräder kamen um 1867 auf. Reifen aus dem neuen Material Stahl erlaubten es, die starke Abnützung der Räder aus Gusseisen in grossem Masse zu vermindern und die Lebensdauer auf das Fünffache zu verlängern (Kanigel, 153).

4.4.1 Eine rasche Karriere bei Midvale

Taylor begann seine Arbeit bei Midvale als Handlanger. Diese Funktion übte er nur für kurze Zeit aus. Bald ergab sich die Möglichkeit, als Werkstattschreiber in der mechanischen Werkstatt tätig zu sein. Seine Aufgabe war unter anderem, die Zeitaufschreibungen zu registrieren und die Arbeit der Leute zu überwachen (Wrege, 26). Bei Midvale wurde zu dieser Zeit ein Stücklohn-System angewandt, bei dem die Entlöhnung der Arbeiter proportional zur erbrachten Leistung erfolgte. Das System ermöglichte den Mechanikern zu jener Zeit einen Tagesverdienst um 2 bis 2½ Dollars. Während seiner Tätigkeit als Werkstattschreiber machte Taylor zum ersten Mal die Beobachtung, dass die Arbeiter systematisch bummelten und die Arbeit bewusst streckten. Taylor bezeichnete dieses Phänomen mit dem Ausdruck „soldiering“ und unterschied in seinen späteren Texten zwischen „natürlichem Bummeln“ und „systematischem Bummeln“, wobei für Taylor das natürliche Bummeln der Leute, die sich die Arbeit möglichst leicht gestalten wollten, fast entschuldbar war, wogegen das systematische Bummeln, wenn ganze Gruppen von Arbeitern sich gegenseitig absprachen, um den Ausstoss tief zu halten, den Zorn Taylors erregte. Er sah später in diesem Verhalten eines der grossen Übel in amerikanischen Industriebetrieben, das es zu bekämpfen galt (Taylor, Shop Management, 30); (Kanigel, 164).

Noch im ersten Jahr seiner Anstellung bei Midvale bekam Taylor auf eigenes Drängen und dank seiner Ausbildung während seiner Lehrzeit den Posten eines Maschinisten, wobei es sich offenbar um die Arbeit als Dreher gehandelt hat. Bald darauf wurde er vom Betriebsleiter Charles A. Brinley zum Vorarbeiter (je nach Quelle gangboss oder foreman genannt) befördert. Diese Beförderung war für Taylor identisch mit einer grundlegenden Veränderung seiner Stellung gegenüber seinen bisherigen Werkstattkollegen und führte auch rasch zu heftigen Auseinandersetzungen. Während der Hearings vor dem Ausschuss des Repräsentantenhauses 1912 sagte Taylor aus: „Sobald ich Vorarbeiter wurde, kamen die Männer, die unter mir arbeiteten sofort zu mir und sagten: ‚Nun, Fred, Du wirst jetzt wohl nicht so ein verdammtes Stücklohnschwein werden, oder?“ (Taylor, Testimony, 79).

Abb. 2: Taylors Mechanische Werkstätte bei der Midvale Steel Co.

Abb. 3: Werkgelände der Midvale Steel Co. mit Taylors Mechanischer Werkstätte

Abb. 4: Taylors berühmter Dampfhammer

Abb. 5: Versuchs-Ingenieur an der Arbeit in der Midvale Steel Co.

4.4.2 Das Lohnsystem bei Midvale

Der Biograph Taylors, Robert Kanigel beschreibt die Situation bei Midvale mit folgenden Worten:

„Die meisten Arbeiter bei Midvale, ebenso wie diejenigen in vielen anderen Firmen und Industrien, wurden nicht im Stundenlohn, Taglohn oder Wochenlohn, sondern im Stücklohn bezahlt. Das bedeutete, dass ihnen so und soviel pro hergestelltes Stück bezahlt wurde: je mehr Arbeit geleistet wurde, umso mehr konnten sie verdienen.

Unsinn, würde ein Stücklohn-Arbeiter jener Tage geäussert haben, wenn vielleicht auch mit einer erdigeren oder heftigeren Verwünschung verbunden. Die Sache lief wirklich nicht so. Je mehr Arbeit Du geleistet hast, umso mehr Geld verdientest Du, – ja, bis zu dem Punkt, wo der Boss entschied, dass Du zuviel kassiertest und er Dir prompt den Stückpreis kürzte. Diese Praxis galt fast allgemein. Später, als Taylor ein System entwickelt hatte, welches unter anderem auf dem Grundsatz beruhte, niemals einen Stückpreis zu kürzen, wenn er einmal festgelegt war, und als Taylor versuchte, diese Idee Unternehmern zu verkaufen, wurde er von diesen ungläubig angestarrt. Warum denn, Du hast ja den Leuten zuviel bezahlt! Du *musstest* den Preis herabsetzen. Es war lächerlich, sich etwas anderes vorzustellen. Ein Unternehmer prahlte gegenüber William Redfield, dem späteren Handelssekretär unter Präsident Woodrow Wilson, dass er bei einem einzigen Job einen Preis fünfmal reduziert hatte. ‚Ich denke man sollte ihn einsperren', sagte Redfield, als er diese Geschichte erzählte. Aber er sagte dies 1911 an einer Konferenz über wissenschaftliche Betriebsführung, zu einer Zeit, als diese Praxis schon nicht mehr so sehr geschätzt wurde.

Für denjenigen, der für das finanzielle Ergebnis gerade zu stehen hatte (das heisst für den Unternehmer), machte es aus Eigeninteresse durchaus Sinn, Stückpreise zu senken. Für den Arbeiter hingegen machte es ebenso gut Sinn, die Leistung zu begrenzen und damit eine Preiskürzung zu verhindern. Wenn ein jeder in einer Werkstätte zwei Dollar pro Tag machte und dann einer begann, sich genügend zu sputen, um drei Dollar zu verdienen, wurde es für den Boss offensichtlich, dass der Preis zu hoch angesetzt war: *‚seht, wieviel die verdienen!'* Dasselbe galt für den einfallsreichen Gesellen, der eine schnellere Methode für die Ausführung einer Arbeit herausfand. Ob Hirn oder Muskel spielte keine Rolle. Zu hoher Ausstoss und der Preis wurde gekürzt, so sicher wie der Sonnenaufgang, und alle Männer hatten darunter zu leiden.

Und jeder, in jeder Werkstätte, wusste dies. Ein Mann, welcher im Stücklohn zuviel produzierte, galt als derjenige, der seine Freunde auf dem Altar seiner eigenen Habsucht opferte; er beanspruchte einen höheren Verdienst, unbekümmert um die Preiskürzung, die er damit provozierte“ (Kanigel, 163).

4.4.3 Das „Bummeln“ im Betrieb

So kam es, dass unter den Arbeitern „jede Art von Druck und Überzeugungskraft angesetzt wurde, um sicherzustellen, dass niemand schneller arbeitete als alle anderen“ (Kanigel, 162).

Anlässlich der Hearings vor dem Ausschuss des Repräsentantenhauses 1912 erinnerte sich Taylor an die Zeit, als er noch einer der Arbeiter bei Midvale war und wie sie zusammen die Arbeit sorgfältig so arrangiert hatten, dass sie (wenigstens nach der eigenen Schätzung Taylors) nur etwa ein Drittel eines Tagesausstosses leisteten. Jedem jungen Mann, der neu begann, wurde klar gemacht: „Sieh’, mach’ nicht mehr als drei Stücke bis zum Mittag. Wie es weitergeht, sagen wir dir am Nachmittag“ (Taylor, Testimony, 122).

Auch heute noch kann man dieses Phänomen in Betrieben mit ungenügenden Leistungslohnsystemen beobachten, was mancher Betriebsfachmann oder auch mancher Gewerkschafter bestätigen kann. Der Verfasser dieser Zeilen hat diese Art der „systematischen Bummelei“, wie Taylor diese Erscheinung betitelte, zum ersten Mal in den fünfziger Jahren als Praktikant in einer schwedischen Maschinenfabrik erlebt, wo sein schweizerischer Freund, ein gelernter Dreher, ab Donnerstagmittag seine Zeit in der Toilette mit Bücherlesen verbrachte, weil er das von seinen schwedischen Kollegen festgelegte Wochenpensum schon erfüllt hatte. Auch im letzten Jahrzehnt des zwanzigsten Jahrhunderts hat der Verfasser beobachtet, dass während der Durchführung einer Ablaufstudie in einer Produktionswerkstätte der Betonbranche ab drei Uhr nachmittags ein Arbeiter nach dem anderen sich verzog oder Füllarbeiten zu verrichten begann, weil das Leistungssoll des Tages erfüllt war, wobei es sich in diesem Fall nach Taylor eher um „natürliche Bummelei“ gehandelt hätte, weil die Mitarbeiter nicht im Leistungslohn bezahlt waren.

4.4.4 Das Problem der Motivation

Trotz den Drohungen seiner bisherigen Kollegen versuchte Taylor, als er ihr Vorgesetzter wurde, mit allen Mitteln aus seiner Werkstatt das herauszuholen, was er als möglich betrachtete, nämlich die Steigerung des Ausstosses ungefähr auf das Dreifache. Der Widerstand in der Werkstatt war übermächtig. Nach Taylors Worten drohten ihm die Arbeiter, ihn innerhalb von drei Wochen „über den Zaun zu werfen“, falls er von ihnen einen höheren Ausstoss fordern würde (Kanigel, 164). Taylor versuchte alles. Überzeugung brachte nichts, Vorzeigen auch nichts. Entlassungen hatten keine Wirkung, die Arbeiter hielten zusammen. Er kürzte die Stückpreise für diejenigen, welche die Leistung nicht steigerten und erhöhte sie für die, welche sein Leistungssoll erreichten. Einige neu eingestellte Arbeiter gaben langsam nach. Aber die Bitterkeit steigerte sich bei den anderen soweit, dass sie im wörtlichen Sinn begannen, Knebel in die Speichen der Maschinen zu werfen. Andere beklagten sich bei der Geschäftsleitung und titulierten dort Taylor als Tyrannen und Sklaventreiber. Taylor aber hatte Freunde in der Geschäftsleitung und wurde von diesen gedeckt. Als systematisch Maschinen beschädigt wurden, führte Taylor ein Bussensystem für alle Beschädigungen ein, und zwar für absichtliche und unbeabsichtigte, „und wenn das Fabrikdach einstürzt und die Maschine beschädigt!“ Die Bussen wurden dem Wohlfahrtsfonds der Arbeiter gutgeschrieben. Auf diese Weise ging es über zwei Jahre, aber der Konflikt zwischen Taylor und seinen ehemaligen ‚Freunden‘ wurde nie richtig gelöst. Der Ausstoss wurde zwar verdoppelt, aber er erreichte nie das Dreifache, das sich Taylor vorgenommen hatte.

Der Kampf zwischen Taylor und seinen Leuten enthüllte deutlich seine Charaktereigenschaften, insbesondere seine Hartnäckigkeit und seinen Mangel an Takt im Umgang mit Untergebenen. Für ihn selbst war es eine äusserst schwere Zeit. Über dreissig Jahre später sagte Taylor an den Hearings vor dem Ausschuss des Repräsentantenhauses: „Ich war ein Mann jung an Jahren, aber ich gebe Ihnen mein Wort, ich war mit den damaligen Sorgen ein schönes Stück älter als ich jetzt bin, bei jener Bösartigkeit und Verächtlichkeit in der ganzen verdammten Angelegenheit. Es ist ein schreckliches Leben für einen Menschen, wenn er den ganzen Tag keinem arbeitenden Mann ins Angesicht schauen kann, ohne darin Feindseligkeit zu erblicken und das Gefühl zu haben, dass jeder Mann praktisch sein Feind ist“ (Taylor, Testimony, 85).

4.4.5 Von der Kunst, Metalle zu schneiden

Seine schlimmen Erfahrungen bei Midvale waren wohl der Anlass zu Taylors Überlegungen, Wege zu finden, wie man aus diesem grundlegenden Konflikt zwischen den Unternehmern und den Arbeitern herauskommen könnte. Für ihn war klar, dass die Leute einiges über Arbeitsmethoden wussten, in einigen Fällen mehr als er selbst, sodass eine Konfrontation der Kenntnisse keine Lösung brachte. Im Falle der Stahlbearbeitung auf Drehbänken und Bohrwerken stellte sich bezüglich der Arbeitsmethoden die offensichtliche Frage, mit welchen Schnittgeschwindigkeiten und Werkzeug-Vorschüben die höchste Leistung einer Maschine erzielt werden könnte, ohne das Werkzeug zu verbrennen oder die Maschine zu überlasten. Die einen würden sagen, dass hohe Schnittgeschwindigkeiten bei geringen Vorschüben mehr bringen, andere meinten, dass grosse Vorschübe, was gleichbedeutend ist mit dicken Spänen, das beste Resultat erzielen lassen. Taylor war nicht der erste, der vorschlug, mit systematischen Messungen dem Problem auf den Grund zu kommen, das heisst die übliche Arbeit nach Faustregeln durch Methoden zu ersetzen, die auf Wissen beruhen. Taylor war aber der erste, der in grossem Stil begann, umfangreiche Mess-Serien durchzuziehen und die Resultate systematisch auszuwerten.

Er war indessen, im Alter von vierundzwanzig Jahren, zum Abteilungsmeister (foreman) befördert worden und erhielt vom Präsidenten der Midvale, William Sellers die Bewilligung zu gross angelegten Versuchen, ganz im gleichen Sinne, wie in diesem fortschrittlichen Unternehmen wissenschaftlich aufgezogene Versuche über die Verfahren der Stahlherstellung gefördert wurden. Die Anzahl der in der spanabhebenden Bearbeitung zu berücksichtigenden Parameter ist sehr gross, eingeschlossen die Form der Werkzeuge und die Schnittwinkel, so dass es nicht verwunderlich ist, dass sich die Versuche über viele Jahre erstreckten. In seinen „Grundsätzen der wissenschaftlichen Betriebsführung“ (S. 105) schreibt Taylor, dass die Untersuchungen und Messungen sich mit Unterbrüchen über insgesamt 26 Jahre erstreckten, dass zwischen 30'000 und 50'000 Experimente auf zehn verschiedenen Maschinen durchgeführt und dass zur Bestimmung der Regeln der Spanbearbeitung insgesamt über 400 Tonnen Stahl verbraucht wurden. Die Resultate wurden in Tabellen und schliesslich auf Rechenschiebern festgehalten.

In der Gründlichkeit und in der Systematik der Experimente unterschied sich das Vorgehen Taylors von Untersuchungen, die später in Deutschland und England durchgeführt wurden (Copley I, 246). Copley zitiert in seiner Biographie Bruchstücke von Notizen Taylors aus dessen Unterlagen für einen Vortrag:

„Wenn Du ein Experiment in irgend einem Gebiet (besonders bei existierenden Faustregeln) beginnst, stelle alles in Frage. Stelle die einfachsten, die allerselbstverständlichsten, die am allgemeinsten akzeptierten Fakten in

Frage; erstelle einen Nachweis für alles. Nur eine Variable auf einmal. Es ist schwierig bis zur wahren Variablen vorzudringen. Die Versuchung ist gross, mit mehreren Variablen zu experimentieren, um schnell zu Resultaten zu kommen. Vielleicht die grösste Schwierigkeit für den Experimentierer besteht darin, die umgebenden oder begleitenden Umstände konstant und gleichförmig zu halten, während man mit einer Variablen experimentiert; das heisst die Umgebungsbedingungen müssen standardisiert werden.“ usw. (Copley I, 247).

Kritiker Taylors stellen und stellten oft die Wissenschaftlichkeit von Taylors Methoden und Thesen in Frage. Zumindest bezüglich des experimentellen Vorgehens Taylors ist die Kritik aber nicht angebracht.

Inzwischen (1880) hatte Taylor ein Fernstudium am Stevens Institute, Hoboken, New Jersey begonnen. Er belegte die Fächer Physik und Mathematik und schloss das Studium 1883 als Maschineningenieur ab. Erstaunlich ist dabei vor allem die unbändige Arbeitskraft Taylors, der neben der Arbeitszeit von sechs Uhr dreissig morgens bis siebzehn Uhr zehn abends (von Montag bis Samstag) und bei einem Arbeitsweg von drei km zu Fuss noch Zeit und Energie für drei Stunden Studium pro Tag fand (Copley I, 128).

In seiner Diplomarbeit schrieb Taylor, dass mit den von ihm entwickelten Regeln der Ausstoss der sechs Karusseldrehbänke, auf denen Lokomotiv-Radreifen bearbeitet wurden, um 30 Prozent gesteigert werden konnte und dass im Gegensatz zu früher nicht mehr erstklassige Facharbeiter für die Bedienung der Maschinen notwendig waren. Diese seien nun fast vollständig durch weniger qualifizierte Hilfskräfte ersetzt worden. Sie brauchten keine breiten Kenntnisse und Fertigkeiten mehr, Taylors Tabellen zeigten ihnen, was sie wissen mussten (Kanigel, 179). Doch Taylors Glaube, dass nun die klar formulierten, sachlichen Regeln die Diskussionen und Meinungen über die richtigen Methoden verdrängen würden, wurde enttäuscht. Er schrieb ebenfalls in seiner Diplomarbeit, das grösste Hindernis, welches dem experimentell vorgehenden Ingenieur entgegenstehe, sei das blinde und fast unerklärliche Vorurteil der meisten Maschinisten gegen jede Verbesserung und jede Veränderung, obwohl diese mehr dem Interesse der Arbeiter als dem der Arbeitgeber entsprochen hätten. Der Ingenieur begegne diesem Vorurteil auf Schritt und Tritt und er müsse bei solchem Unterfangen Abschied nehmen von allen Ideen persönlicher Beliebtheit bei seinen Mitarbeitern im Betrieb (Kanigel, 180).

Bei allen Schwierigkeiten im Betrieb scheint Taylors Tätigkeit als Vorgesetzter erfolgreich gewesen zu sein. Ab 1883 führte er den Titel „Leitender Ingenieur“ (chief engineer). Seine Verdienste für das Unternehmen bestanden offensichtlich darin, dass es ihm gelang, den Ausstoss der Werkstätten und die Qualität der Produktion signifikant zu steigern (Copley I, 169).

1894, nachdem Taylor Midvale bereits verlassen hatte, habe ein Besucher von Midvale berichtet, dass das Unternehmen viel Geld verdiene, seinen Umsatz stark erhöht und im Land einen erstrangigen Namen für gute Qualität habe. Die Bearbeitung von Reifen für Lokomotivräder brauche noch einen Fünftel der Zeit. Früher habe man zehn Stunden für die Bearbeitung eines bestimmten Geschosses gebraucht, jetzt brauchte man noch anderthalb Stunden (Kanigel, 229).

4.4.6 Zeitstudien

Gleichzeitig mit den Untersuchungen über die Zerspanung im Jahre 1881 begann Taylor mit der Durchführung von Zeitstudien. 1883 stellte er einen jungen Mann Namens Emlen Hare Miller ein, dessen einzige Aufgabe die Durchführung von Zeitstudien bei Midvale war. Während es bei den Experimenten mit Schnittwerkzeugen und Werkzeugmaschinen darum ging, die Zeit zu ermitteln, welche die Maschine für eine bestimmte Operation braucht, galt es nun auch, die Zeit zu messen, welche der die Maschine bedienende Arbeiter benötigt, um eine Arbeit auszuführen. Dazu gehören Operationen, wie das Werkstück auf die Maschine zu bringen, dort festzumachen und die Maschine einzuschalten. Taylor beachtete auch die Zeit für das Schleifen der Werkzeuge und verwendete schon damals den Begriff der unvermeidbaren Unterbrüche.

Der Sinn der Zeitstudien bestand für Taylor darin, eine unanfechtbare Grundlage für das zu erhalten, was das Unternehmen fairerweise als Tagesleistung von seinen Arbeitern verlangen konnte. Bis zu seiner Anstellung bei Midvale hatte die Betriebsleitung keine Vorstellung über die Höhe der Tagesleistung ihrer Arbeiter (Copley I, 257).

Taylor gilt nicht als der erste, der Zeitstudien in Werkstätten vornahm. Copley weist in seiner Biographie Taylors auf die Werke von Adam Smith, „Die Untersuchungen über die Natur und Ursachen des Nationalreichtums“ 1776 (The Wealth of Nations) und Charles Babbage „Economy of Machinery and Manufacture“ 1835, in welchen die Praxis der Zeitstudien erwähnt wird mit Bezug auf den Franzosen Perronet, der um 1760 Zeitmessungen über die Herstellung von Nadeln durchgeführt hat: „Perronet listete bloss die verschiedenen Verfahren auf, welche für die Herstellung von Nadeln nötig sind (wie das Richten und Abschneiden des Drahtes, die Herstellung der

Nadelspitze und des Kopfes). Seine Zeitmessung war beschränkt auf die Aufschreibung der Gesamtzeit, welche die Arbeiter für die Ausführung jedes dieser Abschnitte brauchten, auf der Basis von Losen von 12'000 Nadeln. Als Babbage, siebzig Jahre später, eine neue Tabelle für englische Fabrikanten aufstellte, begnügte er sich auch mit der Darstellung dieser Gesamtzeiten" (Copley I, 230).

Taylor jedoch setzte von Anfang an auf die Messung der Zeiten für die Ausführung der Elementarbewegungen, aus welchen die individuellen Arbeitsgänge zusammengesetzt sind. Taylor selbst beschrieb in den Aussagen (Testimony) vor dem Ausschuss des Repräsentantenhauses 1912 die Grundlagen und Methoden seiner Zeitstudien im Detail. Er beschrieb, wie sein Mann E. H. Miller mit Stoppuhr und vorgedruckten Formularen seine Aufgabe erfüllte und fuhr (hier leicht gekürzt) fort:

„Miller verbrachte während zweieinhalb Jahren praktisch seine ganze Zeit damit, die Bewegungen der Arbeiter in der mechanischen Werkstätte zu analysieren in Bezug auf alle Maschinenarbeiten, die es in dieser Werkstätte gab. Alle Arbeitsgänge zum Beispiel, welche ausgeführt wurden, um die Werkstücke auf die Maschinen zu bringen und diese wieder von den Maschinen wegzunehmen, wurden analysiert und gemessen. Ich beziehe mich dabei auf die Einzelheiten aller Bewegungen derjenigen Art, wie sie immer und immer wieder in mechanischen Werkstätten wiederholt werden. Während die effektive Arbeit, welche in den mechanischen Werkstätten unseres Landes ausgeführt wird, von einer unendlichen Vielfalt ist und es Millionen und Abermillionen von unterschiedlichen Arbeitsgängen gibt, können doch diese Millionen von komplizierten oder zusammengesetzten Arbeitsgängen auf intelligente und einfache Art aufgelöst werden in eine verhältnismässig kleine Anzahl von elementaren Operationen, von denen jede immer und immer wieder in jeder mechanischen Werkstätte wiederholt wird. Als ein Beispiel für diese elementaren Operationen, welche überall vorkommen, erwähne ich das Aufnehmen eines Schraubenbolzens und einer Schraubzwinge, das Einsetzen des Bolzens in eine Nut in der Maschine, dann das Plazieren eines Distanzstücks unter das Ende der Zwinge und das Anziehen des Schraubenbolzens. Nun, dies ist ein Ablauf aus einer ganzen Serie von einfachen Arbeitsgängen, welche in jeder mechanischen Werkstätte hunderte von Malen ausgeführt werden. Es ist klar, dass ein Bewegungsablauf wie dieser analysiert werden und dass die beste Methode für jede dieser Bewegungen herausgefunden werden kann. Anschliessend kann eine Zeitstudie gemacht werden, um die genaue Zeit zu bestimmen, in welcher ein Mann seinen Auftrag auszuführen in der Lage ist, wenn er seine Arbeit richtig macht, ohne jede Eile und trotzdem ohne Zeitverschwendung“ (Taylor, Testimony, 86).

Wie Taylor 1895 in seinem Vortrag vor der American Society of Mechanical Engineers in Detroit darlegte (siehe auch Kapitel 4.7.2.1 Taylors Vortrag „Ein Stücklohn-System“), analysierte er die einzelnen Arbeitselemente, mass die zugehörigen Zeiten und summierte sie dann, um die Zeit für die Ausführung der ganzen Arbeit zu erhalten. Dies sei einfacher, als in alten Unterlagen über frühere Arbeiten Angaben und Daten zu suchen und abzuschätzen, wie gut sie für eine zukünftige Arbeit anwendbar seien (Taylor, A Piece-Rate System, 869/44).

In Taylors System war die Arbeit aufzuteilen in den Teil, den die Maschine verrichtet und in den Teil, welcher durch den Arbeiter ausgeführt wird. Für den ersten Teil lieferten die Tabellen über die Spanbearbeitung zunehmend verlässliche Angaben. Für den zweiten Teil wurde das Resultat systematischer Zeitstudien verwendet, welche nicht die ganze Arbeit betrafen, sondern die Elemente, aus der diese aufgebaut ist.

Taylor beschrieb, wie man bei der von ihm verwendeten Aufnahmetechnik beim ersten Mal den Eindruck einer kolossalen Zeitverschwendung bekam, wenn man einem Arbeiter folgte, um jede ausgeführte Operation zu messen. Aber viele dieser Operationen wurden in einer Vielfalt von Kombinationen und Permutationen bei anderen Arbeiten wiederholt. Man hob immer wieder Gussstücke mit einem Gewicht von einer Vierteltonne auf den Machinentisch; man zog immer wieder Spannvorrichtungen an. Wenn man einmal die Zeit für jede einzelne Operation hatte, argumentierte Taylor, konnte man diese dazu verwenden, die Zeit für jede Arbeit festzulegen, in der diese Operation vorkam (Kanigel,205).

Taylor sagte 1895, dass ein Handbuch notwendig wäre, welches Daten über die Geschwindigkeit (speed) enthält, mit welcher die Arbeit ausgeführt werden kann, ähnlich den elementaren Ingenieur-Handbüchern und sagte voraus, dass ein solches Buch bald erscheinen werde. Ein derartiges Buch sollte die beste Methode für die Durchführung, Aufschreibung, Tabellierung und Indexierung von Zeit-Beobachtungen beschreiben, weil durch Anwendung minderwertiger Methoden viel Zeit und Anstrengung verschwendet werde (Taylor, A Piece-Rate System, 875/68).

1887 trat Henry L. Gantt, ein junger Ingenieur und Absolvent der Johns Hopkins University als Assistent Taylors in die Dienste von Midvale ein. Er sollte später einer der bedeutendsten Jünger Taylors werden, der aber durchaus eigenständige Entwicklungen in die junge Gattung der Betriebswissenschaften einbrachte. Während seiner Tätigkeit bei Midvale vereinfachte Gantt die zeitaufwendige Methode, mit der für die Zerspanung von Stahl aus den umfangreichen Datentabellen Taylors für jedes Werkstück die Maschineneinstellungen berechnet wurden, indem er logarithmisch aufgebaute Tabellen einführte (Kanigel, 237/38).

In der Praxis von Midvale entstand aus den Entwicklungen Taylors und Gantts schliesslich das Instruktionsblatt für den Arbeiter. Dieses enthielt alle detaillierten Angaben für die Ausführung der Arbeit, einschliesslich der Daten für die Einstellung der Maschinen und die für die Ausführung eines bestimmten Arbeitsauftrages gültige Zeit mit Angaben über die Dauer der einzelnen Arbeitsabschnitte (Copley I, 264).

4.4.7 Die Grundlagen für Taylors Leistungslohnsystem

Taylor betrachtete zeit seines Lebens die vollständige Unwissenheit der Kader in der Industrie über den Ausstoss, der von einem Arbeiter fairerweise erwartet werden kann, als das grösste Übel, das es zu beheben galt. Diese Unwissenheit war nach seiner Auffassung ein Hauptgrund des Konflikts zwischen der Unternehmensleitung und den Arbeitern, der sich darin manifestiert, dass einerseits die Arbeiter das universale Bedürfnis haben, den höchstmöglichen Verdienst während ihrer Arbeitszeit zu erzielen, während die Arbeitgeber die höchstmögliche Gegenleistung für die von ihnen bezahlten Löhne erwarten.

Taylor schreibt in seinem Bericht „A Piece-Rate System“: „Kein Wunder, dass die meisten von uns zum Schluss kommen, dass es kein Stücklohnsystem geben kann, welches es den beiden ermöglicht, miteinander ohne Feindseligkeit und zu ihrem gegenseitigen Vorteil zusammenzuarbeiten. Und dennoch ist der Schreibende der Meinung, dass, auch wenn heute noch kein System gefunden worden ist, welches die Interessen der beiden harmonisiert, die Grundlage für eine harmonische Zusammenarbeit in den zwei folgenden Tatsachen liegt:

Erstens: Dass die Arbeiter in fast allen Wirtschaftszweigen ihren gegenwärtigen persönlichen Ausstoss pro Tag wesentlich erhöhen können und wollen, wenn sie einer im Vergleich zu bisher höheren und permanenten Entschädigung für ihre Arbeit sicher sein können.

Zweitens: Dass die Arbeitgeber es sich gut leisten können, pro produziertes Stück höhere Löhne, sogar dauernd, zu bezahlen, vorausgesetzt, dass jeder Mann und jede Maschine im Unternehmen eine proportional grössere Arbeitsmenge produziert.

Die Wahrheit dieser zweiten Aussage ergibt sich aus der allgemein anerkannten Tatsache, dass bei den meisten Werkstatttätigkeiten die indirekten Ausgaben gleich oder höher sind als die Löhne, die man direkt an die Arbeiter auszahlt und dass diese indirekten Ausgaben ungefähr konstant bleiben, ob nun der Ausstoss hoch oder niedrig ist. Daraus folgt, dass es immer billiger ist, den Arbeitern höhere Löhne zu zahlen, wenn deren Ausstoss proportional höher ist. … In unserem Bestreben, das Stücklohnproblem durch die Nutzung der zwei erwähnten Tatsachen zu lösen, müssen wir das grösste Hindernis auf dem Weg zu einer harmonischen Zusammenarbeit betrachten und beseitigen, nämlich den Mangel an Wissen sowohl auf Seiten der Leute als auch der Leitung (aber vor allem bei dieser) über die kürzeste Zeit, in welcher jedes Werkstück gefertigt werden kann; oder kurz gesagt, den Mangel an genauen Zeittabellen für die Arbeiten des Betriebes" (Taylor, A Piece-Rate System, 39/868).

Taylors Ziel bei Midvale war es, Zeitvorgaben zu ermitteln, welche diesen Zielen entsprachen und welche als Basis für sein Leistungslohn-System, das „Differentielle Stücklohn-System" (Differential Piece-Rate System) verwendet werden können, das weiter unten beschrieben wird. Er realisierte früh, dass es nicht genügte, für die eigentliche Arbeit an den Maschinen die beste Methode zu entwickeln und die für die Ausführung nötige Zeit zu bestimmen. In seinem Vortrag vor der American Society of Mechanical Engineers im Jahr 1895 über das „Differentielle Stücklohn-System" sagte Taylor folgendes: „Was aber vielleicht noch wichtiger ist, besteht darin, dass das Zeitstudienbüro die Notwendigkeit nachgewiesen hat, alle kleinen Einzelheiten in jedem Werkstattbetrieb sorfältig zu systematisieren. Dazu gehören die Pflege der Antriebsriemen, die korrekte Form der Schnittwerkzeuge und deren Herrichtung, Schärfung und Ausgabe, das Schmieren der Maschinen, die Ausgabe der Arbeitsaufträge, die Organisation genauer Arbeits- und Materialmeldungen und eine Menge anderer kleiner Methoden und Verfahren. Diese Einzelheiten, welche normalerweise als wenig wichtig betrachtet werden und von welchen viele der individuellen Beurteilung des Vorarbeiters oder des Arbeiters überlassen werden, wurden vom Zeitstudienbüro als von überragender Wichtigkeit nachgewiesen, um den maximalen Ausstoss zu erreichen. Sie erfordern das sorgfältigste und systematischste Studium, um Einheitlichkeit und eine gerechte und gleiche Chance für jeden Arbeiter zu erreichen. Ohne diese vorgängigen Untersuchungen und Systematisierungen ist es unmöglich, das „Differentielle Stücklohn-System" anzuwenden" (Taylor, A Piece-Rate System, 877/76).

Besonders wichtig für Taylor war das richtige Schleifen der Schnittwerkzeuge, weil davon der grosse Anteil der Bearbeitungszeiten auf den Maschinen entscheidend beeinflusst wird. In seinem Vortrag 1906 vor der ASME „On the Art of Cutting Metals" (in deutscher Sprache publiziert von Wallichs, 1907, bei Springer unter dem Titel „Über Dreharbeit und Werkzeugstähle") sagt Taylor: „Es ist wesentlich einfacher, wenn man alle Werkzeuge in einer standardisierten Werkstätte durch einen einzigen Mann auf ein paar wenige einfache aber streng eingehaltene Formen schleifen lässt, als wenn man, wie es in den Werkstätten des alten Stils üblich ist, es jedem Maschinisten überlässt, einen Teil seines Arbeitstages am Schleifstein zu verbringen, wo er seine Werkzeuge mit grundlegend falschen Formen und Schnittwinkeln versieht, nur weil für ihn schlechte Formen einfacher zu schleifen sind als gute" (Taylor, On the Art .., 55). In diesem Sinn schuf Taylor 1884 eine automatische Werkzeugschleifmaschine und einen Werkzeugraum, wo fertig geschliffene Werkzeuge aufbewahrt und den Maschinisten abgegeben wurden (Copley I, 266). Copley weist auch auf folgendes hin: „Es kam soweit, dass häufig dagegen protestiert wurde, dass man den Leuten die Möglichkeit zur Selbstverwirklichung und ihre individuelle Freiheit zerstöre, wenn man ihnen das Recht der Wahl und der Pflege ihrer Hilfsmittel wegnimmt" (Copley I, 268). Diese Aussage zeigt, dass eine heute sehr oft geäusserte Kritik am System Taylors nicht so neu ist, publizierte Copley seine Taylor-Biographie doch schon 1923. Allerdings fuhr Copley fort mit der Bemerkung: „Vielleicht sagt aber das vorstehende Zitat nur aus, dass das einzige Recht der Selbstverwirklichung, das Taylor den Arbeitern wegnahm, ihr Recht auf ihre Eigenheiten und Launen war, und wenn er eine ihrer Freiheiten einschränkte, war es die, den für sie einfachsten Weg zu wählen."

4.4.8 Das „Differentielle Stücklohn-System" von Taylor

Das grosse Problem für Taylor bei Midvale bestand darin, die Arbeiter der mechanischen Werkstätte dazu zu bringen, ihre Arbeit in der von Taylor festgelegten Zeit zu leisten. Wie bereits weiter oben gezeigt worden ist (Seite 21, Das Problem der Motivation), begegnete Taylor einem enormen Widerstand gegen die Veränderungen und vor allem natürlich gegen den gewaltig erhöhten Ausstoss, den seine Veränderungen ermöglichen sollten und der gemäss seinen Messungen auch realisierbar gewesen wäre. Bereits vor Taylors

Tätigkeit bei Midvale bestand ein vom Betriebsleiter Charles Brinley eingeführtes direktes Stücklohnsystem, wobei es keine Hinweise gibt, dass bis anhin Kürzungen der Zeitvorgaben vorgenommen wurden. Es kann aber angenommen werden, dass die Arbeiter von Midvale genau im Bild waren, dass solche Praktiken in der Industrie üblich waren (Copley I, 213).

Taylor ging es nicht nur darum, dass die Leute ihre Arbeit in der von ihm ermittelten Zeit erledigten, sondern er wollte sie in erster Linie dazu bringen, seine festgelegten Arbeitsmethoden anzuwenden. Ohne eine Befolgung dieser von Taylor in Instruktionsblättern festgehaltenen Arbeitsweise inbesondere in Bezug auf die an den Maschinen einzustellenden Vorschübe und Schnittgeschwindigkeiten, wäre es auch nicht möglich gewesen, die von Taylor vorgegebenen Zeiten zu erreichen. Taylors Absicht bestand nun darin, den Arbeitern einen zusätzlichen Lohnbetrag zu offerieren, wenn sie bei der Ausführung ihrer täglichen Arbeit genau seine detaillierten Anweisungen befolgten, nach dem Grundsatz, einen ausserordentlichen Lohn für eine ausserordentliche Arbeit zu bezahlen. Er hatte klar genug voraussehen können, dass für das, was seine Leute mit ihren Einrichtungen leisten könnten, er ihnen permanent höhere Löhne bezahlen konnte (Copley I, 261), (Taylor, A Piece-Rate System, 867/36).

In seinem Vortrag „Ein Stücklohn-System“ (A Piece-Rate System), gehalten in Detroit, Mich., im Jahre 1895 vor der American Association of Mechanical Engineers, beschrieb Taylor, dass die Arbeiter von Midvale vorher vier bis fünf Achsen von Eisenbahnwagen pro Tag drehten und dafür 50 Cents pro Stück verdienten. Damit kamen sie auf einen Tagesverdienst von $ 2 bis $ 2.50, was damals als ein respektables Einkommen galt (Kanigel, 212). Nach Taylors Ermittlungen war es möglich, pro Tag 10 Achsen zu bearbeiten. Sein System des differentiellen Stücklohns bestand nun darin, jedem Arbeiter 35 Cents pro Stück (statt bisher 50 Cents) zu bezahlen, der 10 Achsen oder mehr pro Tag produzierte, jedoch nur 25 cents bei einem Ausstoss von weniger als 10 Achsen. Taylor reduzierte damit den bisherigen Ansatz beträchtlich, offerierte aber einen Lohnsprung von 40%, für diejenigen, welche das Limit von 10 Achsen erreichten. Taylor sagte in seinem Vortrag: „Man muss anerkennen, dass eine Leistung von 10 Achsen eine grosse Tagesleistung für Mann und Maschine bedeutet“. … “Es erforderte einen beträchtlichen Aufwand, um die Männer dazu zu bringen, mit so hohen Geschwindigkeiten zu drehen, da sie vorerst nicht voll realisierten, dass es die Absicht der Firma war, ihnen auf Dauer ein Einkommen von $ 3.50 pro Tag zu ermöglichen. Aber vom Tag an, an welchem sie zum ersten Mal 10

Stück pro Tag drehten bis heute (was einer Periode von über 10 Jahren entspricht), haben diejenigen Männer, die ihre Arbeit verstanden, kaum je an einem Tag verfehlt, diesen Ausstoss zu erreichen. Und während dieser ganzen Zeit, bis zum Beginn der vor kurzem stattgefundenen Lohnreduktionen im ganzen Land, wurde der Satz nicht gekürzt".

„Während dieser ganzen Periode haben es die Konkurrenten der Firma nie zustande gebracht, mehr als die Hälfte dieser Produktion pro Drehbank zu leisten, obschon sie wussten und sogar sahen, was bei Midvale getan wurde. Zudem gestatteten sie ihren Arbeitern nicht, mehr als $ 2 bis $ 2.50 pro Tag zu verdienen und erreichten auf diese Weise nie den grösstmöglichen Ausstoss in ihrem Betrieb".

„Die folgende Tabelle soll die Wirtschaftlichkeit der Bezahlung hoher Löhne unter dem System des differentiellen Stücklohns bei der vorliegenden Arbeit zeigen:

Kosten der Produktion pro Drehbank und Tag

Normales Stücklohn-System		Differentielles Stücklohn-System	
Lohn pro Mann	$ 2.50	Lohn pro Mann	$ 3.50
Kosten der Maschine	$ 3.37	Kosten der Maschine	$ 3.37
Total Kosten pro Tag	$ 5.87	Total Kosten pro Tag	$ 6.87
5 Stück produziert:		10 Stück produziert:	
Kosten pro Stück	$ 1.17		$ 0.69

Dieses Resultat war zum grössten Teil, aber nicht vollständig, die Folge des differentiellen Systems. Das überlegene System der Organisation aller Einzelheiten und kleinen Details der Werkstätte hatte einen beträchtlichen Anteil" (Taylor, A Piece-Rate System, 879/80).

Das „Differentielle Stücklohn-System", das darin besteht, dass oberhalb einer festgelegten hohen Leistung ein wesentlich höherer Stückpreis bezahlt wird, verdiene im langen Lauf der Geschichte höchstens eine Fussnote, sagt Taylors Biograph Kanigel. Später seien viele andere Entlöhnungssysteme vorgeschlagen und publiziert worden. Auch Taylor selbst habe seinem System keine ungebührliche Wichtigkeit zugewiesen, sondern habe es vor allem als vorübergehendes Hilfsmittel betrachtet. Nach seinem Vortrag vor der ASME äusserte sich Taylor enttäuscht, als die Zuhörer nur auf die

Idee des Differentiellen Lohnsystems reagierten und nicht auf das bedeutendere Prinzip der Aufgliederung der Arbeit in ihre Elemente, welche einzeln mittels Zeitstudien als Basis für die Leistungsvorgaben gemessen wurden (Kanigel, 212).

Wie schon gezeigt wurde, setzte Taylor sehr hohe Lohnsprünge für diejenigen Arbeiter an, welche die von ihm vorgegebene Leistung erreichten, im Falle der Dreher bei Midvale zum Beispiel 40%. Taylor wollte mit diesem Anreiz nicht in erster Linie die Arbeiter zu höherer Anstrengung motivieren, sondern sie vielmehr dafür gewinnen, die von ihm entwickelte verbesserte Arbeitsmethode gemäss Instruktionsblatt anzuwenden. Auf die Frage, wieviel Prozent oder Cents dieser Zuschlag betragen müsse, antwortete Taylor, dies sei kein Gegenstand, über den man theoretisieren sollte, oder der an einer Direktionskonferenz im feierlichen Konklave beschlossen oder über den in den Gewerkschaften abgestimmt werden sollte. Dieser Sprung würde durch die menschliche Natur bestimmt und er habe ihn nach dem zeitaufwendigen Prinzip von Versuch und Irrtum (trial and error) durch Experimente ermittelt (Taylor, Shop Management, 25).

In einer späteren Publikation der ASME im Jahr 1912, „The Present State of the Art of Industrial Management" wies Taylor darauf hin, dass Zeitstudien aus zwei Teilen bestehen, zuerst einer analytischen Arbeit und dann einer konstruktiven Arbeit.

Zum ersten Teil gehörte laut Taylor unter anderem das Studium, wie jeder einzelne von verschiedenen geschickten Arbeitern jede elementare Bewegung ausführt, um dann mit Hilfe der Stoppuhr die beste und schnellste Methode auszuwählen, mit der jede Bewegung ausgeführt wird. Weiter gehörte zum analytischen Teil auch die Ermittlung des Prozentsatzes, welcher zur effektiven Ausführungszeit eines guten Arbeiters zugeschlagen werden muss, um unvermeidliche Verzögerungen, Unterbrüche und kleinere Störungen abzugelten. Darüber hinaus sei auch der Zeitzuschlag zu untersuchen und zu registrieren, der für die Erholung zu gewähren ist, sowie die Intervalle, in welchen diese Erholungszeit zu beziehen ist, um körperliche Ermüdung zu vermeiden.

Zum zweiten, konstruktiven Teil der Zeitstudie gehörte für Taylor zuerst die Addition der einzelnen Elementarzeiten zu häufig vorkommenden Arbeitssequenzen, die auf eine Weise zu registrieren und indexieren sind, dass sie einfach wieder gefunden werden können. Damit sollte für praktisch jede in einer Werkstätte vorkommende Art von Arbeit zusammen mit den zutreffenden Zuschlägen die zutreffende Zeit ermittelt werden können.

Wichtig war aber auch der Umstand, dass die Analyse der in ihre Elemente aufgegliederten Arbeit fast immer aufzeigt, dass viele der Bedingungen, welche die Arbeit umgeben oder begleiten, mangelhaft sind; dass zum Beispiel ungeeignete Werkzeuge verwendet werden, dass die Maschinen verbessert werden müssen oder dass die gesundheitlichen Bedingungen schlecht sind. Und die Erkenntnis, die so gewonnen wurde, führte häufig zu konstruktiven Verbesserungen auf hoher Stufe, zur Standardisierung von Werkzeugen und Arbeitsbedingungen und zur Erfindung von überlegenen Methoden und Maschinen (Copley I, 227).

4.4.9 Taylors System der funktionalen Meister

Taylor merkte während seiner Tätigkeit bei Midvale bald, dass der Aufwand für die Entwicklung und Realisierung der vorstellbaren Verbesserungen der Effizienz in den Werkstätten ausserordentlich hoch war und seine Leistungsgrenzen und die Leistungsgrenzen der Vorarbeiter und Meister, d.h. des traditionell vorhandenen Kaders im Betrieb, bei weitem überstieg.

Taylor schrieb in „Shop Management“ 1903: „Praktisch alle grösseren Betriebe der Maschinenindustrie mit Gemischtfertigung sind auf eine Weise organisiert, die man als die Militärische Organisation bezeichnen kann. Die Befehle des Generals werden durch die Obersten, Majore, Hauptleute, Leutnants und Unteroffiziere an die Leute weitergegeben. Auf dieselbe Art gehen in industriellen Betrieben die Befehle vom Leiter über die Abteilungsleiter, die Werkstattmeister und die Vorarbeiter zu den Ausführenden. In einem solchen Betrieb sind die Aufgaben der Meister und Vorarbeiter so umfangreich und verlangen eine derartige Menge von Spezialkenntnissen, verbunden mit einer solchen Vielfalt an natürlichen Fähigkeiten, dass nur Männer, die schon über unübliche Qualitäten verfügen und viele Jahre besonderer Ausbildung hinter sich haben, ihre Aufgaben auf befriedigende Weise bewältigen können“ (Taylor, Shop Management, 92).

Für Taylor wurde bei seiner Tätigkeit bei Midvale klar, dass seine eigenen Aufgaben als Meister einen solchen Umfang annahmen, dass er sie auch mit seiner weit überdurchschnittlichen Leistungsfähigkeit nicht alleine bewältigen konnte: die Auswahl und die Schulung der Leute, die Bereitstellung der Instruktionskarten für jeden Auftrag und die Sicherstellung, dass die Instruktionen verstanden wurden, dass die benötigten Materialien, Werkzeuge und Hilfsmittel zur richtigen Zeit bereitstanden, dass die Qualität der Arbeit überwacht und dass die Disziplin in den Werkstätten gewahrt wurde. Darüber hinaus mussten die Zeitvorgaben korrekt ermittelt werden, die

Werkzeuge und Hilfsmittel mussten standardisiert und der Maschinenpark unterhalten werden. Die Verantwortung für all diese Aufgaben lastete auf den Meistern und Vorarbeitern. Deren Stellung wurde praktisch unmöglich, als mit der Zeit immer mehr solcher Aufgaben dem Werkstattkader aufgebürdet wurden (Copley I, 276).

Taylor löste dieses Problem vorerst damit, dass er sich Assistenten zulegte wie jenen Emlen Hare Miller, der für ihn Zeitstudien durchführte. Dann schuf er die Institution des Planungsbüros, das vorerst aus zwei Männern bestand, dem Zeitstudien-Mann und dem Instruktionskarten-Mann. Später erweiterte er dieses Büro um den Disponenten, der für die zeitlich richtige Abwicklung der Aufträge in der Werkstätte zu sorgen hatte. Damit hat Taylor eine erste Arbeitsteilung in der Führung der Werkstätten verwirklicht. Dann setzte er weitere Leute als Ergänzung der Meister und Vorarbeiter ein, denen er den Titel „Boss“ verlieh: den „Geschwindigkeits-Boss“ (speed boss), der dafür sorgen musste, dass die Arbeiter an ihren Maschinen die richtigen Drehzahlen und Vorschübe einstellten, den „Reparatur-Boss“, den Gruppenführer („Gang Boss“), der die Maschinisten in der richtigen Arbeitsmethode anleitete, sowie den „Inspector“ für die Qualitätsüberwachung und den „Disciplinarian“, den man auf Deutsch heute vielleicht Personalbetreuer nennen würde und der Konflikte mit den verschiedenen „Bossen“ schlichtete. Diese fünf „Bosse“ waren nicht im Planungsbüro, sondern direkt in der Werkstätte tätig. Die Idee war auch, dass je nach Werkstätte und deren Komplexität die Ausübung von zwei bis drei dieser Funktionen auf eine Person zusammengelegt werden konnte (Copley I, 284–327).

Taylor forderte in seiner Publikation „Shop Managenent“ später konkret: „Wenn man jedem Arbeiter täglich eine sorgfältig gemessene Aufgabe zuordnen will, ist es notwendig, ein Planungsbüro zu schaffen, um alle Aufträge mindestens einen Tag zum voraus zusammenzustellen. Alle Aufträge müssen den Arbeitern mit genauen Angaben schriftlich abgegeben werden. Täglich müssen die Arbeiter schriftliche Rückmeldungen an das Planungsbüro machen, welche zeigen, was getan wurde. Eine detaillierte Instruktionskarte muss für jede Arbeit ausgestellt werden, welche zeigt, wie jede Arbeit auszuführen ist mit Angabe der Zeit, welche zur Ausführung notwendig ist und mit Angabe der Zeichnungsnummer und aller Spezialwerkzeuge, Vorrichtungen und allem Zubehör usw. Alle diese kleinen Einzelheiten in den Werkstätten, welche üblicherweise als von geringer Bedeutung gelten und der Erledigung durch den Arbeiter überlassen werden, müssen gründlich standardisiert werden” (Taylor, Shop Management, 64).

Nach der Erfahrung Taylors waren damals die meisten Werkstätten ungenügend mit Werkstattkader ausgerüstet: „Ohne Unterschied ist die Anzahl leitender Personen ungenügend, um die Arbeit wirtschaftlich zu erledigen. Unter dem militärischen Typ der Organisation wird der Abteilungsmeister verantwortlich gemacht für den erfolgreichen Betrieb der ganzen Werkstätte und wenn wir seine Pflichten an den Grundsätzen für eine erfolgreiche Betriebsführung messen, wird es offensichtlich, dass in diesem Falle seine Ziele weit davon entfernt sind, erfüllt werden zu können“ (Taylor, Shop Management, 94).

Taylor entlastete soweit wie irgend möglich die Meister und Vorarbeiter von der Arbeit der Planung und auch von allen Schreibarbeiten: „Alle vorstellbare Denkarbeit sollte aus den Werkstätten entfernt und im Planungsbüro konzentriert werden, sodass den Meistern und Vorarbeitern Tätigkeiten bleiben, die strikte ausführender Art sind. Sie sollten ihre Zeit bei den Leuten verbringen, diese lehren, voraus zu denken, und sie in ihrer Arbeit anzuleiten und zu instruieren“ (Taylor, Shop Management, 98).

Taylor bezeichnete diese neue Organisationsform als Funktionale Werkstattführung (engl. functional foremanship) und die dazu gehörenden Kaderleute als Funktionale Meister (functional foremen).

Diese Organisationsform setzte er in Kontrast zur traditionellen und von ihm, wie oben erwähnt, als Militärische Organisation bezeichnete Form. Taylors Vorstellung ging vor allem dahin, dass „die Werkstätte, ja der ganze Betrieb, nicht durch den Betriebsleiter, den Abteilungsleiter und den Meister geleitet wurde, sondern durch die Planungsabteilung. Die tägliche Routine der Betriebsführung aller Werkstätten sollte die Aufgabe der verschiedenen funktionalen Elemente dieser Abteilung sein, sodass zuletzt, wenigstens in der Theorie, der ganze Betrieb reibungslos laufen würde, auch wenn der Betriebsleiter, der Abteilungschef und ihre Assistenten ausserhalb des Planungsbüros alle zusammen für einen Monat abwesend wären“ (Taylor, Shop Management, 110).

Den Gegensatz zur Militärischen Organisation sah Taylor vor allem darin, dass die Befehle nicht auf dem „Dienstweg“ über alle hierarchischen Stufen hinunter bis zum Ausführenden geleitet wurden, sondern dass der Mann an der Maschine seine Anleitungen gleichermassen von den verschiedenen Spezialisten erhielt und dass gleichermassen auch die verschiedenen funktionalen Meister sich gegenseitig ihre Kenntnisse vermittelten. Eigentlich gab es nach den Ideen Taylors gar keine eigentlichen Befehle und Befehlsempfänger mehr. Taylors Biograph Copley äussert sich zu dieser Situation wie folgt: „Diese scheinbare Konfusion löst sich damit so auf: es gibt nur einen Meister, nur einen Boss, nämlich das Wissen. Dies ist auf jeden Fall der Punkt, den Taylor mit aller Energie der Industrie nahebringen wollte. Er setzte seine ganze Kraft ein in seinem Bestreben, das Wissen auf den Königsthron zu erheben“ (Copley I, 291).

Gegen Ende seiner Laufbahn, zum Beispiel in seinen Vorlesungen an der Harvard-Universität um 1909 bezeichnete Taylor seine Funktionsmeister nicht mehr als Bosse, sondern als Lehrer, welche den Arbeitern beistehen, um die Produktionsaufgaben möglichst effizient zu lösen. Vor dem Sonderausschuss des Repräsentantenhauses 1912 ging Taylor noch einen Schritt weiter und bezeichnete die Funktionsmeister als die Diener der Arbeiter, deren Aufgabe es sei, die Arbeiter zu bedienen und ihnen in jeder Weise zu helfen (Taylor, Testimony, 216).

Bis auf den heutigen Tag ist in der Industrie die Idee der Trennung von Planung und Ausführung in mehr oder weniger strikter Form erhalten geblieben, während das Konzept der Funktionsmeister schon zu Lebzeiten Taylors kaum in einer reinen Form Anwendung gefunden hat.

Mit seinen Ideen betreffend Zeitstudien, Differentiellem Stücklohn, Detaillierten Arbeitsaufträgen und Funktionaler Organisation hatte Taylor während seiner Zeit bei Midvale bis 1890, das heisst bis er selbst 34 Jahre alt war, alle wesentlichen Grundlagen für seine später publizierten Grundsätze der wissenschaftlichen Betriebsführung bereits zusammengetragen.

4.4.10 Taylor als Sportler, Ingenieur und Erfinder

Die Arbeit bei Midvale und das Studium am Stevens Institute umfasste noch nicht alle Tätigkeiten des erstaunlichen Frederick W. Taylor. So gewann er 1881 zusammen mit seinem Freund Clarence Clark das U.S. Open Tennis Championship im Doppel. Der Tennissport regte auch Taylors Erfindergeist an. So gibt es von ihm Patente für einen neuen löffelförmigen Tennisschläger mit leicht abgewinkeltem Griff und für eine Netzspanneinrichtung, für die er noch während Jahren Lizenzeinnahmen bezog (Kanigel, 187). Insgesamt soll Taylor Inhaber oder Mitinhaber von 45 amerikanischen Patenten gewesen sein (Wrege, 125).

1885 wurde Taylor Mitglied der American Society of Mechanical Engineers (ASME), die damals von Henry R. Towne geleitet wurde, dem Präsidenten der aufsteigenden Firma Yale & Towne Manufacturing Co., dem Hersteller von Sicherheitsschlössern und späteren wichtigen Förderer von Taylor. Towne brachte 1886 in Chicago erstmals in der ASME die Frage der

Ökonomie auf den Tisch mit einem vielbeachteten Vortrag betitelt „Der Ingenieur als Ökonom“, der auch Taylors Interessen entsprach. Towne proklamierte in seinem Vortrag die Untrennbarkeit der Betriebsführung vom Ingenieurwesen in der Industrie (engl.: inseparability of shop management from industrial engineering), machte die Möglichkeit einer Wissenschaft der Betriebsführung bekannt und schlug Schritte zu deren Entwicklung vor (Copley II, 241). Taylor selbst sprach an derselben Veranstaltung über Kostenvergleiche beim Siemens-Martin Verfahren der Stahlherstellung (Kanigel, 233–235).

1886 wurde seine neue Werkzeugschleifmaschine patentiert. In den nächsten drei Jahren meldete Taylor Patente an für eine Bohr- und Drehmaschine, eine verbesserte Einspannvorrichtung, eine Werkzeugzuführvorrichtung und eine neue Art von Rädern für Eisenbahnwagen (Kanigel, 240).

1887 wurde Taylor bei Midvale auch formell zum Chefingenieur ernannt, nachdem schon vorher dieser Titel oft seinen Namen begleitet hatte (Kanigel, 196).

Taylors bedeutendste Ingenieurleistung bei Midvale war die Entwicklung eines neuen 75-t-Dampfhammers (s. Abb. 4), der auf revolutionären Ideen zur Aufnahme der grossen dynamischen Kräfte beruhte, dreimal schneller als die bisherigen Dampfhämmer war und 1890 patentiert wurde (Wrege, 50, Kanigel, 239). Etwa 12 Jahre später wurde allerdings der Dampfhammer durch den hydraulischen Hammer verdrängt.

Nachdem schon 1886 die Aktienmehrheit der Midvale Steel Co. in neue Hände übergegangen war und in der Folge einige von Taylors Freunden in der Leitung des Unternehmens die Firma verliessen, begann sich auch Taylor nach neuen Herausforderungen umzuschauen. Nicht zuletzt weil er den Eindruck hatte, erreicht zu haben, was für ihn bei Midvale zu erreichen war, verliess er 1890 dieses Unternehmen (Kanigel, 241).

4.5 Taylor unterwegs 1890–1898

4.5.1 Drei Jahre als General Manager in der Papierindustrie

Während seiner Tätigkeit bei Midvale hatte Taylor die Bekanntschaft mit dem Ingenieur und damaligen Marine-Inspektor Captain Goodrich gemacht, der sehr beeindruckt war von Taylors Leistungen und Resultaten bei Midvale, das sich zu einem wichtigen Lieferanten der US Marine entwickelt hatte. Goodrich war 1889 die Leitung einer neu zu bauenden Fabrik zur

Herstellung von Papiermasse (engl. pulp factory) in Madison, Maine übertragen worden. Der frühere Sekretär der US Marine William C. Whitney hatte vorher zusammen mit anderen reichen Industriellen die Manufacturing Investment Company (MIC) gegründet, zu der noch eine weitere Papiermassefabrik in Appleton, Wisconsin gehörte. Für diese Werke hatte sich Whitney die Patente des deutschen Chemikers Alexander Mitscherlich für ein neues Produktionsverfahren gesichert. Beide Werke standen unter der Leitung von beurlaubten Marineoffizieren, und Whitney suchte nun einen qualifizierten Ingenieur als General Manager. Auf Empfehlung von Goodrich lud Whitney Taylor zu einem Gespräch ein, das zur Unterzeichnung eines Vertrags zwischen der Manufacturing Investment Company Whitneys und Taylor führte (Kanigel, 243, Wrege, 68).

Kanigel erwähnt in seiner Taylor-Biographie „The One Best Way“ die finanziellen Abmachungen, die einen interessanten Blick auf die damaligen Einkommens-Proportionen ergeben. Wenn zu dieser Zeit Facharbeiter in den USA pro Jahr sechs- bis siebenhundert Dollars verdienten und wenn der Nachfolger von Taylor bei Midvale viertausend Dollars verlangte, offerierte Whitney Taylor ein Salär von fünfzehntausend, also rund das zwanzigfache der Facharbeiter. Taylors Salär würde nach Kanigel heute etwa drei- bis vierhunderttausend Dollar wert sein. Dazu kamen noch Stock Options für den Fall einer erfolgreichen Realisierung des Mitscherlichverfahrens. Taylor akzeptierte einen Vertrag über drei Jahre und zog mit seiner Frau weit in den Norden nach Madison, Maine (Kanigel, 246).

Taylor begegnete von Anfang an grossen Problemen. Das Verfahren von Mitscherlich zeigte schwere Mängel, der Standort des Werks in Madison war besonders in Bezug auf die Wasserversorgung schlecht gewählt, gutes Personal war schwer zu finden und die Gebäude waren zu klein dimensioniert. Der Druck von Whitney, der finanzielle Resultate sehen wollte, war enorm. Erst im dritten Jahr konnte Taylor spürbare Verbesserungen bezüglich Ausstoss und Kosten rapportieren. Ein Mittel hierzu war das bewährte Rezept Taylors von Midvale, nämlich der Differentielle Stücklohn, allerdings ohne die von Taylor sonst energisch propagierten systematischen Zeitstudien der Elementaroperationen als Basis. Dazu fehlte die Zeit (Wrege, 69).

1893, nach Ablauf seines Vertrages verliess Taylor die Manufacturing Investment Co. trotz des Ersuchens von Seiten Whitneys, weiterzumachen und obschon ihm Whitney in Aussicht gestellt hatte, ihn innerhalb weniger Jahre zum Millionär zu machen (Copley I, 386–87). Da sich Taylor finanziell stark in der MIC engagiert hatte und der Erfolg der Zellstoffherstellung auch wegen der in den USA ausgebrochenen Wirtschaftskrise ausblieb, bedeuteten die drei Jahre für ihn auch einen schweren materiellen Verlust. Zum Schluss seiner Tätigkeit für die MIC sei Taylor sauer auf die Financiers vom Stile Whitneys geworden, schreibt Kanigel. Und später würde er Verachtung äussern „für die, welche nur Geld und nicht Dinge machten". Einen Monat nach seinem Weggang sei er „glücklich gewesen zu sagen, dass er nun ganz von der MIC weg sei und er sich seit sehr vielen Jahren nicht mehr so wohl und so frei von Sorgen gefühlt habe" (Kanigel, 259).

4.5.2 Taylor als beratender Ingenieur

Aus seinen bisherigen Erfahrungen in Industriebetrieben kam Taylor zum Schluss, dass es schwierig sei, gleichzeitig Werkleiter und Organisator zu sein. Der Organisator sollte frei sein, das neue System einzuführen und dieses vor allem rasch zum Erfolg zu bringen. Taylor sah sich selbst als ein solcher Organisator oder „Systematizer", wie er diese Funktion bezeichnete und er meinte, dass er wohl der erste in seinem Lande sei, der eine solche Aufgabe zu seinem Beruf machte (Copley I, 390). Eine derartige Tätigkeit kommt wohl der Aufgabe unserer heutigen Unternehmensberater sehr nahe.

Er hatte sich einen Stempel zugelegt auf dem folgendes stand:

FRED W. TAYLOR, M.E.,
Ross Street, Germantown, Philadelphia.
Consulting Engineer
Systematizing Shop Management and
Manufacturing Costs a Specialty

(Copley I, 391)

Taylors Lebensabschnitt von 1893–1898 war von Unruhe gekennzeichnet. Seine Arbeitsorte wie auch seine Interessen waren in viele Richtungen gestreut. Er war für eine grosse Anzahl Firmen in vielen verschiedenen Städten tätig. Sein Rat war offensichtlich begehrt. Als Berater verlangte er anfangs ein Honorar von fünfunddreissig Dollars pro Tag, später bezog er vierzig, manchmal fünfzig. Zu heutiger Kaufkraft umgerechnet entspricht dies laut Kanigel (S. 262) einem Tageshonorar von etwa tausend Dollars. Im Vergleich zum Tageseinkommen eines Fabrikarbeiters jener Zeit entsprach Taylors Honoraransatz etwa dem Fünfundzwanzigfachen (Kanigel, 302).

Als Vorbereitung auf seine Beratertätigkeit erwarb sich Taylor Kenntnisse in Buchhaltung und Kostenrechnung, insbesondere bei seinem vorherigen Arbeitgeber, der Manufacturing Investment Company, welche nach Auffassung Taylors ein sehr fortschrittliches und vor allem bezüglich Zeitaufwand sehr effizientes System hatte.

Schon während seiner Zeit bei Midvale hatte Taylor seine später berühmten Inventarkarten zu entwickeln begonnen, welche er nun vervollkommnete.

Für jeden Artikel welcher am Lager war, wurden folgende Angaben nachgeführt:
- gegenwärtiger Bestand
- in Auftrag gegebene (bestellte), aber noch nicht eingegangene Menge zum Auffüllen des Lagers
- die für vorliegende Liefer- oder Arbeitsaufträge reservierte Menge
- die für zukünftigen Bedarf frei verfügbare Menge.

Taylors späterer Assistent Horace K. Hathaway schrieb später in der Zeitschrift „Scientific Management“: „Die einzigartigen Merkmale dieses Teils von Taylors System bestehen darin, dass Inventarkarten im Planungsbüro statt im Magazin geführt werden, dass die Zuteilung der Artikel zum voraus stattfindet, dass die zugeteilte Menge von der vorhandenen Menge subtrahiert wird und dass als Resultat Wiederbeschaffungsaufträge ausgegeben werden, wenn die für zukünftige Aufträge als verfügbar angegebene Menge unter ein festgelegtes Minimum fällt. Vorher wurden Auffüllaufträge erst ausgelöst, wenn der effektiv am Lager liegende Bestand unter einen Minimalbestand fiel, ohne Berücksichtigung von in der Werkstatt schon laufenden Aufträgen, welche jede Minute zu einem Bezug führen konnten. Als Vorbeugung gegen unangenehme und kostspielige Lieferverzögerungen muss der Nutzen der Bedarfszuteilung im voraus jedem Leser einleuchten“ (Copley I, 360).

Im Zusammenhang mit der Tätigkeit des Planungsbüros hat Taylor auch die Anwendung des „Ausnahme-Prinzips“ propagiert. Es sei kein ungewohntes und wohl eher ein trauriges Bild, einen Leiter eines grossen Unternehmens zu sehen, wie er an seinem Pult überschwemmt von einem Ozean von Briefen und Berichten sitze und meine, er müsse bei jedem seine Initialen oder einen Stempel anbringen. Wenn dieser eine solche Masse von Einzelheiten über sein Pult laufen lasse, glaube er, in engem Kontakt mit dem ganzen Geschäft zu sein. Das Ausnahmeprinzip sei genau das Gegenteil davon.

Unter diesem Prinzip sollte der Leiter nur konzentrierte, zusammengefasste, aufsummierte und ausnahmslos vergleichende Berichte erhalten, die andererseits aber alle Elemente abdecken, welche mit der Leitung des Betriebes zu tun haben. Und sogar diese Zusammenfassungen sollten vorgängig von einem Assistenten durchgearbeitet werden, bevor sie den Leiter erreichen und sie sollten alle Abweichungen zu früheren Durchschnittswerten oder zu vorgegebenen Normen aufzeigen, sowohl die besonders guten wie auch die besonders schlechten Abweichungen. Auf diese Weise ermögliche man dem Leiter in wenigen Minuten einen vollständigen Überblick über den erzielten Fortschritt. Damit würde er frei werden, die allgemeineren Ziele des Unternehmens zu betrachten und den Charakter und die Eignung der ihm unterstellten wichtigen Leute zu beurteilen (Taylor, Shop Management, 126).

4.5.3 Taylor und die Bauindustrie

Obschon Taylor nie direkt im Bauwesen tätig war, hatte er sich schon seit längerer Zeit für die Rationalisierung oder, wie er es bezeichnete, die Systematisierung (systematizing) in diesem Bereich der Wirtschaft interessiert. Er entwickelte die Idee, eine Reihe von Büchern herauszugeben, welche Zeitstudiendaten für Tätigkeitsgebiete wie Gipsen, Verputzen, Schaufeln, Mauern und Zimmermannsarbeiten zur Verfügung stellten (Kanigel, 292). Er wandte sich an Sanford Eleazer Thompson, der als junger Absolvent des MIT (Massachusetts Institute of Technology) seinerzeit im Zellstoffunternehmen in Madison als sein engster Mitarbeiter insbesondere für Zeitstudien und anschliessend bei einer Ingenieurfirma in Boston tätig war. Im Dezember 1895 unterschrieben die beiden einen Vertrag, nach dem Thompson für hundert Dollar pro Monat plus Spesen für Taylor arbeiten und vor allem Zeitstudien durchführen und Taylors altes Anliegen bearbeiten sollte, nämlich das Problem, wie viel Arbeit ein Mann in einem Tag leisten kann.

Thompson befasste sich mit Fragen wie derjenigen, ob das Bedecken einer Fassade mit Schindeln bei vielen Fensteröffnungen mehr Zeit brauchte, als bei einer glatten Fassade und wenn ja, wieviel. Um dies herauszufinden, hat er das Schindeln sehr fein in Elemente unterteilt wie Messen, Sägen, Nageln und alle anderen Arbeiten, die mit Schindeln zusammenhängen. Hier wurde wiederum wie bei Midvale das Prinzip der Elementarzeiten angewandt. Thompson soll sich mit Unterbrechungen während siebzehn Jahren mit diesem Projekt beschäftigt haben. Schliesslich entstanden Zeitwerte für das Füllen einer Schubkarre, für das Gehen pro Fuss und das Einschlagen eines Nagels. Er fand heraus, dass ein bestimmter Hammer besser als ein anderer, eine Methode Betonverschalungen herzustellen billiger sei als eine andere. Ein Arbeitsgebiet, das Taylor und Sanford Thompson zusammen behandelten, war das Schaufeln von Kohle, Sand und anderem losem Material. Thompson unternahm neben den Zeitstudien auch Versuche, um die Kraft zu ermitteln, welche notwendig ist, um eine Schaufel in einen Kohlenhaufen zu schieben und welche Energie dabei umgesetzt wird. Die Tätigkeit des Schaufelns sollte später durch Taylors Publikationen Berühmtheit erlangen (Kanigel, 295).

Arbeits- und Zeitstudien im Bauwesen waren bekanntlich später auch ein bevorzugtes Arbeitsgebiet eines anderen amerikanischen Pioniers der Arbeitswissenschaften, nämlich von Frank Bunker Gilbreth.

4.5.4 Taylor bei William Cramp & Sons Ship and Engine Building Company in Philadelphia

Ab September 1894 war Taylor beim wohl grössten Marineunternehmen der westlichen Hemisphäre während sechs Monaten als Berater tätig (Kanigel, 271ff.). William Cramp war die erste Werft, welche nach dem amerikanischen Bürgerkrieg den Übergang von der Holz- zur Stahlkonstruktion im zivilen und militärischen Schiffsbau vollzog. Taylors Aufgabe bestand in der Reorganisation der grossen mechanischen Werkstätten. Aufgrund seiner Erkenntnisse von Midvale verbesserte er die Riemenantriebssysteme im Betrieb radikal. Dann empfahl er, dass auch für normale Arbeiten an den Maschinen Werkzeuge aus selbsthärtendem Stahl verwendet werden, die bisher, weil sie teuer waren, für die Bearbeitung extrem harter Gussstücke reserviert waren. Selbsthärtender Werkzeugstahl war eine Erfindung des Engländers Robert Mushet aus dem Jahr 1868. Da verschiedene Sorten dieses Stahls im Umlauf waren und niemand wusste, welcher am besten schnitt, machte sich Taylor selbst daran, an einer der ersten mit einem Elektromotor angetriebenen Drehbank bei William Sellers & Co, ausgedehnte Schnittversuche mit solchen Werkzeugen zu machen. Er variierte die Wärmebehandlung der Stähle und die Formen der Schneiden, die Schnittwinkel, Vorschübe und Schnittgeschwindigkeiten und schrieb alle Versuchsdaten systematisch auf. Taylor fand offensichtlich Spass an dieser Experimentiererei und hat diese Zeit als die entspannteste und angenehmste Zeit seit seiner Lehrzeit bezeichnet (Taylor, Testimony, 125).

Das Resultat seiner Untersuchungen bestand darin, dass die Unterschiede der Stahlsorten einen geringen Einfluss hatten, aber dass Werkzeuge aus selbsthärtendem Stahl besser waren als alle anderen. Noch wichtiger war die

Erkenntnis, dass diese Werkzeuge nichts zu suchen hatten in einem abgeschlossenen Werzeugkasten, um wegen ihres Preises nur in extremen Fällen eingesetzt zu werden. Taylor schloss, dass es eine falschverstandene Wirtschaftlichkeit war, sie für spezielle Aufgaben zu reservieren. Sie schnitten um so viel schneller, dass es sich lohnte, sie allgemein und in der ganzen Werkstätte einzusetzen, weil damit nach seinen Berechnungen die Geschwindigkeit der Bearbeitungsmaschinen dieser Abteilung um 60% erhöht werden konnte. Darüber hinaus erliess er Instruktionen über neue Werkzeugschleifmaschinen, die Organisation der Werkzeugschleiferei, den Unterhalt der Antriebsriemen und die Flüssigkeitskühlung der Werkzeuge mit Sodawasser. Damit die Konkurrenz nicht Wind von den Verbesserungen der Schnittgeschwindigkeiten bekam, hielt er die Zahlen so geheim wie möglich und orientierte nur den Inhaber der Firma Cramp (Kanigel, 275).

4.5.5 Taylor bei der Johnson Company in Johnstown, Pennsylvania und Lorain, Ohio

In der Zeit von März bis Oktober 1896 war Taylor bei Johnson Co. tätig, welche im einen Werk Tramschienen und im anderen Elektromotoren für Trams herstellte. Taylor führte bei Johnson sein ausgeklügeltes Lagerverwaltungssystem ein, rationalisierte die mechanischen Werkstätten mit den gewohnten Verbesserungen, entwickelte ein System der Kostenrechnung, welches nach seinen Worten so gegliedert war, dass es „anzeigte, ob Gruppenführer oder Vorarbeiter einen einzigen zusätzlichen Handlanger beschäftigten". Für die Büroangestellten empfahl er eine Verkürzung der Arbeitszeit, weil „mehr Arbeit geleistet werden konnte, wenn die Leute ihr Bestes geben, während sie im Büro sind und man ihnen dafür zu ihrer Erholung zusätzliche Zeit zur Verfügung stellt, anstatt dass sie ihre Erholung mit ihrer Arbeit vermischen" (Kanigel, 299). In seiner Biographie Taylors hält aber Kanigel fest, dass das was Taylor bei Johnson eingeführt habe, nicht dem Ideal entsprach, das er in seinen Publikationen statuierte. Vielmehr haben ihn beschränkte Zeit, Geldknappheit und ein Mangel an „Toleranz für seinen managementmässigen Overkill" seitens der Auftraggeber dazu gezwungen, aus seinem Menü von Massnahmen die wirksamsten Teile herauszupicken. So hat Taylor offenbar bei Johnson ein zentrales Zeitstudien-Büro nur angeregt, aber nicht eingeführt. Das Gemeinsame mit anderen Beratungsaufträgen, welche Taylor realisierte, muss der grosse Widerstand gewesen sein, dem Taylor bei den Leuten begegnete, „welche es bevorzugt hätten, die Dinge so zu lassen, wie sie waren" (Kanigel 298).

4.5.6 Taylor bei der Simonds Rolling Machine Co. in Fitchburg, Massachusetts

Ein wichtiger Kunde Taylors war ab Dezember 1896 die Simonds Rolling Machine Company in Fitchburg, Massachusetts, wo Taylor schon ab 1892 auch Verwaltungsrat war. 1888 wurde von Simonds ein revolutionäres Verfahren zum Rollen von zylindrischen und kegelförmigen Werkstücken erfunden, welches den Ausstoss von Achsen und Spindeln jeglicher Art auf das Neunfache der bisherigen Verfahren steigerte. Simonds Hauptgeschäft waren Kugeln für Kugellager, für welche in jenen Jahren ein reissender Absatz für die neu aufgekommenen Fahrräder entstand, von denen in den neunziger Jahren in den USA Millionen Stück pro Jahr verkauft wurden. Vor den Erfindungen von Simonds wurden solche Kugeln auf Drehbänken einzeln ab Stangen gefertigt.

Taylor führte im neuausgerüsteten Betrieb bei Simonds den Leistungslohn zuerst in der Schleiferei ein, wo die gerollten rohen Kugeln geschliffen wurden. Das Entlöhnungssystem in diesem Bereich entsprach dem differentiellen Stücklohnsystem Taylors in Stufen. Ein Arbeiter, der 28'000 oder weniger Kugeln pro Tag schliff, verdiente 5,1 Cents pro Tausend, bis zu 36'000 betrug der Ansatz 5,3 Cents und über 36'000 konnte man 5,8 Cents pro Tausend verdienen. Beim untersten Ansatz betrug der Tagesverdienst somit $ 1.43, beim obersten Ansatz und 36'000 Stück $ 2.09 (Kanigel, 302). Dieses System entspricht einem überproportionalen Leistungslohn: bei einem um 28% höheren Ausstoss ergibt sich ein um 46% höherer Verdienst. Taylor begründete dieses Prinzip mit dem wirtschaftlichen Nutzen einer besseren Ausnützung der teuren Einrichtungen bei einer hohen Leistung.

Ein entscheidender Teil des Fertigungsprozesses der Kugellagerkugeln bei Simonds war die Qualitätsprüfung, wo zu Zeiten „als die Radfahrwut in Amerika ihren Höhepunkt erreicht hatte“ (Taylor, Grundsätze, 90) bis über 120 meist junge Frauen die Kugeln einzeln einer Sichtprüfung unterzogen, wobei es darum ging, Risse aus der Wärmebehandlung festzustellen oder weiche, rauhe oder flache Stellen zu entdecken, welche entweder von schlechter Stahlqualität oder von Fehlern bei der maschinellen Bearbeitung herrührten. Es lohnt sich die Berichte Taylors und seiner Biographen über diese Episode von Taylors Beratungstätigkeit näher zu betrachten, weil hier typische Aspekte von Taylors Denk- und Vorgehensweise deutlich in Erscheinung treten. Taylor selbst hat der Prüfung von Kugellagerkugeln in seiner späteren Publikation „Die Grundsätze wissenschaftlicher Betriebsführung“ einen grossen Abschnitt von 13 Seiten gewidmet und bei vielen Gelegenheiten über diesen Gegenstand referiert (Taylor, Grundsätze, 90–103).

Die Prüferinnen legten eine Reihe von Kugeln auf ihrem Handrücken in die Rinne zwischen zwei Fingern und rollten sie hin und her, um sie visuell genau auf Fehler abzusuchen. Fehlerhafte Kugeln wurden mit Hilfe eines kleinen Magneten herausgeholt und in einen besonders bezeichneten Behälter geworfen. Taylor bezeichnete die Prüferinnen als „alteingesessen" und sehr geschickt in ihrer Tätigkeit, welche grosse Aufmerksamkeit und Konzentration erforderte. Die Nervenanspannung war beträchtlich, obschon die Prüferinnen bequem sitzen konnten und sich körperlich nicht ermüdeten. Eine eher formlose Studie Taylors ergab bald, dass ein grosser Teil der 10½ Stunden, in denen von den Frauen erwartet wurde, dass sie arbeiteten, mit Nichtstun verbracht wurde, weil nach Meinung Taylors die Arbeitsdauer zu lang war. Taylor fand, dass der Arbeitstag so einzuteilen war, dass während der zur Arbeit bestimmten Zeit wirklich gearbeitet und während der Ruhezeit wirklich geruht wurde. Er beschloss daher, die tägliche Arbeitszeit auf 10 Stunden zu kürzen, schon bevor sein Assistent, Sanford E. Thompson mit systematischen Studien der Prüfarbeit begann. Etwas willkürlich wurde dann die Arbeitszeit in Schritten weiter von 10 auf 8½ Stunden bei gleichbleibendem Tagesverdienst reduziert und mit jedem Schritt nahm der tägliche Ausstoss zu, anstatt dass er zurückging.

Unter Stanford E. Thompson wurde anschliessend ein systematisches Auswahlverfahren entwickelt, um diejenigen Frauen zu ermitteln, die für diese Prüfarbeit am besten geeignet waren. Schon bevor Änderungen getätigt wurden, welche die Quantität steigern sollten, wurden Massnahmen eingeführt, mit denen sichergestellt wurde, dass die Qualität der Arbeit nicht abfällt. Die Mädchen, wie Taylor die Prüferinnen nannte, waren ja dazu angestellt, die fehlerhaften Kugeln auszulesen. Der erste Schritt bestand darin, es ihnen unmöglich zu machen, liederlich zu arbeiten, ohne dass man es ihnen hätte nachweisen können. Dies wurde durch eine Ober-Inspektion oder Nachprüfung erzielt. Jeder der vier vertrauenswürdigsten Prüferinnen wurde täglich eine Anzahl Kugeln zur Nachprüfung übergeben, welche am Tag zuvor durch eine der regulären Prüferinnen kontrolliert worden war, ohne dass für die Nachprüferinnen ersichtlich war, wer die Kugeln am Vortag geprüft hatte. In seiner Gründlichkeit führte Taylor noch weitere Stufen der (stichprobenweisen) Nachprüfung durch einen Ober-Inspektor und schliesslich durch den Meister ein.

Nachdem man sich auf diese Weise gegen eine Verminderung der Qualität abgesichert hatte, wurden wirksame Massnahmen zur Erhöhung des Ausstosses getroffen. Genaue tägliche Rapporte wurden eingeführt, um

Menge und Qualität der Arbeit zu verfolgen. Mit dieser Massnahme wurde es dem Meister ermöglicht, den Ehrgeiz aller Prüferinnen zu wecken, indem er den Lohn derjenigen Frauen erhöhte, welche eine grosse Menge bei guter Qualität hervorbrachten, während er gleichzeitig die Löhne derer herabsetzte, welche nur mittelmässig arbeiteten und jene entliess, welche sich als unverbesserlich langsam oder unsorgfältig erwiesen. Dann wurden sorgsame Beobachtungen über die Art und Weise angestellt, wie jede Frau ihre Arbeitszeit verbrachte und genaue Zeitstudien durchgeführt unter Verwendung einer Stoppuhr und von vorgedruckten Aufnahmeblättern. Damit konnte ermittelt werden, wie schnell die Prüfung durchgeführt werden konnte und es konnten die genauen Bedingungen festgelegt werden, unter welchen jede Prüferin die schnellste und beste Arbeit zu liefern im Stande war.

Taylor schreibt dann wörtlich (Taylor, Grundsätze, 96): „Gleichzeitig erhielt man dadurch eine Garantie gegen die Gefahr, den Mädchen ein so grosses Pensum zuzuweisen, dass dies Ermüdung oder Erschöpfung zur Folge haben konnte. Wie diese Untersuchung zeigte, verbrachten die Mädchen bisher einen Teil ihrer Zeit in halber Untätigkeit, indem sie gleichzeitig plauderten und arbeiteten, oder tatsächlich mit Nichtstun.

Selbst nachdem die Arbeitszeit von $10^{1}/_{2}$ auf $8^{1}/_{2}$ Stunden herabgesetzt war, pflegten sie, wie eine genaue Beobachtung zeigte, nach $1^{1}/_{2}$ Stunden nervös zu werden. Sie brauchten augenscheinlich mehr Ruhe. Ich halte es für unbedingt nötig, sofort haltzumachen, wenn sich die geringste Überanstrengung zeigt; deshalb trafen wir Vorkehrungen, dass die Mädchen nach je $^{5}/_{4}$ Stunden eine Erholungspause von 10 Minuten hatten. Während diesen Pausen (zwei am Morgen und zwei am Nachmittag) durften sie gar nichts tun. Es wurde ihnen freundlich zugeredet, ihre Plätze zu verlassen, sich anderweitig zu beschäftigen, spazieren zu gehen, zu plaudern usw. Man kann allerdings mit Recht sagen, dass sie in dieser Beziehung „brutal“ behandelt wurden. Sie wurden nämlich so weit auseinander gesetzt, dass sie sich während der Arbeit nicht gut unterhalten konnten. Aber die Verkürzung der Arbeitszeit und die nach unserem Urteil vorteilhaften Arbeitsbedingungen machte es ihnen nun leicht, während der Arbeitsstunden wirklich zu arbeiten und nicht nur so zu tun.

Erst wenn die Reorganisation so weit fortgeschritten ist, d. h. wenn die geeigneten Arbeiter entsprechend ausgewählt und die notwendigen Vorkehrungen getroffen sind, sodass einerseits die Gefahr einer Überanstrengung, anderseits die Versuchung, die Arbeit zu vernachlässigen, ausgeschlossen ist, mit einem Wort, wenn die günstigsten Arbeitsbedingungen bestehen, erst dann sollte der letzte Schritt unternommen werden, der den Arbeitern das bringt, wonach sie am meisten streben, nämlich hohe Löhne, und den Arbeitgebern das, was ihnen am meisten am Herzen liegt, nämlich die höchst erreichbare Quantität und beste Qualität der Arbeit.

Dieser letzte Schritt sollte jedem Mädchen täglich ein sorgfältig zugemessenes Pensum zuweisen, das zu seiner Durchführung einen ganzen Tag Arbeit von einer tüchtigen Kraft verlangt und jedesmal für die richtige Ausführung dieses Pensums eine beträchtliche Prämie (oder Bonus) bringt. Im vorliegenden Falle geschah dies durch Einführung des sogenannten Differentiallohnsystems: Der Verdienst der Mädchen steigerte sich proportional mit der Quantität und noch mehr mit der Güte ihrer Arbeit.“

Etwas weiter unten schreibt Taylor: „Wenn eine Belohnung oder Prämie ihren Zweck, die Leute zu ihrer besten Leistung anzufeuern, nicht verfehlen soll, muss sie unmittelbar nach Beendigung der Arbeit, für die sie gegeben wird, dem Arbeiter zuteil werden. Denn leider sorgen die meisten nur für die nächste Woche oder für den nächsten Monat und würden sich kaum für eine Belohnung anstrengen, die sie erst in ferner Zukunft erhalten sollen. ... Das ist einer der Hauptgründe, warum eine Beteiligung der Arbeiter am Gewinn, durch Verkauf von Aktien an sie oder durch Zahlung einer Dividende im Verhältnis zur Höhe ihres Lohnes im günstigen Fall nur eine mässige Wirkung auf ihren Ehrgeiz ausübt. ... Ein weiterer Grund für die Unzweckmässigkeit jeder Art von Gewinnbeteiligung ist stets der gewesen, dass noch keine Art von „Mitbeteiligung“ erdacht worden ist, die dem einzelnen Individuum freien Spielraum für seinen persönlichen Ehrgeiz bietet. Persönlicher Ehrgeiz ist aber von jeher ein mächtigerer Ansporn zu angestrengter Arbeit gewesen, als das Interesse für das Allgemeinwohl und es wird auch immer so bleiben“ (Taylor, Grundsätze, 99).

„Greifen wir noch einmal auf das Beispiel von den Stahlkugelarbeiterinnen zurück. Das Endresultat aller Änderungen war, dass 35 Mädchen dieselbe Arbeit lieferten wie vorher 120. Dabei war die Genauigkeit der Arbeit trotz der Arbeitsbeschleunigung $^2/_3$ mal grösser als bei dem früheren Tempo.

Die Vorteile der Mädchen waren dabei folgende:

Erstens: Sie verdienten 80 bis 100% mehr als vorher.
Zweitens: Ihre Arbeitsstunden waren von $10^1/_2$ auf $8^1/_2$ pro Tag herabgesetzt. Samstag nachmittags hatten sie frei. Ausserdem hatten sie

vier richtig verteilte Arbeitspausen pro Tag, die eine Überanstrengung für eine gesunde Arbeiterin unmöglich machten.

Drittens: Jede einzelne hatte das Gefühl, als ob sich die Leitung besonders für sie interessiere und sorge. Sie wusste, dass sie jederzeit einen hilfsbereiten und verlässlichen Lehrer in der Leitung finden würde, auf den sie zählen konnte.

Viertens: Alle jungen Mädchen sollten zwei aufeinanderfolgende Tage, die sie sich beliebig aussuchen konnten, frei haben, aber trotzdem die gleiche Bezahlung wie an Arbeitstagen erhalten. Ob sie diese Vergünstigung tatsächlich genossen haben, weiss ich nicht bestimmt, doch ich glaube es.

Von den Veränderungen hatte die Gesellschaft selbst folgende Vorteile:

Erstens: Eine wesentliche Verbesserung in der Qualität.

Zweitens: Eine merkliche Verringerung der Prüfungskosten trotz den Sonderausgaben, die das grössere Büro, die Lehrer, die Zeitstudien, die Ober-Inspektoren und die höheren Löhne mit sich brachten.

Drittens: Bestes Einvernehmen zwischen Leitung und Angestellten. Arbeitsschwierigkeiten irgendwelcher Art oder gar Streiks waren dadurch ausgeschlossen.

Diese guten Resultate wurden durch eine Menge von Neuerungen erzielt, mit welchen unvorteilhafte Arbeitsbedingungen durch vorteilhafte ersetzt wurden. Die wichtigste davon war wohl die, dass man unter den Arbeiterinnen eine sehr sorgfältige Auslese, eine wissenschaftlich-systematische Auslese, vornahm“ (Taylor, Grundsätze, 101,102).

Taylors Zeit bei Simonds nahm im Sommer 1898 ein ziemlich rasches Ende, weil das Unternehmen geschlossen wurde. Ein starker Rückgang des Bedarfs an Kugellagern für Fahrräder und ein ruinöser Preiskampf, bei dem die Firma nach Meinung der Besitzer auch mit den tiefen Herstellkosten, aufgrund der Rationalisierungsmassnahmen Taylors, nicht mehr genügend Gewinn erzielen konnte, führten zu diesem Entscheid (Copley I, 466).

4.6 Taylor bei der Bethlehem Steel Company in South Bethlehem, Pennsylvania 1898–1901

Die Bethlehem Steel Company in South Bethlehem, etwa 80 km nördlich von Philadelphia, welche bis 1899 Bethlehem Iron Co. hiess, kam in den Jahren nach 1895 als Lieferant der US-Marine wegen zu hoher Preise und ineffizienter Führung unter starken politischen Druck. Russell Davenport, der seinerzeitige Vorgesetzte von Taylor bei Midvale und jetzige zweite Vizepräsident bei Bethlehem, erinnerte sich an die Resultate der von Taylor dort realisierten Kostenreduktionen und bewirkte die Einstellung Taylors als Berater (Kanigel, 308) im Mai 1898 durch den damaligen Präsidenten von Bethlehem Steel, Robert P. Linderman.

Taylors Auftrag lautete, in der Mechanischen Werkstätte Nr. 2 (engl. Machine Shop No. 2) das Stücklohnsystem einzuführen, wobei später der Auftrag auf weitere Abteilungen wie Stahlgiesserei, Härterei (Treatment) und Schmiedeabteilung erweitert wurde. Taylor hatte allerdings von Anfang an die Absicht gehabt, den ganzen Betrieb zu reorganisieren (Wrege, 94). Wrege schreibt auch, dass man das enorme Problem anerkennen müsse, mit welchem Taylor konfrontiert war. Nicht nur sei die Mehrheit der Direktoren in Opposition zu seinem Projekt gestanden, auch sei der ganze Betrieb sehr gross gewesen. Der Panzerplatten- und Geschützbetrieb war modern. Die Gebäude der Stahlgiesserei und Schmiede waren 1897 erbaut worden, zusammen mit der Mechanischen Werkstätte Nr. 2, welche 380 m lang war. Zum Unternehmen gehörte auch ein riesiger mit Geleisen erschlossener Lagerplatz, die „Farm“, für das Entladen und Beladen und die Lagerung von Eisen und Stahl (Wrege, 94).

In der Laufbahn Taylors war seine Tätigkeit bei Bethlehem Steel eine sehr wichtige und zu einem gewissen Grad abschliessende Phase. In dieser Zeit verdichtete sich seine Erfahrung und damit auch seine Lehre in Bezug auf Zeitmessung, Rationalisierung, Entlöhnung und Organisation; in diesem Punkt besonders bezüglich des Prinzips der Funktionalen Führung. Darüber hinaus machte Taylor während seines Aufenthalts bei Bethlehem seine epochale Erfindung des Schnelldrehstahls. In den späteren Publikationen Taylors und in der biographischen Literatur über Taylor nehmen die Weiterentwicklung des Rechenschiebers für die Berechnung der optimalen Schnittdaten bei Zerspanungsmaschinen wie Drehbänken und Hobelmaschinen, sowie die Untersuchungen und Vorschläge für das Umladen von Roheisenbarren und das Schaufeln von Schüttgut auf dem grossen Lagerplatz von Bethlehem Steel einen grossen Raum ein.

Abb. 6: Mechanische Werkstätte Nr. 2 der Bethlehem Steel Co.

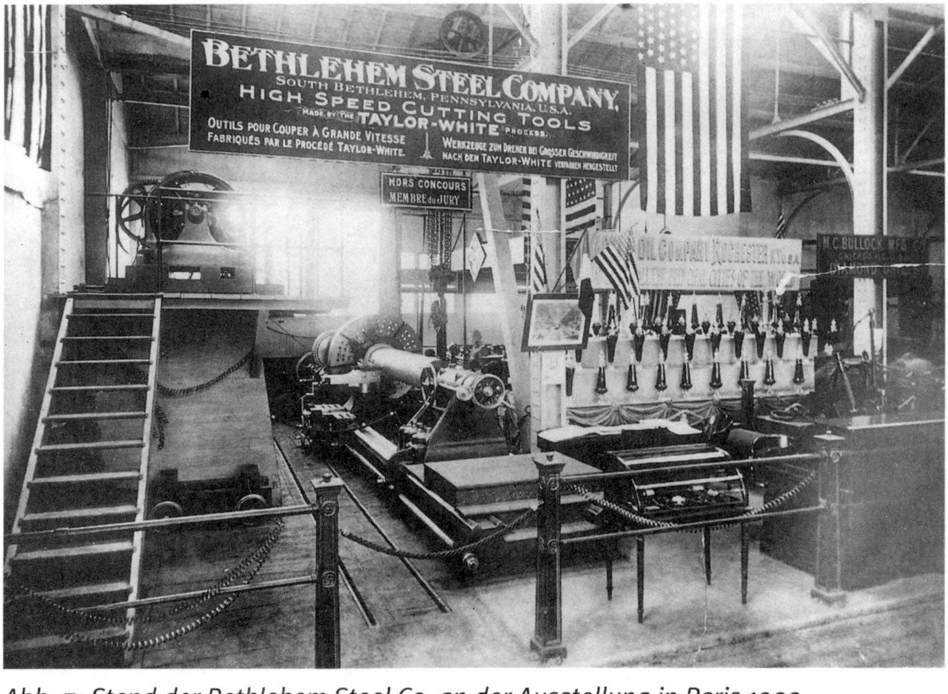

Abb. 7: Stand der Bethlehem Steel Co. an der Ausstellung in Paris 1900

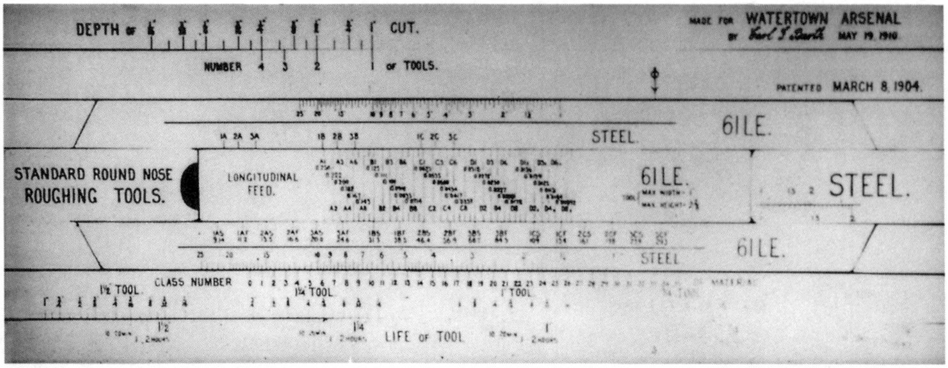

Abb. 8: *Beispiel des Rechenschiebers, entwickelt von Barth bei der Bethlehem Steel Co. ungefähr 1899*

Abb. 9: *Mechaniker an der Arbeit in der Tabor Co., eine der Musterfirmen Taylors*

4.6.1 Die Vorbereitungsarbeit eines Unternehmensberaters

Taylor musste seine Arbeit bei Bethlehem Steel unter organisatorisch ungünstigen Verhältnissen an die Hand nehmen. Jede der verschiedenen Werkhallen hatte ihren eigenen Manager, aber es gab keinen verantwortlichen Leiter über die gesamte Produktion. Für diesen Posten war ursprünglich Russell Davenport vorgesehen, der aber dann in diesem stark von Familienclans beherrschten Unternehmen seitwärts verschoben wurde. Er wurde zwar zweiter Vizepräsident und Mitglied der Geschäftsleitung unter Robert P. Linderman und gab sich vor allem und erfolgreich mit metallurgischen Fragen ab. Linderman selbst war ein junger Finanzmann, der praktisch nichts von Produktion verstand (Copley II, 6). Der Hauptinitiant und Verantwortliche für die Bestellung Taylors war einer der damals erfolgreichsten Geschäftsleute Amerikas, ein Financier namens Joseph Wharton. Er war als Mitglied des Aufsichtsrats und wichtiger Aktionär ein überzeugter Befürworter der Einführung des Stücklohns und machte Taylor für die Erreichung von entsprechenden Resultaten verantwortlich. Der eigentliche Vorgesetzte Taylors aber war der Präsident Robert P. Linderman. Von ihm musste Taylor die Zuständigkeit zur Durchführung seiner Massnahmen zugewiesen bekommen. Dies alles entsprach nicht idealen Organisationsverhältnissen und führte auch zu entsprechenden Schwierigkeiten für Taylor.

Taylor sah die Probleme klar und bemühte sich intensiv darum, sich die Unterstützung Lindermans für seine Arbeit zu sichern. In einem langen Brief erläuterte Taylor schon vor Antritt seines Mandats die Voraussetzungen, welche im Unternehmen erfüllt sein müssen, damit die Einführung des Stücklohns ein Erfolg wird. Taylor zählte die Ziele auf, welche er mit der „Systematisierung" der Werkstätte vor sich sah:

„Erstens: die Werkstätte vollständig unabhängig von irgendeiner Person oder irgendeiner Gruppe von Personen zu machen, indem die Werkstätte in einen solchen Zustand gebracht wird, dass sie praktisch im gleichen Masse wirtschaftlich weiterlaufen könnte, auch wenn der Werkstattmeister oder effektiv eine beträchtliche Gruppe von Leuten zu irgendeiner Zeit den Betrieb verlassen würde.

Zweitens: Ein derartiges System und eine derartige Disziplin in der Werkstätte einzuführen, dass jede Betriebspraxis, welche von der Geschäftsleitung beschlossen wird, problemlos realisiert werden kann.

Drittens: Das beste Stücklohn-System an Stelle des Taglohns einzuführen und damit dem Nichtstun ein Ende zu setzen, das unter jedem System des Taglohns stattfindet und die Geschwindigkeit und Genauigkeit der Arbeit jedes Mannes in der Werkstätte beträchtlich zu erhöhen."

Taylor fuhr in seinem Schreiben mit der Forderung fort, dass bevor ein Schritt zur effektiven Einführung des Stücklohns gemacht wird, viele der Einzelheiten, welche mit dem Betrieb der Maschinen und der Führung der Werkstätten zusammenhängen und welche normalerweise der individuellen Entscheidung der Arbeiter überlassen werden, standardisiert und vollständig der Kontrolle der Arbeiter entzogen werden müssen. Dazu gehören Tätigkeiten wie die Formgebung und das Schleifen aller Schnittwerkzeuge in der Werkstätte und die Lagerung all dieser Werkzeuge in einem geeigneten Werkzeugzimmer, von wo sie gegen Bezugsscheine an die Arbeiter abgegeben werden.

Taylor warnte dann Linderman anhand von Beispielen davor, dass in der Werkstätte grosse Zeitverluste entstehen, wenn man den Leuten das Schleifen der Werkzeuge überlässt, weil es unter den Maschinisten nicht einen unter Tausend gebe, der für eine bestimmte Maschine die Werkzeuge so herstelle, dass man damit wirtschaftlich arbeiten könne. Auf jeden Fall müsse man vor der Einführung des Stücklohns alle unbedeutenden Einzelheiten der Werkstätte untersuchen und durchgehend systematisieren. Taylor wies weiter auf die Notwendigkeit hin, jeden Arbeiter in der besten Arbeitsmethode, die er anwenden soll, zu unterrichten und die Wahl der Methode nicht seinem individuellen Urteil zu überlassen und alle Aufträge schriftlich und nicht mündlich herauszugeben. Deshalb müsse das ganze System der Ausgabe von Arbeitsaufträgen in der Werkstätte, der Prüfung, der Entlöhnung und der Rückmeldung überarbeitet und verbessert werden, bevor das Stücklohnsystem eingeführt werden könne.

Weiterhin gab Taylor an, wie ein für die Zeitstudien zuständiger Mann auszuwählen sei („die Frage, wessen Freund der Mann sei oder was für einen Einfluss er hat, sollte absolut keine Rolle spielen"), und dass dieser die Kompetenz haben solle, Leute zu entlassen, wobei „diese Leute ohne sein Einverständnis nicht in anderen Bereichen der Firma wieder eingestellt werden dürfen". Diese Bemerkungen Taylors charakterisieren den Eindruck von Vetternwirtschaft, den dieses Unternehmen (offenbar begründet) auf ihn machte. Am Schluss seines Briefes an den Präsidenten von Bethlehem Steel schrieb Taylor noch:

„Meine Bedingungen sind $ 35.00 pro Tag, dazu sind meine Spesen zu addieren. Sie betragen im allgemeinen ungefähr $ 5.00 pro Tag. Wenn ich für die Firma auf Reisen gehen muss, sollten meine Reisespesen ebenfalls bezahlt werden.

Very truly yours,
Fred W. Taylor“

(Copley II, 13).

Im Bewusstsein, grossen Widerstand bei der Durchsetzung seiner Massnahmen zu gewärtigen, schrieb er während der Jahre 1898 und 99 mehrere Briefe an Linderman. Er wollte ihn über jede Phase seiner Arbeit informiert halten, weil er keinen Schritt tun wollte, der die Praxis im Unternehmen in grösserem Masse änderte, ohne dass Linderman und seine Direktoren sich zur Unterstützung verpflichteten. Darüber hinaus orientierte er während längerer Zeit die leitenden Leute des Betriebes mittags im Speiseraum über seine Methoden und deren Sinn.

4.6.2 Die Systematisierung der Mechanischen Werkstätte Nr. 2

Am 27. Mai 1898, am Tag, da er seine Arbeit bei Bethlehem aufnahm, adressierte Taylor an Linderman seine „Empfehlung Nr. 1. Gegenstand: Wünschbarkeit, im ganzen Betrieb Normen (Standards) einzuführen“. Darin bezog er sich auf „Einzelheiten, wie den Unterhalt der Antriebsriemen, die Formen der Schnittwerkzeuge und die Methode, die Werkzeuge zu formen, zu härten, zu schleifen, zu lagern und an das Personal auszugeben, die Qualität des Werkzeugstahls und die Menge, welche am Lager zu halten ist; die Schnittgeschwindigkeiten und Vorschübe, die an den Maschinen einzustellen sind, usw., usw.“ Taylor fuhr dann fort und schrieb:

„Jeder Versuch in Richtung der Anwendung von Normen dieser Art wird grossem Widerstand begegnen; die wichtigste Grundlage auf der dieser Widerstand sich aufbaut, ist die Annahme, dass solche einheitlichen Bedingungen die Originalität und die individuelle Entwicklung unter den Leuten verhinderten. Wenn jedoch dieses System von Normen richtig angewendet wird, führt es genau zur gegenteiligen Wirkung, weil dann jeder Arbeiter begreift, dass wenn es ihm selbst gelingt, eine Verbesserung zu machen, diese Verbesserung als neue Werksnorm eingeführt werden kann und dass dann sein Verdienst hierfür wesentlich grösser sein wird, als dies unter dem alten System der Fall war.

Im Hinblick auf das oben erwähnte scheint es für den Schreibenden von grösster Wichtigkeit zu sein:

1. zu entscheiden, ob Sie wünschen, eine Reihe von Normen für die kleinen Einzelheiten in Ihrem ganzen Werk einzuführen.
2. falls Sie in zustimmendem Sinne entscheiden, dass Sie dann Ihre führenden Assistenten im Werk von der Wünschbarkeit dieser Normen überzeugen.
3. die beste Methode zu bestimmen für die Einführung dieser Normen und für die Durchsetzung ihrer Anwendung und ihres Unterhalts im ganzen Werk."

Linderman war einverstanden (Copley II,17).

Es gelang Taylor auch, Linderman davon zu überzeugen, dass ein einziger Mann verantwortlich für den ganzen Produktionsbereich, also das ganze Werk sein soll und dass dies Davenport sei. Wie Taylor in seiner Publikation „Shop Management" auf Seite 110 schreibt, richtete er ein Planungsbüro ein, von welchem aus der ganze Betrieb gesteuert wurde. Direkt daneben waren der Leiter des Werks, die einzelnen Abteilungsleiter und deren Assistenten untergebracht. Er fand es auch zweckmässig, das Konstruktionsbüro direkt neben dem Planungsbüro zu haben. Damit bewegte sich Taylor Schritt für Schritt in der Richtung seines Prinzips der Funktionalen Führung.

Ein Problem war damit aber noch nicht gelöst, nämlich das Problem des Widerstands der leitenden Leute im Werk. Copley schreibt darüber folgendes: „Bei den operativen Leitern bestand das Problem nicht nur darin, dass sie im allgemeinen nicht vertraut waren mit wissenschaftlichen Methoden. Als sie sahen, dass mit diesen Methoden, so wie sie für die Betriebsführung eingesetzt wurden, sorgfältig alle Pflichten vorgeschrieben wurden und zwar für jedermann, ob hoch oder niedrig und jedem eine klar definierte Verantwortung zugewiesen wurde, waren sie alarmiert. Diese Leute, die ihre Positionen ihren Beziehungen verdankten, hatten natürlich allen Grund zur Angst, und es war leicht zu verstehen, dass eine Bedrohung für einen von ihnen als Bedrohung für alle betrachtet wurde. Kein Mann konnte sicher sein, was für Wirkungen die Veränderungen, die Taylor zum Ziel hatte, auf jeden von ihnen ausüben würden" (Copley II, 21).

4.6.3 Die Kunst, Metalle zu schneiden bei Bethlehem Steel

Eines der ersten Probleme, mit denen Taylor in der Mechanischen Werkstätte konfrontiert wurde, war die Frage des am besten geeigneten Werkzeugstahls. Die Resultate seiner Experimente bei Cramp liessen noch Zweifel offen, sodass er sich zu weiteren Untersuchungen mit selbsthärtenden Stahlsorten entschloss. Er liess sich eine grosse Versuchsdrehbank einrichten mit einem Elektromotor von vierzig PS, eine Leistung, die alles überstieg, was damals für Drehbänke üblich war. Der Antrieb erlaubte Schnittgeschwindigkeiten von einem Meter pro Minute bis zu neunzig Metern pro Minute (üblich waren damals im Werk Schnittgeschwindigkeiten von 2,7 m/Minute). Taylor wählte für eine Demonstration vor den Abteilungsleitern und Meistern eine Stahlsorte, wie er sie von Midvale her kannte und die dort ausgezeichnete Resultate ergeben hatte. Die Demonstration war ein eklatanter Misserfolg: wegen eines bewussten oder unbewussten Fehlers in der Härterei waren die Werkzeuge überhitzt worden und zeigten miserable Ergebnisse (Kanigel, 311).

Taylor setzte daraufhin alles daran, den Zusammenhang zwischen Wärmebehandlung der Werkzeuge und der erzielbaren Spanleistung systematisch zu ergründen. Er erreichte, dass ihm Davenport einen ausgezeichneten Metallurgen des Unternehmens namens Maunsel White zuteilte. Die ersten Experimente wurden mit jener Stahlsorte durchgeführt, die für die Werkzeuge der misslungenen Demonstration verwendet worden waren, einer Stahllegierung mit 8% Wolfram und 1½ % Chrom. Es handelte sich um einen sogenannten selbsthärtenden Stahl, das heisst das Werkzeug musste nach der Erhitzung nicht in Wasser oder Öl abgeschreckt werden. Von dieser Art Stahl hiess es unter Praktikern, dass oberhalb von bestimmten Temperaturen beim Härten die Werkzeuge ruiniert werden und mit keiner nachfolgenden Wärmebehandlung wieder gerettet werden konnten. Taylor und White begannen damit, die zum Härten der Werkzeuge angesetzten Temperaturen stetig zu steigern und bei jeder Temperaturstufe die maximal erreichbaren Schnittleistungen zu messen und zu registrieren. Den Experimentatoren stand damals kein funktionierendes Gerät zur Messung hoher Glühtemperaturen zur Verfügung. Sie behalfen sich deshalb mit Beschreibungen der beim Glühen erzielten Farbe des Werkzeugs von kaum sichtbarem Rot über „Helle Kirsche“ bis zu Hellgelb. Bei den üblichen Härtetemperaturen blieben die Resultate wie bei der Demonstration enttäuschend. Überraschenderweise begannen aber die erzielbaren Schnittleistungen, das heisst vor allem die maximale Schnittgeschwindigkeit, welche das Werkzeug während zwanzig Minuten aushielt, schrittweise anzusteigen, sobald man die bisher angenommene obere Temperaturgrenze genügend überschritt. Die besten Resultate wurden erreicht, wenn die Werkzeuge beim Härten bis fast zum Schmelzpunkt erhitzt wurden. Innerhalb weniger Tage konnten die Experimentatoren die erzielbaren Schnittgeschwindigkeiten von 6 Metern pro Minute bis auf über 50 Meter steigern. Solche Geschwindigkeiten sind vorher nie erreicht worden. Entdeckt worden war, was bald als Schnellstahl (High Speed Steel) bezeichnet wurde! (Copley II, 79–106; Kanigel, 311–315).

Für Bethlehem Steel bedeutete die Entdeckung von Taylor und White ein gewaltiges Potential zur Steigerung der Produktivität ihrer Drehbänke und Hobelmaschinen, entsprach das Resultat doch einer praktischen Erhöhung des Ausstosses einer grossen Drehbank um das Drei- bis Vierfache (Kanigel, 335). Das Verfahren von Taylor und White zur Herstellung von Schnellstahl wurde patentiert. Taylor und White erhielten von Bethlehem Steel zusammen $ 50'000 für die amerikanischen Rechte und 50% des Verkaufs von ausländischen Rechten. Die Entdeckung des Schnellstahls fand weltweit ein ausserordentliches Echo. An der Weltausstellung 1900 in Paris präsentierte Bethlehem Steel auf einer grossen Drehbank die Leistung von Schnelldrehstählen nach dem Taylor-White-Verfahren (s. Abb. 7). Laut Kanigel (344) soll ein britischer Ingenieur, J. Hartley Wicksteed, an Edisons Glühlampe gedacht und berichtet haben, dass „der Anblick der Späne, welche kontinuierlich und als lange Teile vom Werkstück abgelöst wurden und vor Hitze purpurfarben waren, für mich so überraschend war, wie als man entdeckte, dass ein Kohlefaden elektrischen Strom leiten konnte, ohne selbst zu verbrennen. Der blosse Gedanke, dass ein Werkzeug seine Schneide auch in einem Zustand dunkelroter Hitze bewahren kann, denke ich, war für uns alle eine Offenbarung ... Ich betrachte dies als bei weitem die grösste Umwälzung, die in meinem Leben stattgefunden hat."

4.6.4 Die „Funktionale Führung" in der Mechanischen Werkstätte Nr. 2

Taylor traf in der grossen Mechanischen Werkstätte Nr. 2 ein ziemliches Durcheinander der verschiedensten Werkzeugmaschinen an. Die Maschinen waren weder nach ihrer Art noch nach ihrer Grösse geordnet (es ist kaum anzunehmen, dass damals die Maschinen als Fertigungszellen der modernen Art gruppiert waren, der Verfasser). Wenn überhaupt eine Organisation vorhanden war, bestand sie eher in einer Gruppierung nach geographischen Sektoren, von denen jeder von einem Meister geleitet wurde. Taylor schrieb in einem Bericht an Linderman: „Jeder Meister hatte den Betrieb von Drehbänken, Bohrmaschinen, Fräsmaschinen, Hobelmaschinen, Stossmaschinen usw. aller Grössen zu betreuen. Er hatte vorauszuschauen und Arbeit zu besorgen, damit alle seine Leute beschäftigt waren; er hatte darauf zu achten, dass alle Aufträge in der richtigen Reihenfolge abgewickelt, dass alle Arbeiten korrekt ausgeführt und die besten Arbeitsmethoden verwendet und seine Leute mit Werkzeugen der richtigen Form und Qualität versorgt wurden und dass sie ihre Maschinen mit der richtigen Geschwindigkeit betrieben und sie in gutem Zustand erhielten; daneben hatte er Anfänger anzulernen und viele andere Pflichten zu erfüllen“ (Copley II, 122). Die Folge davon war in den Augen Taylors, dass der Ausstoss dieser Werkstätte ungenügend war, dass die Kosten nicht so niedrig wie möglich waren, dass der Betrieb nicht gleichmässig beschäftigt war und dass die Lieferversprechen ungenügend erfüllt wurden.

Taylors erste Schritte gingen in Richtung der Spezialisierung. Er gruppierte die Maschinen nach Arten und ernannte Gruppenführer zu deren Leitung. Dann führte er einen Werkzeugchef ein, der für die Herstellung, Schärfung, Lagerung und Ausgabe der Werkzeuge verantwortlich war; dann einen Mann mit Assistenten für die Ausgabe der Werkstattaufträge in der richtigen Folge für alle Maschinen; einen Mann mit Assistenten für das Festlegen der richtigen Schnittgeschwindigkeiten der Maschinen und anderen Schnittbedingungen wie Spandicke usw. und dann einen Mann mit Assistenten zur Messung der Zeiten für alle Handarbeiten, der zusammen mit dem Mann für die Schnittgeschwindigkeiten die Preise für den Stücklohn festzulegen hatte. Mit diesen Schritten hatte Taylor wiederum sukzessive das Prinzip der Funktionsmeister eingeführt, das er später als wichtiges Prinzip der wissenschaftlichen Betriebsführung propagierte.

Taylor instruierte nacheinander alle neuen Chefs oder „Bosses“, wie er sie nannte, in ihren Aufgaben, unter anderem im Drehen mit den neuen Schnelldrehstählen an der grossen Versuchsdrehbank. Er schreibt darüber in seiner Publikation „Shop Management“:

„Es war äusserst interessant zu sehen, wie diese Leute, entweder frühere Gruppenführer oder bestqualifizierte Arbeiter, Schritt für Schritt ihre Haltung von entschlossener und positiver Opposition zu einer Haltung änderten, die in den meisten Fällen in einem Enthusiasmus für die neuen Methoden und in deren aufrichtigen Unterstützung bestand. Es war effektiv die Möglichkeit, die Maschinen nach den neuen Methoden und gemäss eindeutigen Richtlinien selber zu bedienen, welche diese Wirkung hervorrief. Der Schreibende (Taylor) selber bediente die Drehbank, als er die ersten paar

Chefs instruierte. Es brauchte zwischen drei Wochen und zwei Monaten für jeden Mann. Vielleicht der wichtigste Teil in der Schulung der Gruppenführer und Meister bestand darin, sie zu lehren, Befehle und Anweisungen unverzüglich zu befolgen; Anweisungen, die sie nicht nur vom Abteilungsleiter oder irgend einem hohen Angestellten des Unternehmens, sondern auch von irgendeinem Mitglied des Planungsbüros erhalten, dessen Aufgabe es ist, den übrigen Teil des Werks in seinem Fachgebiet zu führen. Es soll als unbestrittene Regel akzeptiert werden, dass kein Gruppenführer zuständig ist, seine Leute anzuleiten, bevor er gelernt hat, Befehle, die er von irgend einer dafür festgelegten Stelle erhält, unverzüglich zu befolgen, ob er diese Befehle oder den Instruierenden liebt oder nicht und sogar, wenn er überzeugt wäre, dass er eine viel bessere Methode zur Ausführung der Arbeit kennt. Der erste Schritt ist für jeden Mann, zu lernen, die Gesetze zu befolgen, wie sie bestehen und erst danach, wenn die Gesetze falsch sind, dafür besorgt zu sein, dass sie in der richtigen Weise geändert werden" (Taylor, Shop Management, 139).

Als Entlöhnungssystem beabsichtigte Taylor bei Bethlehem Steel das Differentielle Stücklohn-System wie seinerzeit bei Midvale einzuführen. Bevor er aber mit Zeitstudien beginnen konnte, mussten verschiedene Dinge in der Mechanischen Werkstätte Nr. 2 in Ordnung gebracht werden. Zuerst mussten die Schnellstahlwerkzeuge für den Normalgebrauch vorbereitet werden und darüber hinaus war es nötig, die Berechnungs-Unterlagen für die Einstellungen der verschiedenen Werkzeugmaschinen bereitzustellen, da die Maschineneinstellungen von einer grossen Anzahl von Variablen abhängen, wie der Stahl- oder Gusseisensorte, dem Maschinentyp, den Werkstückabmessungen, der gewünschten Qualität der Werkstück-Oberfläche, der Art und Form der Werkzeuge, der Schnitttiefe und vielem anderem mehr. Die Beziehungen zwischen den Variablen entsprechen einem relativ komplexen mathematischen Problem und eine Berechnung der Maschineneinstellungen von Hand hätte vom Mann im Planungsbüro für jedes neue Werkstück mehrere Stunden erfordert.

Taylor erinnerte sich seines früheren Mitarbeiters und talentierten Mathematikers Carl G. Barth und konnte ihn für die Weiterentwicklung eines schon bei Midvale grob skizzierten Rechenschiebers für die Planung der Maschinendaten gewinnen. Carl G. Barth war norwegischer Abstammung und hatte seine theoretische Ausbildung in der Technischen Schule und eine Berufslehre in den Werkstätten der norwegischen Marine absolviert. Barth sollte einer der wichtigsten Jünger Taylors bei der Weiterentwicklung und

Weiterverbreitung von Taylors System werden. Angeregt von Vorarbeiten von Henry L. Gantt, der später wie Barth mithalf, die Lehre Taylors weiterzuentwickeln und zu verbreiten, fand er bald eine Lösung für die Beziehungen zwischen Schnitttiefe, Schnittgeschwindigkeit und Werkzeugvorschub, wenn alle anderen Variablen konstant gehalten werden. Unter Zuhilfenahme seiner Kenntnis der Logarithmen konstruierte er einen speziellen Rechenschieber, mit welchem die entscheidenden Zusammenhänge inklusive der weiteren Variablen übersichtlich dargestellt werden konnten und der ein praktisches Werkzeug für den „Geschwindigkeits-Meister“ im Planungsbüro wurde (Copley II, 27–36). Dieser Barth'sche Rechenschieber ist seither Teil des wissenschaftlichen Systems Taylors und der Geschichte der Betriebswissenschaften geworden (s. Abb. 8).

Die Bereitstellung der neuen Schnellstahlwerkzeuge und die Entwicklung des Rechenschiebers nahmen mehr Zeit in Anspruch als erwartet. Taylor war aber daran interessiert, möglichst bald sein differentielles Lohnsystem im Betrieb einzuführen, um den Leuten, die nach neuen Methoden arbeiteten, die Möglichkeit zu höherem Verdienst zu geben. Da man damals noch nicht wusste, wie sehr die Einführung der Schnellstahlwerkzeuge und die Steigerung der Geschwindigkeit der Maschinen durch die Anwendung des Rechenschiebers die Produktionsleistung beeinflussen würde, zögerte Taylor. Es hätte seinen Prinzipien widersprochen, Stückpreise wegen geänderter Berechnungsgrundlagen wieder zu ändern, weil dies zur Schlussfolgerung geführt hätte, dass Taylors System nicht besser sei, als die alten willkürlichen Entlöhnungssysteme. Da kam ihm Henry L. Gantt, den Taylor wie Barth ebenfalls zu Bethlehem Steel geholt hatte, mit dem Vorschlag zu Hilfe, jedem Mann, der seine Arbeit so ausführte, wie sie auf der Instruktionskarte beschrieben war, einen Bonus von 50 Cents pro Tag zu zahlen. Damit hatte der Mann die Garantie seines bisherigen Verdienstes und darüber hinaus den Anreiz, die Vorgabe auf der Instruktionskarte zu erreichen, welche sich verändern konnte, wenn zusätzliche Verbesserungen eingeführt wurden. Gantt hat später in anderen Unternehmen diese Idee zu einem eigenen Entlöhnungssystem entwickelt und verbreitet (Copley II, 12). Taylor schrieb in Shop Management, dass die Möglichkeiten dieses Systems von den leitenden Personen, die sich damit beschäftigten, sofort erkannt wurden und dass es von Beginn weg erfolgreich war. Für Taylor war es dabei wichtig, dass die Leute täglich eine Belohnung erhielten, wenn sie ihr Pensum erfüllten. Er bezeichnete das System später als „task work with a bonus“. (Roesler verwendete in seiner Übersetzung von Taylors „Grundsätzen“ das Wort „Pensum“ für den amerikanischen Ausdruck „Task“, sodass man getreu Roeslers Übersetzung auch den Ausdruck „Pensumsystem mit Bonus“ verwenden kann.)

Der besondere Nutzen dieses Entlöhnungssystems von H.L.Gantt zeigte sich vor allem „während der schwierigen und delikaten Phase der Umstellung von der langsamen Arbeitsweise im Zeitlohn (day work) zu der hohen Arbeitsintensität im Pensumsystem mit Bonus, welche das Hauptmerkmal einer guten Betriebsführung ist“ (Taylor, Shop Management, 77).

Offensichtlich hatte die Einführung des Pensumsystems mit Bonus zu einer raschen und beträchtlichen Steigerung der Produktivität in der Mechanischen Werkstätte Nr. 2 geführt. Kanigel schreibt in „The One Best Way“, dass nach weniger als zwei Monaten seit der Einführung des zusätzlichen Lohnanteils der Assistent des Abteilungsleiters geschrieben habe, dass Fehler und Maschinenunterbrüche drastisch abgenommen hätten und dass ein Mann, um seinen Bonus zu erzielen, sein Gehirn und seine Fähigkeiten zum Äussersten nutzen müsse. Kanigel schreibt weiter: „Die Produktion stieg rasch an. Im Januar 1901 hatte die Abteilung 283 t roh bearbeiteter Stücke abgeliefert; im April, einen Monat nach der Einführung von Gantts Plan war die Zahl 726 t, einen Drittel höher als der vorangehende Rekord – alles ohne formelle Zeitstudien oder das Differentielle Lohnsystem“. Die vereinfachende Idee Gantts habe den Erfolg gebracht, weniger die oft zu ausgeklügelten Methoden Taylors. „Aber insgesamt gesehen, setzt bei beiden Verfahren die Betriebsleitung das Pensum fest und nicht der Arbeiter selbst, die Leitung bestimmt die Bedingungen der Entlöhnung und die Leitung bestimmt, wie die Arbeit auszuführen ist“ (Kanigel, 353).

Das wichtigste Charakteristikum der Umstellungen, die Taylor in der Mechanischen Werkstätte Nr. 2 vornahm, war das Prinzip der Arbeitsteilung und der Spezialisierung der Aufgaben. Von beidem wurden sowohl die ausführenden als auch die leitenden Personen im Betrieb betroffen. Die von Taylor propagierte und bei Bethlehem realisierte Arbeitsteilung zwischen planender und ausführenderTätigkeit war schon zu seinen Lebzeiten und ist auch heute noch der wichtigste Ansatzpunkt der Kritik seiner Lehre. Wie Taylor selbst dieses Problem am Beispiel von Bethlehem darstellte, kann seiner Publikation „Shop Management“ entnommen werden:

„Die vollen Möglichkeiten des Prinzips der Funktionalen Führung (d.h. der Aufteilung der bisherigen Aufgaben der Werkmeister und der Einführung des Planungsbüros, d. Verfasser) werden jedoch nicht voll ausgeschöpft sein, bis fast alle Maschinen in der Werkstätte von Leuten bedient werden, die ein kleineres Kaliber und geringere Fertigkeiten besitzen und die deshalb billiger sind als diejenigen, die unter dem alten System erforderlich waren. Die Einführung von genormten Werkzeugen, Geräten, und Methoden im ganzen Betrieb, die Durchführung der Planung im Planungsbüro und die detaillierten Instruktionen, welche von dieser Abteilung herausgegeben werden und die zu der direkten Unterstützung von Seiten der vier ausführenden (executive) Vorgesetzten hinzugefügt werden, erlauben die Verwendung von vergleichsweise billigen Leuten sogar für komplizierte Arbeit. Von den Männern in der Mechanischen Werkstätte der Bethlehem Steel Company, welche die Maschinen bedienen, die das Schruppen besorgen (d.h. das grobe Abtragen grösserer Spanmengen zwecks Formgebung des Werkstücks, d. Verfasser) und welche unter dem Bonussystem arbeiteten, als der Schreibende (Taylor) sie verliess, waren ungefähr 95% angelernte Arbeiter, die früher Handlanger waren. Und auf den Feinbearbeitungsmaschinen (finishing machines) im Bonussystem waren 25% angelernte Arbeiter.

Um die Wichtigkeit der Arbeit zu verstehen, welche von diesen früheren Handlangern geleistet wurde, muss man daran denken, dass ein grosser Teil ihrer Werkstücke sehr gross und teuer war. Die Schmiedestücke, die sie roh und dann fein bearbeiteten, wogen oft mehrere Tonnen. Natürlich wurden sie besser bezahlt als die Handlanger, jedoch nicht so hoch wie gelernte Facharbeiter. Die Arbeit in diesem Betrieb war in ihrer Art äusserst vielfältig" (Taylor, Shop Management, 105).

4.6.5 Das Umladen von Eisenbarren

In Taylors späteren Publikationen „Shop Management" und „Die Grundsätze wissenschaftlicher Betriebsführung" nehmen seine Untersuchungen der Arbeit des Umladens von Roheisenbarren und des Schaufelns von Schüttgut einen grossen Raum ein. 1899 lagerten auf dem grossen Lagergelände der Bethlehem Steel (ca. 3 km Länge auf 1 km Breite) unter anderem um die 80'000 Tonnen Roheisenbarren als Folge einer länger dauernden Preisbaisse. Als 1899 die Preise wieder anstiegen, begann Bethlehem Steel die Lagerbestände zu verkaufen. Taylor beschloss, die Tätigkeit des Beladens von Eisenbahnwagen soweit wie möglich im Stücklohn erledigen zu lassen. Die wirtschaftliche Bedeutung der Arbeiten auf diesem Lagerplatz lässt sich daran ablesen, dass hier zeitweise um die sechshundert Männer beschäftigt waren.

Weshalb Taylor in seinen Publikationen der Arbeit der Roheisen-Handlanger einen so grossen Raum einräumte, begründet er in den Grundsätzen der wissenschaftlichen Betriebsführung folgenderweise: „Gerade diese Arbeit wurde ausgewählt, weil sie typisch ist für die vielleicht roheste und einfachste Form von Arbeit, die man überhaupt von einem Arbeiter verlangt. Die Hände sind das einzige Werkzeug, das zur Anwendung kommt. Ein Roheisenverlader bückt sich, nimmt einen Eisenbarren von ungefähr 42 kg auf, trägt ihn ein paar Schritte weit und wirft ihn dann auf den Boden oder stapelt ihn auf einen Haufen. Diese Arbeit ist gewiss einfach und elementar" (Taylor, Grundsätze, 43).

Taylor und seine Assistenten machten sich daran, durch umfangreiche Untersuchungen die geeignetste Arbeitsweise herauszufinden, welche durch Leute angewendet werden konnte, die für diese Arbeit am besten geeignet und die zur Erzielung einer hohen Leistung motiviert waren. Die Mittel hierzu waren Eignungsuntersuchungen, Zeitstudien mit der Stoppuhr und Untersuchungen über den Energieeinsatz der Arbeiter und ein motivierendes Entlöhnungssystem. Aus diesen Untersuchungen sollte dann die Lehre oder „Wissenschaft" des Roheisenverladens abgeleitet werden.

Taylor liess ein Eisenbahngleis entlang der bestehenden Roheisenstapel bauen. Die Arbeiter hatten dann die Aufgabe, die Roheisenbarren einzeln vom Stapel aufzunehmen und sie über eine dicke Planke hinauf in den Eisenbahnwagen zu tragen, die Barren im Wagen hinzuwerfen oder zu stapeln und dann ohne Last wieder zurückzugehen. Die Mitglieder der untersuchten Arbeitsgruppe bestanden nach den Worten Taylors aus durchschnittlich geeigneten Leuten, welche im Mittel 12½ t pro Tag und Mann verluden (1 t = 1016 kg). Die eingehenden Untersuchungen Taylors ergaben aber, dass ein erstklassiger Roheisenverlader 47 bis 48 t pro Tag verladen sollte. „Dieses Pensum schien uns so ausserordentlich gross, dass wir uns verpflichtet fühlten, unsere Berechnung wiederholt zu kontrollieren, bis wir unserer Sache sicher waren" (Taylor, Grundsätze, 45).

Die Zeitmessung wurde nicht global über einen ganzen Arbeitsgang des Verladens eines Roheisenbarrens durchgeführt, sondern der Arbeitsgang wurde in einzelne kleinere Elemente unterteilt, wie: (1) einen Barren vom Boden oder vom Haufen aufnehmen, (2) mit dem Barren auf ebener Unterlage gehen, (3) mit dem Barren auf einer geneigten Ebene zum Wagen hinauf gehen, (4) den Barren fallen lassen oder ihn auf einen Stapel schichten, (5) leer zurückgehen, um eine neue Last zu holen. Da die einzelnen Elemente oft zu kurz waren, um mit einer Stoppuhr (die in hundertstel Minuten eingeteilt war) genau genug messbar zu sein, wurde eine Methode entwickelt, bei der zwei oder mehr aufeinander folgende Elemente wiederholt in variierender Zusammensetzung gemessen wurden, um dann mit algebraischen Methoden den Zeitwert jedes einzelnen Elements zu berechnen (Copley II, 39). Für Taylor bestand der Sinn dieser feinen Unterteilung in Elementarzeitwerte darin, dass er daraus Tabellen erstellen konnte, aus denen korrekte Zeitwerte für variierende Arbeitsumstände, wie unterschiedliche Wegdistanzen oder Stapelhöhen, abgelesen werden konnten.

Taylor hatte schon während der Zeit bei Midvale Experimente angestellt, um herauszufinden, was für eine physikalische Arbeitsmenge gemessen in Meterkilogramm ein Mann im Maximum in einem Arbeitstag vollbringen konnte und die man von ihm jahrein, jahraus täglich erwarten konnte, ohne dass er dabei körperlichen oder seelischen Schaden erleidet. Man fand aber keine feste Beziehung zwischen der täglich geleisteten Arbeit (in mkg) und der Ermüdung des Arbeiters. Taylor und seine damaligen Mitarbeiter „konnten kein Gesetz finden, das ihnen genau die angemessene, faire Maximalarbeit angab, die ein erstklassiger Arbeiter billigerweise ohne Überanstrengung täglich zu leisten vermag“ (Taylor, Grundsätze, 59).

Erst die Messungen, die nun von Carl G. Barth im Auftrag Taylors bei Bethlehem Steel durchgeführt wurden, ergaben zahlenmässige und brauchbare Resultate, nämlich die, dass ein Arbeiter, der 42 kg schwere Barren umlädt, nur während 42% des Tages arbeiten soll und dass er bei halbem Gewicht während 58% des Tages „unter Last“ sein kann, ohne übermässig zu ermüden (Taylor, Grundsätze, 61). Aus den durchgeführten Messungen konnte auch abgeleitet werden, in welchen Intervallen die Arbeitspausen bezogen werden sollten. Nur unter diesen Umständen ist es möglich, $47^1/_2$ t pro Tag zu verladen (Taylor, Grundsätze, 64). Die Richtwerte Taylors waren damit ein früher Vorläufer der später im Zeitstudium verwendeten, von der Anstrengung abhängigen Erholungszuschläge.

Aus der Beobachtung, dass die erwähnte Leistung nur dann erreicht werden kann, wenn man dem Arbeiter fast zwangsweise befiehlt, wie lange er ohne Unterbrechung arbeiten und wie lange er sich dann ausruhen soll, leitete Taylor seine These ab, dass auch bei einfacher Arbeit der Ausführende selbst nicht weiss, welches die beste Methode (The One Best Way) sei, sondern dass es zur Ermittlung der besten Arbeitsweise besser geschulte Personen braucht, das heisst Personen, welche die Gesetze der Arbeit herausfinden und daraus eine Lehre, eine Wissenschaft entwickeln können. „Man kann zeigen, dass die Lehre (engl. science) vom Umladen von Roheisenbarren so umfangreich und so bedeutend ist, dass es für den Mann, der für diese Art von Arbeit am besten geeignet ist, unmöglich ist, die Grundsätze dieser Lehre zu verstehen oder auch nur in Übereinstimmung mit dieser Lehre zu arbeiten ohne die Hilfe eines Mannes, der besser ausgebildet ist als er“ (Taylor, Shop Management, 40).

Taylor bezeichnete die Resultate der Messungen von Barth als das Gesetz der schweren körperlichen Arbeit, „the law of heavy laboring“ (Taylor, Grundsätze, 60).

Herauszufinden, dass 47 t eine mögliche tägliche Arbeitsleistung sei, war eine Sache. Aber Leute bei Bethlehem Steel, die bisher 12 1/2 t leisteten, dazu zu bringen, ihre Leistung nahezu zu vervierfachen, war dann noch eine ganz andere Aufgabe. Taylor schreibt dazu: „Wir mussten darauf achten, dass jeder Mann pro Tag 47 t verlud, anstatt 12 1/2 t wie bisher. Wir mussten ferner darauf achten, dass diese Arbeit ohne einen Streik, ohne Streitigkeiten mit den Arbeitern getan würde, und dass die Leute beim Verladen von täglich 47 t freudiger und zufriedener wären als bei den 12 1/2 t von früher. Unser Erstes war es, die rechten Leute herauszufinden“ (Taylor, Grundsätze, 45). Taylor beschreibt dann, wie man unter 75 Mann, die auf diesem Lagerplatz arbeiteten, durch Beobachtung vorerst 4 Leute auswählte, um sich schliesslich für einen Mann zu entscheiden, den Taylor in seinen Publikationen als Schmidt bezeichnete und dessen historischer Name Henry Knolle war (auch Noll geschrieben). Knolle war ein 28-jähriger, klein aber kräftig gewachsener sogenannter „Pennsylvania Dutchman“ (Wrege, 103). Taylor beschreibt dann in seinen Grundsätzen wortreich und in einer Sprache, die heute schwer verdaulich erscheint, wie er Schmidt davon überzeugte, ein „erstklassiger Mann“ (a first class man) zu sein, der im Stande sei, im Tag 47 t Roheisen zu verladen und damit pro Tag $ 1.85 statt bisher (für 12 1/2 t) $ 1.15 (= + 60%) zu verdienen. Eine wichtige Bedingung Taylors war die, dass „Sie als erste Kraft morgen genau das tun, was dieser Mann (ein Assistent Taylors, d. Verfasser) Ihnen sagt, und zwar von morgens bis abends. Wenn er sagt, Sie sollen einen Roheisenbarren aufheben und damit weitergehen, dann heben Sie ihn auf und gehen damit weiter! Wenn er sagt, Sie sollen sich niedersetzen und ausruhen, dann setzen Sie sich hin! Das tun Sie ordentlich den ganzen Tag über. Und was noch dazu kommt, keine Widerrede! „Eine erste Kraft“ ist ein Arbeiter, der genau tut, was ihm gesagt wird, und nicht widerspricht. Verstehen Sie mich? Wenn dieser Mann Ihnen sagt: Gehen Sie!, dann gehen Sie, und wenn er sagt: setzen Sie sich nieder!, dann setzen Sie sich und widersprechen ihm nicht“ (Taylor, Grundsätze, 49). Taylor fährt dann in seinem Text fort: „Das scheint wohl eine etwas rauhe Art, mit jemandem zu sprechen, und das würde es auch tatsächlich sein einem gebildeten Mechaniker oder auch nur einem gebildeten Arbeiter gegenüber. Jedoch bei einem Mann von der geistigen Unbeholfenheit unseres Freundes ist es vollständig angebracht und durchaus nicht unfreundlich, besonders da es seinen Zweck erreichte, sein Augenmerk auf die hohen Löhne zu lenken, die ihm in die Augen stachen, und ihn ablenkte von dem, was er wahrscheinlich als unmöglich harte Arbeit bezeichnet hätte, wenn er darauf aufmerksam gemacht worden wäre. ... Er arbeitete, wenn ihm befohlen wurde zu arbeiten und ruhte sich aus, wenn ihm befohlen wurde, sich auszuruhen, und um halb sechs Uhr nachmittags hatte er 47¹/₂ t auf den Wagon verladen.

Die drei Jahre hindurch, die ich in Bethlehem war, arbeitete er stets in diesem Tempo und leistete das verlangte Pensum tadellos. Er verdiente diese ganze Zeit hindurch etwas mehr als $ 1.85 durchschnittlich, während er vorher nie mehr als $ 1.15 täglich verdient hatte, was damals in Bethlehem der normale Taglohn war. Er erhielt also 60% mehr Lohn als die anderen Arbeiter, die nicht im Pensumsystem arbeiteten. Ein Mann nach dem anderen wurde ausgelesen und angelernt, 47¹/₂ t pro Tag zu verladen, bis alles Roheisen auf diese Weise verladen war. Natürlich erhielten sämtliche Beteiligten 60% mehr Lohn als die anderen“ (Taylor, Grundsätze, 50).

Auch hier ging es Taylor bei der Festsetzung der bedeutenden Lohnerhöhung vor allem darum, die Arbeiter für die genaue Befolgung seiner Arbeitsmethoden zu gewinnen.

Die oben aufgeführten Auszüge aus Taylors Publikation „Die Grundsätze wissenschaftlicher Betriebsführung“, welche 1911 erstmals gedruckt erschienen ist, sind um die zwölf Jahre nach den effektiven Geschehnissen niedergeschrieben worden. Charles D. Wrege und Ronald G. Greenwood, die in Ihrem Buch „Frederick. W. Taylor, The Father of Scientific Management, Myth & Reality“ (1991) die Äusserungen Taylors in seinen Publikationen kritisch überprüft haben, kommen aufgrund eines Berichtes von Taylors Assistenten Hartley C. Wolle und James Gillespie an Taylor vom 17. Juni 1899 zu einem etwas anderen Bild:

„Die obige Beschreibung (der Experimente über das Umladen von Eisenbarren), welche von Taylors Assistent Morris L. Cooke vorbereitet wurde, ist sehr farbig, aber die effektiven Experimente verliefen anders“ (Wrege, 102) … „Der Bericht (von Gillespie und Wolle) erwähnt, dass weil so viele Leute am Verladen beteiligt waren (Gruppen von 8–12 Mann), die Arbeiter einander im Wege standen. Der erste Teil der Studie vom 1. bis zum 18. März 1899 war ein Versuch, um herauszufinden, welches die durchschnittliche Menge von Roheisen war, die pro Mann in einem 10-Stunden Tag umgeladen wurde. Sie fanden heraus, dass 12,8 t pro 10-Stunden-Tag umgeladen wurden zu einem Preis von neun Cents pro t. Am 13 März 1899 wählten Gillespie und Wolle zehn der *allerbesten Männer* aus, die sie in der Roheisen-Arbeitsgruppe des Meisters John Haack finden konnten, welche aus „grossen kräftigen Ungarn" bestand, die schon während einer Anzahl von Jahren Roheisen verladen hatten und übertrugen ihnen die Arbeit, Roheisen in der gewohnten Art zu verladen, das heisst zwei Männer im Innern des Waggons zum Stapeln und acht Männer zum Tragen der Barren. Diesen Leuten wurde aufgetragen, *mit ihrer maximalen Geschwindigkeit zu arbeiten.* Es zeigte sich, dass sie in 14 Minuten 16 t Roheisen verluden, was einem Durchschnitt von 71 t in einem 10-Stunden-Tag pro Mann entspricht (oder genau gerechnet 68,57 t, d. Verfasser). Aber Gillespie und Wolle stellten fest, dass die Männer total erschöpft schienen. Aus ihren Beobachtungen leiteten Gillespie und Wolle ab, dass wenn diese Leute während eines ganzen 10-Stunden-Tages ungefähr mit der gleichen Geschwindigkeit arbeiten würden, mit der sie bei der Studie arbeiteten, sie imstande gewesen wären, etwa 75 t pro Mann zu verladen. Von diesen 75 t 'zogen wir 40% für Erholung und notwendige Unterbrechungen ab und setzten die Menge, die von einem erstklassigen Mann pro Tag zu verladen war auf 45 t fest.' Damit erwarteten Gillespie und Wolle, dass „ein erstklassiger Mann" 45 t verladen konnte. Taylor, aus irgend einem Grund, verwendete die Zahl von 47 t als erstklassige Arbeit."

Aus diesen Zeilen und den folgenden Abschnitten ist ersichtlich, dass es Taylor in seinem oft missionarischen Eifer in seinen Publikationen mit seinen Beschreibungen und Zahlenwerten nicht immer sehr genau nahm. Wenn es ihm um den Kern seiner Sache ging, nämlich die deutliche Illustration der Anwendung wissenschaftlicher Methoden bei betrieblichen Untersuchungen, war er offensichtlich bereit, bei der historischen Genauigkeit Abstriche zu machen.

Wrege und Greenwood schreiben bezüglich Schmidt, alias Henry Knolle, alias Noll weiter: „Es scheint, dass Knolle nicht in der Weise wissenschaftlich ausgelesen wurde, wie Taylor angibt. Was geschah, bestand einfach darin, dass einige der Männer Haacks, ihrer 8 oder 10, ausgewählt wurden, um Roheisen zu verladen und dass man ihnen sagte, dass sie dies im Stücklohn zu tun hätten. Am nächsten Morgen, als sie zur Arbeit erschienen, weigerten sie sich, die Arbeit im Stücklohn zu erledigen und, um einen Streik zu vermeiden, gestatteten ihnen Gillespie und Wolle, im Stundenlohn weiterzuarbeiten." Am nächsten Tag wurden sie aber auf Anweisung eines höheren Vorgesetzten entlassen, der verlangte, dass alle entlassen werden, die sich weigerten, im Stücklohn Roheisen zu verladen (Wrege, 103/104). Nach einer Unterbrechung von einigen Tagen wurde ein neuer Anlauf in einem anderen Bereich des Unternehmens mit einer anderen Gruppe unternommen. Von sieben Freiwilligen erschienen am nächsten Morgen, am 30. März 1899 fünf Mann, darunter Knolle, zur Arbeit. „Dass die Freiwilligen entweder irischer Abstammung waren oder aus der Volksgruppe der Pennsylvania Dutch stammten, mag heute unwichtig erscheinen; jedoch weist es auf die Schwierigkeiten hin, die Gillespie und Wolle hatten, Leute für ihre Stücklohngruppe zu rekrutieren und zu halten. Haacks Ungarn, welche am 16. März entlassen worden waren, bedrohten andere Arbeiter und hinderten sie daran, als Freiwillige Roheisen im Stücklohn zu verladen. Gillespie und Wolle hatten sich deshalb auf Arbeiter aus Irland oder auf Pennsylvania Dutch Leute zu verlassen, welche gegenüber den Ungarn keine kollegialen Verpflichtungen hatten."

„Die fünf Freiwilligen begannen, mit der üblichen Arbeitsweise Eisen zu laden (zwei im Waggon, drei beim Tragen der Barren), mit der Abmachung, dass sie nicht gezwungen waren fortzufahren, wenn sie die Arbeit zu schwer fanden. Nach 10 Stunden hatten sie pro Mann 32 t verladen und je $ 1.19 verdient. Gillespie und Wolle bemerkten, dass die Männer ihre Aufgabe als schwer empfunden haben mussten, weil sie alle sehr ermüdet schienen, und ihre Sorgen bestätigten sich, als am nächsten Tag, am 31. März, nur drei Männer (Noll, Frick und Skelly) zur Arbeit erschienen, sodass es nicht möglich war, das Eisen auf die übliche Weise zu verladen. Gillespie und Wolle lösten das Problem, indem sie jedem Mann einen separaten Waggon zum Laden zuteilten. Damit konnten sie auch einfach die Fähigkeit jedes Mannes beobachten. Weil keiner der drei Freiwilligen für diese Arbeit so gut geeignet war wie die Ungarn aus Haaks Equipe, welche entlassen worden waren (besonders Noll, der von schlanker Konstitution war und nicht mehr als 62 kg wog), waren Gillespie und Wolle überrascht von der Tonnage, welche verladen wurde. Noll schlug $45\frac{3}{4}$ t um (und verdiente $ 1.71), Frick $35\frac{1}{2}$ t (Verdienst $ 1.33) und Skelly 38 t (Verdienst $ 1.44)" (Wrege, 105).

Für Skelly und auch für Frick war die Arbeit zuviel, sodass nur Noll übrigblieb. Zu ihm gesellten sich in der Folge verschiedene Männer. Bald wurden diese aber von den entlassenen Ungarn physisch bedroht, falls sie weiter im Stücklohn arbeiteten, so dass sie um Versetzung baten. Nach einigen Tagen wurden die Entlassenen durch Haaks wieder eingestellt, worauf die Opposition zum Teil nachliess. Noll blieb bei seiner Tätigkeit, was Gillespie und Wolle veranlasste am Ende ihres Berichts zu bemerken:

„Wir denken, dass die Arbeit von Henry Knolle gewürdigt werden sollte, da dieser Mann der einzige war, der mit uns von Beginn an mitmachte und zeitweise unsere ganze Stücklohn-Equipe bildete. Er arbeitete mit seiner höchsten Leistung von Anfang an und demonstrierte auf diese Weise, dass ein rechter Tagesverdienst mit den geltenden Ansätzen für einen guten Mann erreichbar war“ (Wrege, 106).

Diese Bemerkungen lassen den Schluss zu, dass Taylors Aussage in den Grundsätzen der wissenschaftlichen Betriebsführung, dass Knolle seine hohe Leistung während langer Zeit erbrachte, korrekt ist. Andererseits wird aus dem Bericht von Gillespie und Wolle auch klar, dass es immer schwierig blieb, genügend Leute zu finden, die bereit und fähig waren, auf einem so hohen Leistungsniveau zu arbeiten und dies trotz den sehr hohen Verdienstmöglichkeiten (Kanigel, 322).

Der Widerstand gegen den Stücklohn liess im Laufe des Monats Mai sukzessive nach. Dies ermöglichte es Taylor und seinen Assistenten, eingehendere Untersuchungen zum Beispiel über den Energieaufwand beim Verladen von Eisenbarren anzustellen. Tabellen wurden erarbeitet, welche die Tagesleistung in Abhängigkeit der Distanz der Eisenstapel vom Waggon und der Höhe der Stapel darstellten. Schliesslich wurden in den Stückpreisen Variablen berücksichtigt, wie die Höhe, auf welche die Barren gehoben werden mussten und der Steigungswinkel der Planken. Während der nächsten zwei Jahre wurde der Stücklohn auf weitere Arbeiten auf dem Lagergelände von Bethlehem ausgedehnt und die Zahlenwerte wurden immer präziser angegeben (Kanigel, 322/323).

In diesem Zusammenhang muss nochmals auf jene Punkte hingewiesen werden, bei denen sowohl Wrege und Greenwood als auch Kanigel Diskrepanzen zwischen den Angaben in den Berichten der beiden Assistenten Taylors Gillespie und Wolle und in anderen Quellen feststellen und dem was Taylor in seinen eigenen Publikationen geschrieben hat. Ein Punkt besteht darin, dass Taylor Schmidt alias Knolle als robusten und geistig unbeholfenen Mann beschrieb (Taylor, Grundsätze, 49), der trotz der harten Arbeit im Lagergelände von Bethlehem zur Zeit von Taylors Experimenten noch die Energie hatte, sich 1899 in den freien Stunden ein Häuschen zu bauen, während er laut den Berichten Gillespies und Wolles und den Angaben der Biographen ein schlank gebauter Mann mit einer guten Schulbildung war (Wrege, 105) und sein Haus erst 1903 auf den Stadtplänen Bethlehems erscheint (Wrege, 114). Wrege und Greenwood gewähren in diesem Fall Taylor ein gewisses Recht, seiner Story mit diesen Veränderungen etwas mehr Farbe geben zu dürfen.

Ernster sind die Einwände zum Beispiel bezüglich der Höhe der Erholungszuschläge, die Taylor beim Verladen von Eisenbarren den Arbeitern gewährt. Für Kanigel ist es nicht klar, wie Taylor zu den Werten von 40% der Tagesarbeitszeit als Erholungsanteil beim Verladen von Roheisenbarren und damit zur Leistungsvorgabe von 47 t pro Tag kam. Der Bericht von Gillespie und Wolle gebe keine nützlichen Hinweise, sodass das ganze eine „reine Hexerei" sei (Kanigel, 320). Auch für Wrege und Greenwood ist es unklar, wie die von Taylor als „Law of heavy laboring" verwendeten Tabellen von Barth mit den Zahlenwerten über Erholungszeiten entstanden und wie sie zu interpretieren sind. Vor allem ist unklar, ob möglicherweise die Rückwege ohne Last bereits als Erholungszeit angerechnet wurden. Weiter wird kritisiert, dass die Werte bei zwei überdurchschnittlich leistungsfähigen Arbeitern ermittelt worden seien. Wrege und Greenwood schliessen den betreffenden Abschnitt mit der Bemerkung: „Ob phantasievoll oder unverschämt, Tatsache ist, dass Taylor zu glauben schien, dass der Zweck die Mittel heiligt" (Wrege, 117).

Es ist natürlich schwierig, hundert Jahre nach den Geschehnissen ein eindeutiges Bild über die Art und Weise zu erhalten, wie die „wissenschaftlich ermittelten" Leistungsvorgaben Taylors entstanden sind und ob diese als menschliche Arbeitsleistung zumutbar seien. Vielleicht hilft hier der Versuch, mit einem modernen Verfahren der vorbestimmten Zeiten wie dem MTM (Methods-Time Measurement) die Vorgabezeit für das Verladen von 42 kg schweren Eisenbarren zu ermitteln und mit den Werten von Taylor zu vergleichen. Eine MTM-Analyse dieser Arbeit ergibt bei der Annahme einer Distanz von 6 m (= 20 feet, wie in den Tabellen von Barth) und der Annahme, dass die Barren auf einer Höhe von 0 bis 50 cm aufgenommen und wieder abgelegt werden, eine Zeit von 574 TMU (Time Measurement Units, 1 TMU = $^{1}/_{100'000}$ Stunde), was 0,344 Minuten pro Barren ohne Zuschläge für Erholung ergibt.

Taylors Assistenten kamen während einer Zeitstudie, welche 14 Minuten dauerte, bei einer Equipe von 10 Mann auf eine Leistung von 16 t (zu 1016 kg). Die Leute seien nach diesen 14 Minuten total erschöpft gewesen. Gillespie und Wolle leiteten aus ihrer Beobachtung ab, dass ein Mann in einem 10-stündigen Arbeitstag theoretisch (d.h. ohne jegliche Erholungszuschläge) 75 t leisten könnte, wenn er die während der Zeitstudie gezeigte Arbeitsgeschwindigkeit durchhalten würde (Wrege, 103). Diese Leistung entspricht umgerechnet einer Zeit von (42 · 60 · 10) / 75000 = 0,336 Minuten pro Barren. Dieser Wert liegt erstaunlich nahe bei der MTM-Zeit von 0,344

Minuten, wobei beide Zeiten insofern unrealistisch sind, als sie die für solche Schwerarbeit notwendigen grossen Zuschläge für Erholungszeiten nicht berücksichtigen. Damit stellt sich die Frage nach der korrekten Erholungszeit für eine Arbeit wie das Verladen von Eisenbarren. Aus den Zahlen von Taylors Assistenten (siehe weiter vorn), die von der errechneten Leistung von 75 t pro Mann und Tag 40% für Erholung abzogen, um auf eine Vorgabe von 45 t zu kommen, kann man ableiten, dass sie mit einem Erholungszuschlag auf die gemessene Zeit (= 0,336 min) von 66,7% rechneten.

Die zuverlässige Ermittlung von Erholungszeiten ist auch heute keine unumstrittene Angelegenheit. Wenn man die Unterlagen von Spitzer-Hettinger, „Tafeln für den Kalorienumsatz bei körperlicher Arbeit“ Sonderheft der REFA-Nachrichten, 1969, Darmstadt benutzt, ermittelt man in einem ersten Schritt den Bedarf an kcal pro Arbeitsvorgang, das heisst in diesem Fall pro transportierten Eisenbarren und berechnet dann, wieviele dieser Arbeitsgänge einem Mittelwert einer zumutbaren Arbeitsleistung pro Schicht von 2000 kcal (Arbeitskalorien) entsprechen (Spitzer-Hettinger, Seite 19).

Für das Verladen der 42 kg schweren Eisenbarren ergeben sich die folgenden Kalorienwerte pro Arbeitsgang:

Gehen ohne Last (5 km pro h) 0.048 kcal/m	= 0,288 kcal für 6m (Seite21)
Last heben (von 30 auf 42 kg extrapoliert)	= 0,820 kcal (Seite 28)
Gehen mit Last (bei 50 kg) 1,22 kcal/m	= 0,732 kcal für 6m (Seite 24)
Total	1,840 kcal/Arbeitsgang

Bei einer zumutbaren Arbeitsleistung gemäss Spitzer-Hettinger von 2000 kcal pro Schicht kommt man auf 2000 : 1,840 = 1087 Eisenbarren oder 45.6 t pro Schicht.

Abgesehen davon, dass diese Zahl für eine heute übliche Schichtdauer von 8 Stunden gilt, ergibt sich auch hier wieder eine erstaunliche Nähe zur Leistungsvorgabe Taylors für eine 10-Stunden-Schicht von 47 t, wobei noch zu beachten ist, dass Taylor den Arbeitern gestattete, den Arbeitsplatz zu verlasssen, wenn sie seine Leistungsvorgabe pro Arbeitstag erfüllt hatten.

Vehemente Taylor-Kritiker werden natürlich einwenden, dass die Systeme vorbestimmter Zeiten wie MTM und die Tabellen von REFA nur neuere Ausgeburten des alten ausbeuterischen Taylorismus seien. Doch darüber später.

4.6.6 Das Schaufeln von Kohle und anderen Materialien

Das zweite für Taylor und seine Thesen wichtige Gebiet der menschlichen Arbeit war das Schaufeln von Kohle, Erz und Sand auf dem Lagergelände von Bethlehem Steel. Nachdem Taylor am Beispiel des Verladens von Roheisenbarren zeigen wollte, dass auch bei der einfachsten körperlichen Arbeit eine Lehre, eine „Wissenschaft", aufgezeigt werden kann (in jenem Fall das „Gesetz" der richtigen Erholungszeiten und -intervalle), brauchte er in seinen Vorträgen und Schriften das Schaufeln als Beispiel für eine Arbeit, bei der auch die Arbeitsmethode selbst und die bei der Arbeit verwendeten Werkzeuge Gegenstand wissenschaftlicher Untersuchungen sind. In beiden Beispielen ging es ihm auch darum, zu zeigen, dass eine wissenschaftliche Untersuchung der Arbeit zu besseren Resultaten führt als die Anwendung von Faustregeln durch die Arbeiter, wie es in in den gewöhnlichen Systemen der Betriebsführung üblich sei. Dabei sei es notwendig, davon wegzukommen, dass die Verantwortung (für die Arbeitsweise) wie bisher voll auf die Schultern der Arbeiter abgewälzt werde, sondern dass die Betriebsleitung nach der neuen Philosophie einen grossen Teil davon auf die eigenen Schultern nehmen müsse (Taylor, Grundsätze, 67).

Taylor schreibt: „Für einen erstklassigen Schaufler gibt es eine bestimmte Gewichtslast, die er jedesmal mit der Schaufel heben muss, um die grösste Tagesleistung zu vollbringen. Welches ist nun diese Schaufellast? Wird ein Arbeiter pro Tag mehr leisten können, wenn er jedesmal 2, 3, 5, 10, 15 oder 20 kg auf seine Schaufel nimmt? Das ist eine Frage, die sich nur durch sorfältig angestellte Versuche beantworten lässt. Deshalb suchten wir erst 2 oder 3 erstklassige Schaufler aus, denen wir einen Extralohn zahlten, damit sie zuverlässig und ehrlich arbeiteten. Nach und nach wurden die Schaufellasten verändert und alle Nebenumstände, die mit der Arbeit irgendwie zusammenhingen, sorgfältig mehrere Wochen von Leuten, die ans Experimentieren gewöhnt waren, beobachtet. So fanden wir, dass ein erstklassiger Arbeiter seine grösste Tagesleistung mit einer Schaufellast von ungefähr 9½ kg vollbrachte, d. h. er leistete mit einer Schaufellast von 9½ kg mehr als mit einer solchen von 11 kg oder von 8½ kg. Selbstverständlich kann kein Schaufler jedesmal genau 9½ kg auf die Schaufel nehmen; aber 1–2 kg darunter oder darüber machen keinen Unterschied, wenn nur der Durchschnitt 9½ kg beträgt.

Damit will ich nicht sagen, dass in dem Vorstehenden nun die ganze Wissenschaft des Schaufelns besteht. Dazu gehört noch eine ganze Reihe anderer Faktoren, die alle zusammen erst diese Wissenschaft ausmachen.

Ich wollte nur auf den bedeutenden Einfluss hinweisen, den schon dieser eine Punkt wissenschaftlicher Erkenntnis auf die Arbeit des Schaufelns hat.

In Ansehung des oben gefundenen Gesetzes durften nun bei den Bethlehem-Stahlwerken die Schaufler nicht mehr ihre eigenen Schaufeln aussuchen oder selbst Schaufeln besitzen, sondern man musste etwa acht bis zehn verschiedenartige Schaufeln für die verschiedenartigen Materialien besorgen. ... Es wurde nun ein grosses Schaufellager gebaut, in dem nicht nur Schaufeln, sondern auch sorgfältigst entworfene und normalisierte Arbeitsgeräte aller Art, Picken, Brecheisen, Hebebäume usw. Aufbewahrung fanden. So war es möglich, jedem Arbeiter eine Schaufel auszuhändigen, die von dem Material, das er gerade zu schaufeln hatte, 9 1/2 kg fasste; z. B. eine kleine Schaufel für Erze und eine grosse für Erbskohle, die sehr leicht von der Schaufel herunterrieselt, von der deshalb nur sehr wenig jedesmal auf der Schaufel liegen bleibt. ... Um kurz einige von den anderen Elementen zu illustrieren, die alle zusammen die Wissenschaft des Schaufelns ausmachen, sei erwähnt, dass Tausende genauer Messungen mit einer Stoppuhr vorgenommen wurden, wie schnell ein Arbeiter, der mit der methodisch „richtigen" Schaufel ausgestattet ist, diese in den Materialhaufen hineinstossen und sie dann 'richtig' gefüllt herausziehen kann" (Taylor, Grundsätze, 68).

Taylor beschreibt dann verschiedene Variationen, wie unterschiedlicher Untergrund, unterschiedliche Höhe und Distanz des Wurfs mit der Schaufel, wobei für jede Kombination der Variablen genaue Beobachtungen angestellt wurden, sowie die Frage der richtigen Erholung wie beim Roheisenverladen (Taylor, Grundsätze, 70). Zur richtigen Steuerung der Arbeit der anfangs rund 600 Arbeiter auf dem Lagergelände führte Taylor ein Arbeitsbüro ein, dessen Angestellte im voraus jedem einzelnen Arbeiter eine bestimmte Arbeit zuwiesen. Die Bewegungen der Arbeiter von einer Arbeitsstelle zur anderen wurden anhand von genauen Plänen und Karten der Lagerplätze, Gleisanlagen und Strassen bestimmt. Die entsprechenden Anordnungen an die Ausführenden wurden mittels Telephon oder Botendienst übermittelt. Damit sei der grosse Zeitverlust, der bisher dadurch entstand, dass zuviel Arbeiter an der einen Stelle oder zuwenig an einer anderen waren, gänzlich beseitigt worden (Taylor, Grundsätze, 72). Taylor fährt fort:

„Unter dem alten System hatte man die verhältnismässig grossen Arbeitergruppen, die unter je einem Rottenführer standen, numerisch auf ziemlich gleicher Höhe gehalten, ob viel Arbeit von der Art, wie sie dieser Gruppe oblag, zu tun war, denn jede einzelne Gruppe musste gross genug bleiben, um jede vorkommende Arbeit auf ihrem Gebiet erledigen zu können.

Diese Massenbehandlung sollte aufgegeben und jeder einzelne Arbeiter individuell behandelt werden. Wenn dieser sein Pensum nicht zuwege brachte, sollte ein geeigneter Lehrer zu ihm geschickt werden und ihm zeigen, wie seine Arbeit am besten auszuführen sei, ihn ermutigen, ihm helfen und gleichzeitig seine besonderen Fähigkeiten zu erforschen trachten. Unter dem System individueller Behandlung wird an Stelle brutaler Entlassung oder Herabsetzung des Lohnes bei ungenügender Arbeit dem Arbeiter die nötige Zeit und Hilfe gewährt, um ihn für seine Arbeit zu erziehen, oder er wird zu einer Arbeit verwendet, die mehr seiner geistigen und vielleicht auch körperlichen Veranlagung entspricht.

Alles dies verlangt die humane Mitarbeit der Leitung und naturgemäss eine viel besser ausgearbeitete Organisation, als die herdenmässige Behandlung in grossen Rotten erfordert“ (Taylor, Grundsätze, 73).

Taylor braucht beim Schaufeln die gleichen Lohnansätze wie beim Verladen von Roheisenbarren:

Durchschnittslohn beim bisherigen System:	$ 1.15 pro Tag
Verdienst beim Erfüllen des Pensums:	$ 1.85 pro Tag

Dies entspricht wie beim Roheisenverladen einer Verdiensterhöhung von 60%.

Zur Beantwortung der Frage, ob sich eine so umfangreiche Organisation, wie sie Taylor für die Arbeiten auf dem Lagergelände vorschlug, auch lohne, stellte Taylor die folgende Tabelle auf:

	Altes System	Neues System, Pensumarbeit (nach 3 Jahren)
Anzahl Hofarbeiter ca.	400–600	140
Durchschn. Tagesleistung pro Mann	16 t	59 t
Durchschnittslohn pro Mann und Tag	$ 1.15	$ 1.88
Durchschnittliche Kosten für Transport u. Verladen	$ 0.072 pro t	$ 0.033 pro t

(Taylor, Grundsätze, 74).

Trotz höherer Verdienste sanken damit die Kosten für das Unternehmen mit Berücksichtigung der Kosten der Vorgesetzten und des Büros um 54%.

Taylor gab auch an, dass fast alle überflüssig gewordenen Hofarbeiter eine andere Tätigkeit bei Bethlehem Steel fanden und sagte: „Tatsächlich sollte man bedenken, dass es für die Leute eine Wohltat war, von dieser Tätigkeit, für die sie nicht geeignet waren, befreit zu werden. Es war für sie der erste Schritt, Arbeit zu finden, für die sie sich besonders eigneten und bei der sie füglich dauernd höhere Löhne fanden, nachdem sie richtig eingeschult waren“ (Taylor, Grundsätze, 67).

Taylor äusserte sich überzeugt davon, dass die neue Organisation den Arbeitern neben der höheren Prosperität auch wesentlich mehr Zufriedenheit brachte. Er schreibt dazu: „Die meisten sparten Geld und lebten besser als je zuvor. Sie bildeten die beste Gruppe von Taglöhnern, die ich jemals zusammen gesehen habe. Sie betrachteten ihre Vorgesetzten, ihre Meister und Lehrer als ihre besten Freunde, nicht als rücksichtslose Placker, die sie um ihr bisschen Lohn bringen wollten, sondern die ihnen beratend zur Seite standen und ihnen halfen, höhere Löhne zu verdienen”. ...

„Den Wert wissenschaftlicher Untersuchungen über die Motive, welche auf den Arbeiter bei seiner täglichen Arbeit einwirken, bewies auch die Feststellung, dass allmählich jeder Ehrgeiz, jedes selbständige Denken erstickt wird, wenn man die Arbeiter nur in Massen, nicht einzeln und individuell behandelt. Eine eingehende Untersuchung ergab, dass bei Massenarbeit jeder einzelne mit der Zeit viel weniger leistet, als wenn sein persönlicher Ehrgeiz angeregt ist. Wenn Arbeiter in Rotten zusammenarbeiten, so sinkt fast durchwegs die Leistungsfähigkeit und der Nutzeffekt des einzelnen auf das Niveau des schlechtesten oder noch tiefer“ (Taylor, Grundsätze, 76).

4.6.7 Das abrupte Ende von Taylors Tätigkeit bei Bethlehem Steel

Taylor befand sich von Anfang an in einer konfliktgeladenen Situation bezüglich seiner Beziehungen zu den Mitgliedern der Leitung der Bethlehem Steel Co. und nicht zuletzt auch bezüglich seines Verhältnisses zu Robert P. Linderman, dem Präsidenten des Unternehmens. Unzählige Male appellierte er mündlich oder schriftlich an Linderman, wenn er fand, dass er nicht die nötige Unterstützung der führenden Personen aus anderen Unternehmensbereichen wie zum Beispiel durch den Technischen Leiter oder den Chef des Finanz- und Rechnungswesens erhielt. Einmal war es die zögerliche Erfüllung seiner Pläne zum Ausbau der Werkhalle der Mechanischen Werkstätte durch die Technische Abteilung, die ihn veranlasste, die Unterstützung Lindermans zu verlangen. Ein Jahr nachdem Taylor verlangt hatte, dass Pumpen, Behälter und Leitungen gebaut wurden, damit alle Maschinen mit Natronwasser zur Werkzeugkühlung versorgt werden können, um die vorgesehenen hohen Schnittgeschwindigkeiten zu erreichen, beklagte sich Taylor bei Linderman, dass erst 12 Maschinen von 238 für die erforderliche Zufuhr des Kühlmittels eingerichtet seien, und dies hätten erst noch seine eigenen Leute behelfsmässig selbst besorgt (Copley II, 149).

Schwierigkeiten hatte er auch mit seinen Forderungen, die Saläre seiner engsten Mitarbeiter wie Barth und Gantt auf einen Stand zu bringen, der von Taylor als angemessen betrachtet wurde. Ein anderes Mal war es die Weigerung des Chefs der Buchhaltung, ein von Taylor vorgeschlagenes Meldeformular einzuführen. Mehr als einmal musste Taylor Linderman mit seinem Weggang drohen, falls seine Forderungen nicht erfüllt würden. Offenbar hatte aber Taylor immer noch den Financier Joseph Wharton als Sicherheit im Hintergrund, der von Taylors Wirkung auf die Resultate des Unternehmens überzeugt war, weshalb Linderman davon absah, die Verantwortung für einen Abgang Taylors auf sich zu nehmen. Grosser Widerstand regte sich in der Geschäftsleitung auch gegen die gewichtigen Lohnerhöhungen, die Taylor denjenigen Arbeitern zugestand, welche die geforderten hohen Leistungen erreichten. Man befürchtete Unfrieden unter den Arbeitern als Folge der grossen Lohndifferenzen. Kritik lösten überdies Taylors oft ungehemmt teuren Aufwendungen für die Realisierung seiner Experimente aus.

Ganz allgemein verschlechterte sich vom Jahr 1900 an das Verhältnis zwischen Taylor und den Mitgliedern der Geschäftsleitung, die mehrmals versuchten, Taylor ein Bein zu stellen. Dazu schreibt Copley folgendes: „Immer und immer wieder trafen sich die leitenden Leute bei Linderman und sagtem diesem schreckliche Geschehnisse voraus, falls man sich dieses Mannes namens Taylor nicht entledige. Und dann hat sich eben dieser Mann namens Taylor vor ihn hingestellt, um ihm zu sagen, was gelte und was welchem Zweck diene. Dieser (Linderman), gefangen zwischen zwei Feuern, mit dem dringenden Wunsch, diesen Mann Taylor zu entlassen, aber ohne eine Entschuldigung zu finden, welche der Mann der Macht, nämlich Joseph Wharton, als gültig anerkennen könnte, befand sich wirklich in einer ungünstigen Lage“ (Copley II, 146).

Taylor war an der sich auch für ihn ungünstig entwickelnden Lage nicht unschuldig. Die von ihm versprochene Einführung des Differentiellen Stücklohnsystems in der Mechanischen Werkstätte verzögerte sich so sehr, dass auch nach bald drei Jahren, das heisst anfangs 1901, noch kaum ein Arbeitsplatz auf dieses System umgestellt war. Der Grund lag offensichtlich in dem Drang Taylors zur Perfektion, der den Stücklohn nicht einführen wollte, bis alle Voraussetzungen an der Maschine und im ganzen Umfeld erfüllt waren und genaue Zeitstudien vorlagen. Bevor es soweit war, machte sein Assistent Henry Gantt den praktischen Vorschlag, das System des Pensumlohns mit Bonus einzuführen, wie er im vorangehenden Abschnitt 4.6.4 „Die „Funktionale Führung“ in der Mechanischen Werkstätte Nr. 2“ beschrieben wurde, aber der wohl zu spät gekommen ist. Ein weiterer Grund für die Schwierigkeiten war Taylors Art, mit Problemen und Personen umzugehen.

Copley zitiert den seinerzeitigen Präsidenten der ASME (American Society of Mechanical Engineers) Henry R. Towne (1916, ein Jahr nach Taylors Ableben) wie folgt: „Taylor war ein grosser Freund von mir ... ; aber er hatte seine Fehler wie der Rest von uns. Einer davon war sein intensives Temperament und als Resultat davon eine Gewohnheit zur Übertreibung. Er übertreibt, unbeabsichtigt aber unvermeidlich, weil er so erfüllt von seinem Anliegen und so ernsthaft ist“ (Copley II, 78).

Copley selbst schreibt zur Lage Taylors bei Bethlehem Steel: „Auch wenn wir mit ihm sympathisieren mögen, das Wesentliche an seiner Situation darf nicht übersehen werden. Lasst uns betrachten, wofür Taylor hier kämpfte. Im Grunde war es dies: dass die Führung des Unternehmens in Bethlehem aufhören sollte, unberechenbar, parteiisch und despotisch zu sein und dass jedermann im Unternehmen, ob oben oder unten, sich dem Gesetz unterwerfe. Und dies Jahrhunderte seit den Tagen von Latimer und Melville (ein englischer und ein schottischer Reformator im 16. Jh., d. Verfasser) mit ihrer Forderung nach einem einzigen Gesetz für Könige und Geringe. Eine ganz andere Szene. Doch in Frederick Taylor, einem Nachkommen dieser Puritaner, flammt der alte Geist von neuem auf; so verwegen wie eh und je; und so streng, so unbeirrbar und so gebieterisch wie eh und je. ... Aus einer schwierigen Situation heraus begann im Winter 1900–1901 alles mehr und mehr den Charakter einer unmöglichen Situation zu entwickeln. Taylors Weg war nicht idealer als der seiner puritanischen Vorfahren. Genau wie um diese, welche aufgrund des heroischen Rahmens, in welchen ihre Existenz gestellt war, im vollen Mass an den Mängeln ihrer Fähigkeiten leiden mussten und für Auswüchse anfällig waren, genau so stand es um ihn. Es ist wahr, er konnte kaum vermeiden, in Bethlehem Anstoss zu erregen, auch wenn er alle Milde eines Heiligen des siebenten Grades besessen hätte; aber seit seinen Tagen in Midvale hat er zu bereitwillig angenommen, dass Leute gegen ihn waren und dass er zu bereitwillig war, sich im Geiste „wer nicht für mich ist, ist gegen mich“ zu verhalten. Bei Bethlehem exponierten sich diese Mängel wegen seiner enormen Aufrichtigkeit und Ernsthaftigkeit auf die ungünstigste Art. Auf diese Weise erzeugte er Ärger und er machte sich Feinde, wo er sich Freunde hätte schaffen können" (Copley II, 147/148).

Als Taylors Schwierigkeiten mit den leitenden Leuten von Bethlehem Steel einen Höhepunkt erreicht hatten, schrieb Taylor am 15. März 1901 einen Brief an Joseph Wharton mit der Bitte um eine Aussprache. Sie trafen sich im selben Monat zweimal und Taylor hatte die Gelegenheit, Wharton um Rat zu bitten, wie er sich Linderman gegenüber verhalten sollte. Darauf schrieb Taylor am 14. April an Linderman einen Brief mit den abschliessenden Worten: „Ich verlange keine Kompetenzen für irgendwelche Angelegenheiten, mit der Ausnahme jener, welche direkt mein System der Betriebsführung und Buchhaltung betreffen, aber ich verlange respektvoll, dass alle die verschiedenen Mitglieder der Leitung dieses Unternehmens alle Aufträge ausführen, die ich ihnen erteile."

Zwei Tage später erhielt Taylor die Antwort: „Ich gestatte mir, Ihnen mitzuteilen, dass Ihre Dienste für diese Firma nach dem 1. Mai 1901 nicht mehr erwünscht sind.

Ihr ergebener Rob. P. Linderman, Präsident."

(Kanigel, 355).

Über den Inhalt der Gespräche zwischen Taylor und Wharton sowie zwischen Wharton und Linderman sind keine Unterlagen vorhanden, so dass die wahren Hintergründe der Entlassung verschlossen bleiben.

Bei Bethlehem war aber anderes schon in Bewegung. Es gab Gerüchte über Übernahmeofferten seitens der britischen Firma Vicker's Sons & Maxim, welche die Rechte für Taylors Schnellstahl erworben hatte und welche deshalb einiges über diese Firma wusste. Aber einige Monate später, das heisst im August 1901, wurde Bethlehem Steel von Charles M. Schwab, dem ersten Präsidenten der United States Steel Corporation, übernommen (Copley II, 154; Kanigel, 355).

Einiges deutet darauf hin, dass vor allem von den organisatorischen Neuerungen Taylors bei Bethlehem vieles nicht lange überlebte. Sechzig spezialisierte Meister verschwanden, ebenso Gantt, Barth und andere Taylor-Assistenten. Auch Russel Davenport, Freund Taylors und Leiter des gesamten Produktionsbereiches musste gehen. Die detaillierten Arbeitsinstruktions-Karten wurden abgeschafft, ebenso, wenigstens zum Teil, das Pensum-System mit Bonus. Aus einem späteren Brief Taylors an General Crozier (1910) geht hervor, dass Taylor in Erfahrung gebracht hat, dass in einigen Abteilungen, die Schwab nie besucht habe, heimlicherweise in einem Hinterraum die Rechenschieber weiterhin gebraucht und dass die Zeitstudienleute und die Planungsangestellten usw. auf den Lohnlisten zur Tarnung als Mechaniker aufgeführt worden seien (Kanigel, 356).

4.7 Taylor als Lehrer und Missionar 1901–1915

4.7.1 Taylors neue Lebensaufgabe

Als Taylor im Frühjahr 1901 die Bethlehem Steel Company verliess, zählte er fünfundvierzig Jahre. 1884 hatte er sich mit Louise Spooner verheiratet, welche wie er aus einer alteingesessenen Familie aus Philadelphia stammte. Die Ehe blieb kinderlos. Im Laufe des Jahres 1901 adoptierten sie zwei Knaben und ein Mädchen zwischen sechs und zwölf Jahren aus einer befreundeten Familie aus Savannah, deren Eltern auf tragische Weise das Leben verloren hatten. Frederick Taylor entwickelte insbesondere für die beiden Knaben sehr viel Zuneigung und väterliche Sorge. Die Taylors zogen im November von South Bethlehem zurück nach Germantown bei Philadelphia, wo sie das Hause Red Gate erworben hatten. Taylors finanzielle Situation war sehr komfortabel dank seinen fetten Honoraren aus den vielen Jahren seiner Beratungstätigkeit und geschickten Geldanlagen in Industriefirmen, Kohlenfeldern und Kupferminen. Dazu kamen seine Einnahmen aus den ausländischen Lizenzen für seinen Schnellstahl. Allein im Juli 1901 wurden ihm von Bethlehem Steel $ 22'625 überwiesen, ein Betrag der mindestens dem Dreissigfachen des Jahreseinkommens von Industriearbeitern jener Zeit entsprach. Taylor entwickelte zu dieser Zeit offenbar keine spezielle Neigung zur Arbeit und führte ein beschauliches Leben, in welchem das Golfspiel einen breiten Raum einnahm (Kanigel, 362). Einen Teil seiner Zeit verbrachte Taylor mit der Planung, dem Bau und der Einrichtung eines grosszügigen neuen Hauses auf einer Anhöhe bei Chestnut Hill, Germantown, genannt „Boxly“, wohin die Familie im Jahr 1904 zog. In der Zwischenzeit hatte Taylor mit der Niederschrift eines Vortrags mit dem Titel „Shop Management“ (Betriebsführung) begonnen.

Als sich Taylor 1901 entschieden hatte, dass „er es sich nicht länger leisten konnte, für Geld zu arbeiten“ (Copley I, XVIII), war ihm die Verbreitung und die effektive Anwendung seines Systems in Unternehmungen das vitale Anliegen. Er betätigte sich unter anderem interimistisch als „unbezahlter Berater und Überwacher“ (Copley II, 179), um seinem System Eingang in zwei Betrieben in Philadelphia Eingang zu verschaffen. Es handelte sich um den Betrieb der Tabor Manufacturing Company, welche Druckgussmaschinen herstellte und die Link-Belt Engineering Company, welche eine spezielle Art von Kettenantrieben fabrizierte. Tabor wurde von Wilfred Lewis, einem alten Freund Taylors geleitet, einem sehr fähigen Maschineningenieur, den er seit seiner Jugendzeit kannte. Das Unternehmen machte trotz wachsendem Ausstoss Verluste und Winfred Lewis suchte bei Taylor vorerst finanzielle Unterstützung, die ihm Taylor als alter Freund gewährte. Als zusätzliche Mittel nötig wurden, investierte Taylor erst, nachdem Lewis mit der Bedingung einverstanden war, bei Tabor das Taylor-Management-System einzuführen (Copley II, 176). Der Leiter von Link-Belt, James M. Dodge, lernte Taylor durch sein Interesse an Taylors Schnellstahl kennen. Dodge kaufte die Rechte von Bethlehem und war fasziniert vom Effekt der Verdoppelung der Schnittgeschwindigkeiten. Da der Betrieb aber von vielen Störungen geplagt war, bat Dodge Taylor um Rat, der ihm vorschlug, Carl Barth beizuziehen, um bei der Behebung der Probleme zu helfen. Es stellte sich bei Link-Belt bald ein Erfolg ein und Dodge begann, sich für das Taylor-System zu begeistern, welches Taylor in seinem Vortrag über Shop Management vor der ASME 1903 erstmals einem weiteren Kreis präsentiert hatte (Copley II, 179). Carl Barth wurde Taylors Assistent auch bei der Tabor Company. Tabor und Link-Belt bildeten damit die ersten Unternehmen, welche das Taylor-System der Betriebsführung in einem relativ breiten Umfang, wenn auch nicht vollständig, einführten und auch anwandten.Taylor führte später immer wieder Besucher in diese Betriebe, um sie vom Wert seines Systems zu überzeugen. James M. Dodge sagte später: „Es brauchte in unserer Organisation über zwei Jahre, bis sie sich ganz dem Neuen ergeben hatte und sich unsere geistige Haltung soweit gewandelt hatte, dass wir wirklich für den Wechsel empfänglich waren. Damit will ich sagen, dass ich gar keine Schwierigkeiten hatte, die einzelnen Abteilungsleiter dafür zu gewinnen, dass die Einführung des Taylor-Systems sehr erwünscht sei. Jeder von ihnen akzeptierte es für alle anderen im Unternehmen, aber für ihn selbst war es völlig unnötig“ (Copley II, 182).

4.7.2 Taylors Tätigkeit für die ASME und seine Publikationen

Taylor war seit 1885 Mitglied der American Association of Mechanical Engineers ASME. Während der vielen Jahre seiner Mitgliedschaft hielt Taylor vor dieser bedeutenden Vereinigung eine Reihe von Vorträgen. Sein erstes Referat im Jahr 1886, als er noch bei der Midvale Company tätig war, galt dem Thema „Der relative Wert von Wassergas und Gas im Siemens-Verfahren für das Schmelzen im Herdofen". Er stellte darin Kostenvergleiche für verschiedene Prozessabläufe dar, offenbarte vor allem die Bedeutung, die er dem Zusammenhang von Prozessen und Kosten, ausgedrückt in Dollars, zumass und zeigte unter anderem, wie Energiekosten gespart werden können (Kanigel, 235).

Sein nächstes Referat vor der ASME hielt Taylor 1893 in New York. Er behandelte darin ein Thema, das ihn schon einige Jahre vorher bei Midvale intensiv beschäftigt hatte, nämlich seine Experimente mit Riemenantrieben. Alles über Riemen war darin enthalten, vom Gerben des Leders über die Reibungskoeffizienten der beiden Seiten, von der Querschnittsbelastung bis zum Spleissen und zur Pflege der Riemen. Das wichtigste Resultat seiner Untersuchungen war der Vorschlag, doppelt so dicke Riemen zu verwenden als damals üblich war. Sein Vortrag *„Notizen über Riemenantriebe"* (Notes on Belting) war auch insofern revolutionär, dass er die Forderung aufstellte, dass anstelle der Frage, wie dick und breit ein Riemen sein müsse, um eine bestimmte Leistung ausgedrückt in PS übertragen zu können, man die Frage nach den Kosten stellen müsse. Die Frage müsse neu lauten, wie man eine bestimmte Antriebsleistung mit den geringsten Kosten für Riemenreparaturen, unter Erzielung der grössten Lebensdauer des Riemens und der niedrigsten Verluste und Umtriebe für Maschinenunterbrüche während des Spannens und der Reparatur der Riemen, auf eine Maschine überträgt. Sein Vortrag und die gedruckte Fassung erregten zum Teil heftige Opposition bei den Praktikern, galten aber trotz dem langsamen Abklingen der Bedeutung des Riemenantriebs noch für Jahre als Standard in der ganzen Welt. Davon zeugt unter anderem ein Neudruck seiner „Notizen" in England im Jahr 1912 (Kanigel, 270).

Nach diesen eher technisch/wirtschaftlichen Themen, die ganz der Tendenz der damaligen Leitung der ASME zur vermehrten Berücksichtigung der zunehmend wichtig werdenden wirtschaftlichen Aspekte im Ingenieurwesen entsprachen, war der nächste Vortrag Taylors erstmals einem Thema der Betriebsorganisation gewidmet.

4.7.2.1 Taylors Vortrag „Ein Stücklohn-System" 1895

In Detroit sprach Taylor 1895, also zur Zeit, da er als Berater unterwegs war, vor der ASME über *„Ein Stücklohn-System"* (A Piece-Rate System) mit dem Untertitel „Ein Schritt in der Richtung zur teilweisen Lösung des Arbeiterproblems" (Der Vortrag wurde anschliessend in den „Proceedings of the ASME" im Band XVI betreffend das 31. Meeting der ASME publiziert). In der Einleitung sagt Taylor:

„Das übliche Stücklohn-System beinhaltet einen dauernden Antagonismus zwischen den Arbeitgebern und den Arbeitern und die Gewissheit der Bestrafung jedes Arbeiters, der einen hohen Grad der Leistung erreicht. Der demoralisierende Effekt ist äusserst ernst. Unter diesem System werden auch die besten Arbeiter fortwährend zur Heuchelei gezwungen, um ihre Stellung gegenüber den Übergriffen der Arbeitgeber zu wahren.

Das vom Schreibenden eingeführte System hinwiederum ist direkt das Gegenteil, sowohl in der Theorie als auch in seinen Resultaten. Es bringt die Interessen jedes Arbeiters zur Übereinstimmung mit jenen seines Arbeitgebers, bezahlt eine Prämie für hohe Effizienz und überzeugt jeden Arbeiter rasch davon, dass es zu seinem Vorteil gereicht, wenn er jeden Tag die beste Qualität und die maximale Menge hervorbringt.

Einer der Hauptvorteile, der mit diesem System erreicht wird, liegt darin, dass es das Gefühl einer sehr freundschaftlichen Beziehung zwischen den Leuten und ihren Arbeitgebern entstehen lässt und damit Gewerkschaften und Streiks unnötig macht.

Es gab unter dem System des „Differentiellen Stücklohns" nie einen Streik, obschon es seit zehn Jahren in der Stahlindustrie angewendet wird, in der während dieser Zeit mehr Streiks und Arbeitskämpfe stattfanden als fast in allen anderen Industrien" (Taylor, A Piece-Rate System, 858).

Taylor beschreibt in seinem Bericht vor allem das System des differentiellen Stücklohns, welches er seinerzeit bei Midvale eingeführt hatte (siehe in dieser Untersuchung: Abschnitt 4.4.8 „Das Differentielle Stück-Lohnsystem von Taylor"). Taylor betont die Wichtigkeit genauer Zeitstudien mit einer feinen Aufgliederung der Messungen, sodass die Messresultate tabelliert werden können. Aus diesen Tabellen können dann die Zeitwerte für die verschiedenen vorkommenden Arbeiten rationell zusammengestellt werden. „Weil die Festlegung der Stückpreise auf genauer Kenntnis der Arbeit und nicht mehr oder weniger auf Erraten beruht, fällt das Motiv für das Zurückhalten der Leistung und das sogenannte Bummeln und damit die Versuchung, den Arbeitgeber bezüglich der für die Arbeit benötigten Zeit zu täuschen vollständig weg, sodass auch die wichtigste Ursache für Unstimmigkeiten und Streit zwischen der Betriebsleitung und den Leuten wegfällt" (Taylor, A Piece Rate System, 858). Taylor erklärt auch, dass mit seinem Entlöhnungssystem die Arbeiter gerechter behandelt werden und darauf mit mehr und besserer Arbeit reagieren und dass es zu diesem Zweck im gemeinsamen

Interesse sowohl der Betriebsleitung als auch der Arbeiter liege, auf jede Art und Weise zusammenzuarbeiten.

Wie wir im Abschnitt 4.4.8 bereits erwähnt haben, besteht ein wichtiger Aspekt des differentiellen Stücklohn-Systems darin, dass für dieselbe Arbeit zwei Stückpreise offeriert werden: ein hoher Preis pro Stück für den Fall, dass die Arbeit in der kürzesten Zeit und in perfekter Ausführung erledigt wird und ein niedriger Preis, wenn die Ausführung länger als die vorgegebene Zeit dauert oder wenn die Arbeit irgendwelche Mängel aufweist. Dabei muss der höhere Preis so angesetzt werden, dass der Arbeiter pro Tag mehr verdienen kann, als üblicherweise in anderen Betrieben bezahlt wird.

In seinem Vortrag vor der ASME vergleicht Taylor sein Entlöhnungssystem mit anderen neuen Entlöhnungsformen, wie dem Gewinnbeteiligungssystem (gain-sharing plan) von Henry R. Towne (von Towne & Yale Co.), das dieser 1888 vor der ASME präsentiert hatte und dem Premium-Plan von Halsley aus dem Jahr 1891. In den Augen Taylors haben beide Systeme den Vorteil, dass die Arbeiter profitieren können, wenn ihre Leistung höher ist. Dem Plan von Towne wirft Taylor aber vor, dass er die Leute in eine Gruppe zusamentreibe und nicht das persönliche Verdienst jedes einzelnen Arbeiters berücksichtige, was bei Halsley nicht so der Fall sei. Beide Entlöhnungssysteme kritisiert Taylor darin, dass die Basis, auf welcher die Leistungsansätze stehen, ungerecht und unrichtig sei, indem diese von historischen Aufschreibungen abgeleitet werden, bei denen entweder ein guter Arbeiter nahe seiner maximalen Leistung gearbeitet habe, während in anderen Fällen die Werte von Arbeitern stammen, die nur mit dreiviertel oder einviertel Leistung gearbeitet haben. Beide Systeme hätten auch den Nachteil, dass sie erstens dem einzelnen Arbeiter keine Freiheit für die Entfaltung seines persönlichen Ehrgeizes gewähren (welcher immer der kräftigere Anreiz zur Leistung sei, als der Wunsch für einen allgemeinen Wohlstand), und zweitens, dass die Prämie erst in einem grossen zeitlichen Abstand ausbezahlt werde. „Der durchschnittliche Arbeiter (ich sage nicht alle Arbeiter) kann sich nicht für eine Entschädigung interessieren, welche ein halbes oder ein ganzes Jahr in der Zukunft liegt. Für sie ist die Bequemlichkeit, die sie heute geniessen können, wenn sie es sich gemütlich machen attraktiver, als harte Arbeit mit einer möglichen Belohnung, die sie sechs Monate später mit anderen zu teilen haben" (Taylor, A Piece-Rate System, 866/33).

Nach Taylor tragen die bisherigen Systeme der Entlöhnung wenig zur Verbesserung der Zusammenarbeit im Betrieb bei. Das grösste Hindernis für eine harmonische Zusammenarbeit zwischen Arbeitgeber und Arbeiter liege darin, dass sowohl die Arbeiter als auch die Betriebsleitung (aber vor allem diese) keine Kenntnis der schnellsten Zeit haben, in der jedes Arbeitsstück hergestellt werden kann; das Hindernis liegt kurz gesagt im Mangel an genauen Zeittabellen für die Arbeiten im Betrieb. Um diesen Mangel zu beheben, müsse in jedem Betrieb ein Zeitstudienbüro eingerichtet werden, welches allgemein respektiert werde und welches ebenso wissenschaftlich wie praktisch betrieben werde (Taylor, A Piece-Rate System, 868/40). Taylor betont mit Nachdruck, dass neben der Schaffung eines Zeitstudienbüros die systematische Bereinigung aller Einzelheiten in der Werkstatt entscheidend sei, welche die Arbeit an den Maschinen beeinflussen und zählt Dinge auf wie die Formgebung, das Schleifen und die Ausgabe der Schnittwerkzeuge, das Schmieren und den Unterhalt der Maschinen und die Ausgabe der Arbeitsaufträge (Taylor, A Piece-Rate System, 877/76).

Taylor weist mehrere Male darauf hin, dass sein System auch den Vorteil habe, dass es gute Leute anziehe und schlechte, das heisst ungeeignete und arbeitsunwillige, Arbeiter vertreibe. Wichtig sei aber auch, dass das Unternehmen bereit sei, für die guten Leute überdurchschnittliche Löhne zu bezahlen, etwas, das damals für viele Unternehmer eine sehr ungewöhnliche Idee war.

Der Bericht über den Vortrag Taylors vor der ASME enthält auch das 20-seitige Protokoll (engl. proceedings) der anschliessenden Diskussion, in welchem namhafte Persönlichkeiten der amerikanischen Industrie ausgiebig zu Worte kommen. Es gab viele, zum Teil enthusiastische Reaktionen, aber auch Kritiken, wie diejenige des von Taylor kritisierten Halsley, der fand, dass die Durchführung von Zeitstudien nach der Methode von Taylor zu aufwendig sei. Die Diskussion drehte sich vor allem um Vor- und Nachteile des *Differentiellen* Stücklohn-Systems Taylors, was Taylor zur Schlussbemerkung veranlasste, dass er überrascht und enttäuscht sei, dass das System der Festlegung der Stückpreise aufgrund der Elementarzeiten für die Ausführung der Arbeit in der Diskussion nicht mehr Beachtung gefunden habe, wo doch die Art des Stücklohnsystems, das zur Anwendung komme, weniger wichtig sei (Taylor, A Piece-Rate System, 903). Der Biograph Taylors Frank Copley sagt hierzu: „Während in früheren Vorträgen (über Lohnsysteme) die Bezahlung höherer Löhne vorgeschlagen wurde, um den Arbeitern einen Anreiz zu mehr Ausstoss und besserer Arbeit zu geben, zahlte Taylor höhere Löhne, um die Arbeiter zu veranlassen, die Standards zu akzeptieren, welche mittels der wissenschaftlichen Methode erarbeitet worden sind. Hier wurde es praktisch vollständig versäumt, diesen revolutionären Unterschied zu erkennen“ (Copley I, 409).

Der Vortrag Taylors von 1895 in Detroit enthält schon wichtige Ansatzpunkte dessen, was später als das Taylor-System bezeichnet wurde. Er stiess auch ausserhalb der ASME auf Interesse und wurde in mehreren Zeitschriften abgedruckt, unter anderem auch in England in der Electrical Review.

Der Herausgeber der amerikanischen Zeitschrift „The Engineering Magazine“ (später „Industrial Management“) sagte zu Taylors Vortrag (hier leicht gekürzt): “Ich war so tief beeindruckt von dessen bemerkenswerter Originalität, dass ich mich entschied, dass unsere Leser unbedingt von solch massgebender, praktischer und unmittelbar verfügbarer Information profitieren sollten. Wir betrachten den Vortrag als einen der wertvollsten Beiträge, die je in die technische Literatur Eingang gefunden haben“ (Copley I, 410).

Für Taylor selbst hatte sein Vortrag die Auswirkung, dass er ihm Beratungsaufträge in Industriebetrieben wie Northern Electric, Johnson Co. und Lorain Steel einbrachte.

4.7.2.2 Taylors Vortrag „Betriebsführung“ (Shop Management) 1903 in Saratoga

Taylor beschäftigte sich nach seinem Weggang von Bethlehem Steel während längerer Zeit mit der Niederschrift seines Vortrags *„Betriebsführung“*, in welchem er die Erkenntnisse, die in den früheren Vorträgen über Dreharbeit und Werkstähle und über sein Stücklohn-System präsentiert worden waren, mit den Beobachtungen und Erfahrungen aus seiner Tätigkeit in Bethlehem zu ergänzen trachtete. Taylor hielt seinen Vortrag an der Jahresversammlung der ASME 1903 in Saratoga N.Y. vor einem Publikum, das dreimal so zahlreich war, wie jenes 1895 in Detroit beim Vortrag über sein Stücklohn-System. Der Vortrag war sehr umfangreich, was an der schriftlichen Fassung abgeschätzt werden kann, die zuerst als Protokoll (Transactions) der Veranstaltung (125 Seiten) und dann auch in Buchform unter dem Titel „Shop Management“ bei Harper & Brothers, New York (erster Druck 1911, letzte Auflage 1947, Umfang 200 Seiten) herausgegeben wurde. Es gibt eine deutsche Übersetzung aus dem Jahr 1914 von Adolf Wallichs unter dem Titel „Die Betriebsführung“ mit einigen Ergänzungen und Kommentaren des Übersetzers.

Taylor hielt seinen Vortrag weitgehend in erzählerischer Form und berichtete über die Wichtigkeit genauer Zeitstudien und der Standardisierung aller Betriebsmittel als Grundlage für jede leistungsgerechte Entlöhnung an den Beispielen der Mechanischen Werkstätte von Midvale, der Kugellager-Inspektion bei den Rolling Mills sowie des Roheisenverlads und des Schaufelns bei Bethlehem Steel. Er propagierte die Trennung von Planung und Ausführung und das System der Funktionalen Meister und betonte immer wieder die absolute Notwendigkeit der wissenschaftlichen Untersuchung aller betrieblichen Gegebenheiten und der menschlichen Arbeit als Grundlage für ausserordentliche Steigerungen der Effizienz der Unternehmen zum Vorteil aller Beteiligter. Er statuierte in seinem Vortrag erstmals auch vier Grundsätze der Betriebsführung, welche aber nicht identisch sind mit seinen vier Grundsätzen der wissenschaftlichen Betriebsführung, die er in einer Artikelserie und einem Buch 1911 unter diesem Titel publizierte. In seinem Vortrag „Betriebsführung" beschrieb er die Grundsätze wie folgt:

„Der Schreibende glaubt, dass das Ziel, hohe Verdienste mit niedrigen Arbeitskosten zu vereinen, am einfachsten mit der Anwendung der folgenden Prinzipien erreicht werden kann:

(a) ***Ein grosses Tägliches Pensum.*** *– Jedem Arbeiter im Unternehmen sollte man jeden Tag eine klar definierte Aufgabe vorgeben. Diese Aufgabe, dieses Pensum (englisch: Task), sollte nicht im geringsten Masse unklar oder unbestimmt sein und das Pensum sollte nicht leicht zu erfüllen sein.*
(b) ***Standardisierte Bedingungen.*** *– Das Pensum jedes Arbeiters sollte einer vollen Tagesleistung entsprechen und zur gleichen Zeit sollte der Arbeiter standardisierte Arbeitsbedingungen und Einrichtungen vorfinden, welche es ihm ermöglichen, sein Pensum mit Gewissheit zu erfüllen.*
(c) ***Hohe Bezahlung für den Erfolg.*** *– Der Arbeiter sollte sicher sein, dass er einen hohen Lohn erhält, wenn er sein Pensum einhält.*
(d) ***Verlust im Falle eines Misserfolgs.*** *– Wenn er das Ziel nicht erfüllt, sollte er die Gewissheit haben, dass er dabei früher oder später der Verlierer sein wird.*

Taylor fuhr fort: „Wenn ein Betrieb ein fortgeschrittenes Stadium der Organisation erreicht hat, sollte man in vielen Fällen ein fünftes Element hinzufügen, nämlich: das Pensum sollte so schwierig gemacht werden, dass es nur durch einen erstklassigen Mann erfüllt werden kann" (Taylor, Shop Management, 63).

Diese Worte tönen sehr harsch, wie auch viele andere Aussprüche im Vortrag Taylors. Allerdings macht er dann auch wieder Äusserungen wie die folgende: „Kein System der Betriebsführung, wie gut es auch sei, sollte auf eine hölzerne Weise angewendet werden. Die guten persönlichen Beziehungen zwischen den Arbeitgebern und den Leuten sollten immer aufrechterhalten bleiben. Jeder Mann sollte ermutigt werden, jede Schwierigkeit, die er haben könnte zu besprechen. Die Leute sollten durch ihre Vorgesetzten sogar eher kritisiert werden, als dass diese Tag für Tag wortlos an ihnen vorbeigehen und ihnen nicht mehr Beachtung schenken, als wären sie ein Teil der Maschinerie. Der Schreibende hat eine grosse Hochachtung vor den Arbeitenden dieses Landes. Er ist fest davon überzeugt, dass die wirklichen Interessen der Arbeitenden und ihrer Arbeitgeber die selben sind ..." (Taylor, Shop Management, 184/185).

Die Biographen Taylors urteilten eher kritisch über die Form seines Vortrags vor der ASME. Copley schrieb 1923: „Während der Vortrag unter Berücksichtigung aller Umstände eine bewundernswerte Leistung war, so hatte er doch ernsthafte Mängel. Taylor hat in seinem Text wohl sehr knappe Formulierungen erzielt, dies aber auf Kosten einer genügend präzisen Beschreibung von Gegebenheiten, wodurch er es weitgehend verfehlt hat, deren wahren Sinn zu vermitteln. Wenn es 'das Laster unserer Rhetorik ist, dass wir nicht eine Wahrheit herausheben können, ohne eine andere scheinbar zu verneinen', dann ist Taylors Redeweise, in der Art wie sie sein immenses Temperament widerspiegelt, ein einzigartiges Zeugnis diese Lasters. Besonders wenn seine Worte aus ihrem Zusammenhang herausgelöst werden, zeigen sie eine Härte, welche seine wahre Geisteshaltung in hohem Grade falsch wiedergibt. Ein Patentanwalt, der mit ihm zu tun hatte, bezeichnete ihn als 'eine bemerkenswerte Kombination von hoher Geisteshaltung und Scharfsinn' aber Taylor liess etwas zuviel von dieser zweiten Qualität in seine *Betriebsführung* einfliessen. Dies heisst nichts anderes, als dass er in seinem Glauben, dass er für die Einführung seines Systems in der Industrie von den Arbeitgebern abhängig sei, bestrebt war, dieses für sie so attraktiv zu präsentieren als er anständigerweise konnte und es dabei eher übertrieb. Wenn man all dies kombiniert mit der Tatsache, dass seine mangelnde Geschicklichkeit im Umgang mit Worten ihn oft dazu führte, Dinge unbeholfen darzustellen, so kann man leicht feststellen, warum seine *Betriebsführung* seinen Opponenten mehr als ein nützliches Zitat lieferte. Trotz seiner Fehler war *Betriebsführung* eine wirkliche Verbesserung gegenüber *Ein Stücklohn-System* insofern, als es klar oder mindestens klarer herausschälte, dass die entscheidende Sache, für welche der Autor sich einsetzte, nicht eine spezielle Entlöhnungsform war, sondern das allgemeine Prinzip der Standardisierung basierend auf wissenschaftlichen Untersuchungen" (Copley II, 173).

Kanigel schreibt in seiner 1997 veröffentlichten Biographie „The One Best Way": „Herausgearbeitet aus einem Wirrwar von Material, das vorher den dreifachen Umfang hatte, war Taylors Text voller Wiederholungen und erbärmlich organisiert, seine Übergänge von einer Idee zur nächsten unelegant oder nicht existierend. ... Zeitstudien wurden an nicht weniger als vier Stellen behandelt. Kein Leser von *Betriebsführung* konnte das Gefühl bekommen, es handle sich hier um literarische Handwerkskunst“ (Kanigel, 371).

Kanigel fährt fort: „Trotzdem, der Zuhörer war hypnotisiert. Taylors Vortrag kam in einem monotonen Tonfall daher wie mit einem langsamen stetigen Rhythmus im Hintergrund – unausweichlich, unversöhnlich, unvermeidbar: die Kontrolle über die Arbeit muss den Leuten, die sie leisten weggenommen und in die Hände einer neuen Gattung von Planern und Denkern gelegt werden. Diese Männer würden im voraus alles durchdenken. Die Arbeiter, Elemente der Produktion, welche zu untersuchen, zu manipulieren und zu steuern waren, hatten zu tun, was ihnen gesagt wurde. Jedermann sollte dabei prosperieren, die Arbeiter bekamen mehr Lohn, das Unternehmen machte höhere Gewinne und die Bevölkerung zahlte niedrigere Preise. ... Es war der rhetorische Trommelschlag von *Betriebsführung*, der so faszinierte, der seinen Zauber durch unerbittliche Wiederholung entwickelte, wie das Vordringen und Zurückweichen der Wogen. Für sich allein könnte jeder Punkt debattiert und diskutiert, widerlegt oder verteidigt werden. Aber zusammen, als Ausdruck einer einzigen zwingenden Logik, liessen sie den Zuhörer ziemlich atemlos stehen angesichts des Schreckens und des Erlebnisses des Anbruchs eines neuen Tages“ (Kanigel, 371).

Viele Zuhörer oder Leser von *Betriebsführung* äusserten sich begeistert über Taylors Vortrag. Ein Efficiency-Experte wie Taylor selbst, ein Mr. Harrington Emerson soll an der Versammlung öffentlich erklärt haben, dass der Vortrag nichts weniger sei als „der wichtigste Beitrag, der je vor dieser Gesellschaft präsentiert wurde und einer der wichtigsten Vorträge, die je in den Vereinigten Staaten veröffentlicht wurden“ (Kanigel, 374).

Kanigel schreibt weiter in „The One Best Way“: „Frank Gilbreth, ein früherer Maurer und Bauunternehmer, welcher später internationalen Ruhm genoss, der denjenigen von Taylor egalisierte, verschlang *Betriebsführung*, als sie im Versammlungsbericht der Gesellschaft erschien. Er nannte sie seine Bibel, befahl, dass seine eigenen Gefolgsleute den Bericht dreimal lesen sollten und verkündete, sie sei das Werk eines Genies.“ Unter jenen, die von Taylors Vortrag beeindruckt waren, befand sich auch der Präsident der ASME, James Mapes Dodge, der gesagt haben soll, dass er den Nachmittag mit Taylors Vortrag für den interessantesten Nachmittag in der Geschichte dieser Gesellschaft halte. Er war später einer der glühendsten Verfechter Taylors (Kanigel, 374).

Wie wir weiter vorne unter 4.7.1 „Taylors neue Lebensaufgabe“ berichtet haben, war Dodge der Leiter der Link-Belt Company, die mit Taylors Unterstützung dessen System im Betrieb einführte.

4.7.2.3 Taylor wird Präsident der American Society of Mechanical Engineers ASME 1905

Die Mitgliedschaft in der ASME hatte sich in den letzten zwanzig Jahren vervielfacht und umfasste 1906 3000 Personen, aber ihre Administration hatte sich kaum verändert und wurde als zu teuer und ineffizient kritisiert. Nicht zuletzt deshalb wurde Taylor 1905 aufgrund einer Empfehlung von Henry R. Towne als neuer Präsident vorgeschlagen und gewählt (Copley II, 243). Er stürzte sich sofort mit voller Kraft in die vollständige Reorganisation der ASME und sicherte sich dafür die Mitarbeit eines jungen Ingenieurs Morris L. Cooke, den er aus der eigenen Tasche entlöhnte. Zusammen mit der Unterstützung durch Carl Barth, der die Buchhaltungsformulare entwarf, erschienen bald ganze Bände mit normierten Geschäftsabläufen. Das Ziel war gemäss Taylors Worten, die obersten Verantwortlichen der Gesellschaft, „welche stark beschäftigte und teure Männer waren, von aller Routinearbeit, von aller Plackerei und von allen belanglosen Entscheidungen zu entlasten, damit sie vollständig befreit würden von allen belästigenden Kleinigkeiten“. Viele dieser Kleinigkeiten seien soweit standardisiert worden, dass Angestellte diese Angelegenheiten so gut wie ihre Chefs erledigen konnten (Kanigel, 385).

4.7.2.4 Taylor erhält den Ehren-Doktortitel 1906

Die Universität von Pennsylvania verlieh 1906 Frederick W. Taylor den Titel eines Ehrendoktors mit der Würdigung: „Er hat mit Gründlichkeit und Fleiss sein Lebenswerk vorbereitet und aufgebaut, er hat mit Geduld seine Untersuchungen und Experimente realisiert, er war logisch in der Analyse und in den Folgerungen, und dank seiner vielseitigen Erfindungsgabe haben seine Anstrengungen aus der Unordnung der Organisation industrieller Unternehmungen heraus eine Systematik hervorgebracht.“

Taylor selbst verdankte die Ehre mit einer Ansprache unter dem Titel: „Ein Vergleich von Methoden und Disziplin zwischen Universitäten und Industrie“, in der er forderte, dass jeder Student der Ingenieurwissenschaften direkt nach dem ersten Studienjahr sechs Monate in einer Werkstatt verbringen sollte. Er sollte dieselbe Arbeitszeit und dieselbe Disziplin wie alle anderen einhalten und keine Vorteile geniessen" (Kanigel, 386). Ein Vorschlag, der noch heute seine Gültigkeit hat und vielerorts realisiert wird. Vielleicht wäre es heute auch angebracht, die Forderung auf Soziologen und Arbeitswissenschafter auszudehnen.

4.7.2.5 Taylors Vortrag „Über die Kunst, Metalle zu schneiden" 1907 in New York

Es war in der ASME üblich, dass die Präsidenten zum Abschluss ihrer Amtszeit einen Vortrag vor der Mitgliederversammlung hielten. Taylor wählte das Thema der Werkzeugstähle, das er schon während seiner Tätigkeit bei Midvale fünfundzwanzig Jahre früher erstmals bearbeitet (siehe auch Kapitel 4.4.5 „Von der Kunst, Metalle zu schneiden") und bei Bethlehem Steel vor allem mit der Unterstützung durch Carl Barth weiterentwickelt hatte. Die wesentlichen Ergebnisse, die Taylor in seinem Vortrag präsentierte, sind in diesem Bericht im Kapitel 4.6 „Taylor bei der Bethlehem Steel Company, 1898–1901" unter 4.6.3 „Die Kunst, Metalle zu schneiden bei Bethlehem Steel" und 4.6.4 „Die „Funktionale Führung" in der Mechanischen Werkstätte Nr. 2" festgehalten. Die Biographen berichten, dass hinter Taylors Rednerpult ein riesiger Rechenschieber nach dem Modell von Carl Barth aufgehängt war. „Es war klar für alle, die Taylor auf dem Rednerpodium sahen, dass es sich um keinen gewöhnlichen Menschen handelte, aber seine Rede war eher eine monotone Wiederholung von Worten aus seinem Manuskript" schreibt Copley (Copley II, 244). Der Vortrag wurde in vollem Wortlaut von der ASME unter dem Titel „The Art of Cutting Metals" publiziert, wobei der Text auch die Diskussionen im Anschluss an Taylors Vortrag enthält. Demnach haben sich im Saal viele gute Freunde Taylors befunden wie Towne, Dodge, Gantt und nicht zuletzt sein französischer Bewunderer, der grosse Chemiker, Metallurge und Erfinder Henri Louis Le Chatelier. Dieser sagte zum Vortrag: „Die nahe Zukunft wird uns zeigen, was für ein Dienst dem Maschineningenieurwesen durch diese grosszügige Publikation von Forschungsergebnissen erwiesen wird, die mit einer derart ungewöhnlichen Beharrlichkeit erarbeitet worden sind. Aber auch heute schon können wir ohne Rückhalt die wissenschaftliche Methode bewundern, welche hinter dieser ganzen Arbeit steht. Es ist ein einzigartiges Beispiel in der Geschichte des Maschineningenieurwesens. ... Es ist ein Modell, das jeder junge Ingenieur zu studieren haben wird" (Copley II, 256).

Le Chatelier trug viel zur Verbreitung von Taylors Methoden und Auffassungen in Frankreich bei. Der Text des Vortrags „Über die Kunst Metalle zu schneiden" wurde in der von Le Chatelier gegründeten Revue de Métallurgie publiziert, wie auch Taylors Vorträge über Riemenantriebe und über Betriebsführung. In Deutschland hatte das Gegenstück zur ASME, der Verein Deutscher Ingenieure VDI unter der Führung von Georg Schlesinger schon 1901 einen längeren Bericht über Schnellstahl veröffentlicht. In einem Vortrag bezeichnete Schlesinger 1914 in Köln die Vorführungen Taylors in Paris im Jahre 1900 als „Meilenstein in der Geschichte der Menschheit" (Kanigel, 405). Der Vortrag Taylors „Über die Kunst, Metalle zu schneiden" wurde noch 1907 von Adolf Wallichs von der Technischen Hochschule Aachen unter dem Titel „Über Dreharbeit und Werkzeugstähle" ins Deutsche übersetzt und bei Julius Springer, Berlin, veröffentlicht.

4.7.3 Taylors „Boxly-Gespräche"

Das von Taylor und seiner Familie 1904 bezogene grosse neue Haus „Boxly" in Chestnut Hill ausserhalb von Germantown im Nordwesten von Philadelphia wurde bald zum Treffpunkt von Freunden Taylors und von Grössen aus Industrie und Wissenschaft. Taylor hatte mindestens zwei Angebote, die Leitung einer Technischen Hochschule zu übernehmen abgelehnt, mit der Begründung, dass er nicht für diese Art von Arbeit geeignet sei. Er könne durch die Verbreitung seines Systems, welches nach seiner Auffassung ein dauerhafter Nutzen für die Allgemeinheit sei, mehr Gutes tun (Kanigel, 389). Boxly wurde das Zentrum seines „philanthropischen Unternehmens" (Kanigel). Während der Jahre 1904 bis 1914 kamen hunderte von Besuchern, um ihn zu hören. Er veranstalltete regelrechte Vortragstage mit oft zwanzig bis dreissig Zuhörern. Mittagessen und Besuche der Betriebe von Tabor und Link-Belt im nahen Philadelphia gehörten dazu, wo er den Teilnehmern die praktische Anwendung seines Systems vorführen konnte. Zu den Interessierten gehörten auch Frank B. Gilbreth und seine Frau Lillian, beide aktiv in der Unternehmensberatung und in der Efficiency-Bewegung tätig. Lillian Gilbreth erinnert sich in einem Bericht, dass die Vorträge nie weniger als zwei Stunden dauerten und von den Zuhörern nicht durch Fragen unterbrochen werden durften. Der Taylor aus Fleisch und Blut sei sehr verschieden gewesen vom Taylor im geschriebenen Text. „Nur in Person und vor einer gespannten Zuhörerschaft wurde er ganz sich selbst – nicht weil er speziell beredt war, aber weil er vom Feuer erfasst wurde. Er glaubte, und die Leute gingen von dannen und glaubten an ihn und an das, was er sagte. Sie kamen manchmal voll Skepsis und gingen verändert weg – erwärmt vom Haus, vom Garten, von der Sicht über das Tal, gebannt von Taylors Worten, gefesselt von seiner Leidenschaft. ... Das Feuer der Leidenschaft spielte mit, aber immer auch das strenge Denken des Wissenschafters" (Lillian Gilbreth in Kanigel, 391). Seine Erlebnisse bei Bethlehem Steel mit den Roheisen-Handlangern, speziell mit Schmidt und mit den Schauflern nahmen in seinen Vorträgen einen breiten Raum ein, wobei es Zeugnisse gibt, dass es Taylor bei seinen Schilderungen mit der Wahrheit nicht immer ganz genau nahm (Kanigel, 397). (Siehe auch 4.6.5 „Das Umladen von Eisenbarren").

4.7.3.1 Taylors Buch „Die Grundsätze wissenschaftlicher Betriebsführung"

Taylor liess durch seinen Assistenten Morris L. Cooke im Juni 1907 ein Stenogramm eines seiner sich oft wiederholenden Vorträge anfertigen, welches die Grundlage für ein Buch und für einen weiteren Vortrag vor der ASME bilden sollte. Vorerst war vorgesehen, dem Werk den Titel „Industrielle Führung" zu geben. Nach verschiedenen Überarbeitungen durch Cooke und Taylor, wobei Cooke die Hauptlast beim Verfassen des Manuskripts trug, wurde der Titel *„Die Grundsätze wissenschaftlicher Betriebsführung"* (engl. „The Principles of Scientific Management") gewählt. Die Pläne für ein Buch wurden mit der Zeit wieder aufgegeben zu Gunsten einer Veröffentlichung bei der ASME. Im Januar 1910 legte Taylor sein Manuskript der für Publikationen zuständigen Kommission der ASME vor. Eine Antwort liess lange Zeit auf sich warten, sodass Taylor das Manuskript zurückzog. Er liess privat Kopien für die ASME-Mitglieder drucken und verteilen und publizierte den Text schliesslich Anfang 1911 in drei Teilen in der Zeitschrift „The American Magazine". Ebenfalls im Jahr 1912 brachten Harper & Brothers, New York „The Principles of Scientific Management" in Buchform heraus (Wrege, 190).

Anders als die Publikation „Shop Management" fanden „Die Grundsätze wissenschaftlicher Betriebsführung" rasch auch internationale Verbreitung in mehreren Sprachen. Die erste deutsche Fassung kam 1913 bei R. Oldenburg Verlag München, übersetzt von Rudolf Roesler heraus. Die letzte deutsche Ausgabe erschien als Reprint der ersten Ausgabe 1995 bei Beltz, Psychologie Verlags Union Weinheim, eingeleitet von Walter Bungard und Walter Volpert. Die amerikanischen Ausgaben von 1911, 1939 und 1947 herausgegeben bei Harper & Brothers, New York enthalten unter dem Titel „Scientific Management" auch den Text von „Shop Management" (Betriebsführung). Für die vorliegende Untersuchung war von grossem Nutzen, dass die Ausgabe von 1947 auch den Teil „Testimony before the Special House Committee" mit den Befragungen und Aussagen Taylors vor dem Sonderausschuss des amerikanischen Repräsentantenhauses vom Januar 1912 enthält. Unseres Wissens gibt es hiervon keine deutsche Fassung.

Unterdessen ist 1998 in den USA eine Neuauflage von „The Principles of Scientific Management" durch das Institute of Industrial Engineers im Verlag Engineering & Management Press, Norcross Ga herausgegeben worden, allerdings ohne den Teil „Testimony".

Bei der Ausarbeitung des Textes für „Die Grundsätze" gab es längere Diskussionen zwischen Taylor und seinem Assistenten Morris L. Cooke über dessen Ausrichtung auf ein bestimmtes Publikum. Schliesslich obsiegte Taylors Idee, dass der Text vor allem ein Laienpublikum erreichen und vom Wert des Taylorsystems überzeugen sollte. Aus diesem Grund nehmen im Buch „Die Grundsätze wissenschaftlicher Betriebsführung" die erzählerischen Abschnitte über das Verladen von Roheisenbarren und das Schaufeln einen sehr grossen Raum ein. Über diese Aspekte wurde in der hier vorliegenden Untersuchung im Kapitel 4.6 „Taylor bei der Bethlehem Steel Company" bereits ausführlich berichtet. Auch das Prüfen von Kugellagerkugeln bei der Simonds Rolling Machine Co. (siehe Kapitel 4.5.6) erfährt in Taylors letzter Publikation eine relativ ausführliche Behandlung. Zusätzlich hat Taylor noch die von Gilbreth entwickelte Methode des Mauerns mit Backsteinen in seinen Text eingebaut.

Wichtig zum Verständnis von Taylors Werk sind aber vor allem seine mehr philosophischen Betrachtungen und die Formulierung der 4 Grundsätze der wissenschaftlichen Betriebsführung. In der Einleitung zum rund 130 Seiten umfassenden Buch wird deutlich, wie sehr es Taylor um die Reduktion der nach seiner Meinung in den USA weitverbreiteten Verschwendung menschlicher Arbeitskraft geht. Die bisherigen Anstrengungen der Industrie zur Verbesserung der Effizienz hätten vor allem darin bestanden, ausserhalb des eigenen Betriebes nach geeigneten Leuten aller Stufen zu jagen, die bereits eingearbeitetet waren. „Doch erst wenn das volle Verständnis dafür allgemein vorhanden sein wird, dass unsere Pflicht sowohl als unser eigener Vorteil darin liegen, durch systematisches Zusammenarbeiten Menschen zu schulen und so zur Schaffung von „tauglichen Menschen" mitzuhelfen, anstatt nach jemandem zu jagen, den ein anderer geschult hat – erst dann werden wir auf dem richtigen Wege zur besten Ausnutzung aller Kräfte der Nation sein" (Seite 3). In diesem Sinn sagt Taylor anschliessend: „Bisher stand die „Persönlichkeit" an erster Stelle, in Zukunft wird die Organisation und das System an erste Stelle treten. Daraus ist aber nicht etwa der Schluss zu ziehen, dass man keine bedeutenden Persönlichkeiten mehr braucht. Im Gegenteil, die Aufgabe jedes guten Systems muss es sein, sich erstklassige Leute heranzuziehen, und unter einer systemorientierten Führung wird der beste Mann sicherer und schneller nach oben gelangen als je zuvor."

Taylor schreibt in der Einleitung weiter:

„Der Zweck der vorliegenden Abhandlung besteht darin:

1. An der Hand einer Reihe von einfachen Beispielen zu zeigen, welch einen gewaltigen Verlust unser ganzes Land bei fast allen unseren alltäglichen Handlungen durch Ineffizienz erleidet.
2. Den Leser womöglich davon zu überzeugen, dass das Heilmittel gegen diese Ineffizienz in der systematischen Betriebsführung liegt und nicht in der Suche nach einem ungewöhnlichen oder ausserordentlichen Mann.
3. Zu beweisen, dass die beste Betriebsführung eine wirkliche Wissenschaft darstellt, welche auf klar definierten Gesetzen, Regeln und Grundsätzen beruht"
(Taylor, Grundsätze, 4).

Worum es Taylor mit seiner Lehre geht und was er als eine mentale Umwälzung (engl. a mental revolution) bezeichnet, wird schon im ersten Kapitel klar: „Das Hauptaugenmerk der Unternehmensleitung sollte darauf ausgerichtet sein, gleichzeitig die grösste Prosperität des Arbeitgebers und des Arbeitnehmers herbeizuführen und so die Interessen beider Seiten zu vereinen.

Unter grösster Prosperität in einem erweiterten Sinn sind aber nicht nur hohe Dividenden für das Unternehmen oder den Besitzer zu verstehen, sondern die Entwicklung eines jeden Geschäftszweigs zu seinem hervorragendsten Stand, sodass die Prosperität zu einer dauernden wird. Und ebenso bedeutet der Ausdruck grösste Prosperität für jeden Arbeitnehmer nicht nur einen höheren Verdienst als er normalerweise durch einen Angestellten seiner Klasse erzielt wird, sondern was noch wichtiger ist, die Entwicklung eines jeden einzelnen zu seiner höchsten Stufe der Effizienz, sodass jeder befähigt wird, die höchste Stufe von Tätigkeit zu erfüllen, für die ihn seine natürlichen Eigenschaften befähigen und es bedeutet zudem, dass man ihm wenn möglich eine solche Arbeit gibt. ... Die Mehrheit der Leute auf beiden Seiten glauben, dass die grundlegenden Interessen von Arbeitgebern und Arbeitnehmern sich diametral gegenüberstehen. „Wissenschaftliche Betriebsführung“ hat im Gegensatz hierzu als ihr wahres Fundament die feste Überzeugung, dass die wirklichen Interessen beider Seiten ein und dieselben sind“ (Taylor, Grundsätze, 8).

„Das wichtigste Ziel sowohl der Arbeiter als auch der Führung sollte die Schulung und die Förderung jeder einzelnen Person im Unternehmen sein, damit diese (mit dem schnellsten Arbeitstempo und dem Maximum an Effizienz) die höchstqualifizierte Arbeit auszuführen imstande ist, die ihren natürlichen Anlagen entspricht“ (Taylor, Grundsätze, 11).

Taylor verurteilt dann in aller Ausführlichkeit das in amerikanischen Betrieben weitverbreitete „Bummeln“ (engl. soldiering) der Arbeiter. Er sieht drei Gründe für dieses Phänomen: „Erstens der Irrtum, dass die Erhöhung des Ausstosses jedes Arbeiters oder jeder Maschine am Schluss viele Leute in die Arbeitslosigkeit treibt. Zweitens die fehlerhaften Systeme der Betriebsführung, welche weitherum verbreitet sind und die es für jeden zur Notwendigkeit werden lassen, zu bummeln oder langsam zu arbeiten, um damit seine eigenen Interessen zu wahren und drittens die ineffizienten Faustregeln, wie sie fast überall üblich sind und bei deren Anwendung unsere Arbeiter einen grossen Anteil ihrer Anstrengung vergeuden“ (Taylor, Grundsätze, 14).

Taylor will mit seinem Bericht darlegen, welche ausserordentlichen Vorteile zu erzielen sind, wenn man die Faustregel-Methoden durch wissenschaftliche Methoden ersetzt: „Zuerst hat die Verbilligung jedes Gebrauchsartikels durch höhere Effizienz zur Folge, dass die Nachfrage für diesen Artikel stark ansteigt wie zum Beispiel bei den Schuhen. Trotz der ganz ausserordentlichen Vergrösserung der Produktion, welche die Maschinenarbeit mit sich brachte, hat die Nachfrage nach Schuhen so zugenommen, dass mehr Arbeiter in der Schuhindustrie beschäftigt werden als je zuvor“ (Taylor, Grundsätze, 16). Dann ist es der zweite Grund für das Bummeln, nämlich die Unkenntnis der Arbeitgeber bezüglich der richtigen Zeit, in der die verschiedenen Tätigkeiten erledigt werden sollten, welcher zu grossen Verlusten führt. „Sorgfältig ausgeführte Zeitstudien bringen Zustände ans Licht, die zwar amüsant, aber gleichzeitig sehr bedauernswert sind“ (Taylor, Grundsätze, 19). Zum dritten Grund für das langsame Arbeiten, nämlich die Anwendung ineffizienter Methoden nach Faustregeln, führt Taylor aus, dass in jedem Industriezweig die Arbeiter ihr Handwerk durch Beobachtung ihrer Mitarbeiter gelernt haben, sodass schliesslich eine Unmenge verschiedener Ausführungsmethoden nebeneinander herlaufen zur Erreichung ein und desselben Zwecks. Aus demselben Grund gibt es eine Unzahl verschiedener Werkzeuge für dieselbe Arbeit. „Unter diesen verschiedenen Methoden und Werkzeugen, die für eine einzelne, elementare Operation in irgend einer Industrie im Gebrauch sind, gibt es immer nur eine Methode und ein Werkzeug, schneller und besser als die übrigen, und diese eine beste Methode (engl. *the one best way*) und das beste Werkzeug kann nur durch systematisches Studium und durch Prüfung aller Methoden und Werkzeuge, die im Gebrauch sind, gefunden werden, im Verein mit einem gründlichen, eingehenden Bewegungs- und Zeitstudium. Das ist der Weg zur allmählichen Ersetzung der Faustregeln durch wissenschaftlich ermittelte Methoden" (Taylor, Grundsätze, 25).

Taylor propagiert als wirksamstes Mittel, um sein Ziel der grösstmöglichen Prosperität für Arbeitgeber und Arbeitnehmer zu erreichen, die Anwendung der vier Grundsätze wissenschaftlicher Betriebsführung, wie sie im Kapitel II seines Buches dargelegt sind. Diese unterscheiden sich sehr stark von den vier Grundsätzen in seinem Vortrag über „Betriebsführung" (siehe unser Kapitel: 4.7.2.2 „Taylors Vortrag „Betriebsführung", 1903 in Saratoga"). Die Grundsätze richten sich an die Unternehmens-, respektive Betriebsleitung (engl. the management), welche nach Taylor eine viel grössere Verantwortung für die Arbeit im Betrieb übernehmen muss als bisher.

Die vier Grundsätze der wissenschaftlichen Betriebsführung der Unternehmens- und Betriebsleitungen:
(Taylor, Grundsätze, 38).

Erstens:	Sie entwickeln ein System, eine Wissenschaft für jedes einzelne Arbeitselement, die an die Stelle der alten Faustregel-Methode tritt.
Zweitens:	Auf Grund einer wissenschaftlichen Untersuchung wählen sie die geeigneten Leute aus, schulen sie, lehren sie und bilden sie weiter, während bisher die Leute ihre Tätigkeit selbst wählten und sich so gut schulten, wie sie konnten.
Drittens:	Sie arbeiten in herzlichem Einvernehmen mit den Leuten zusammen, um auf diese Weise sicherzustellen, dass alle Arbeiten in Übereinstimmung mit der Wissenschaft ausgeführt werden, welche hierfür entwickelt wurde.
Viertens:	Es herrscht eine eine fast gleiche Aufteilung der Arbeit und der Verantwortung zwischen der Leitung und den Leuten. Die Leitung übernimmt alle Tätigkeiten, für die sie besser

geeignet ist als die Leute, während in der Vergangenheit fast alle Arbeit und der grössere Teil der Verantwortung auf die Leute überwälzt wurde.

Für den heutigen Leser dieser Grundsätze können sich zwei Fragen stellen:

Erstens: kann man wirklich von Wissenschaft sprechen, wenn es um solch banale Tätigkeiten wie zum Beispiel das Schaufeln von Kohle geht? Im englischen Original wird das Wort Science gebraucht, welches vor allem im amerikanischen Sprachgebrauch breiter angewendet wird als bei uns das deutsche Wort Wissenschaft. Science könnte man im Sinne von Taylors Werk auch mit Lehre oder wissenschaftlich abgeleiteten Regeln übersetzen, aber im Zusammenhang mit Taylors Grundsätzen hat sich auch in unserem Sprachraum das Wort Wissenschaft eingebürgert.

Zweitens: Den heutigen Leser mutet die Aussage seltsam an, dass früher in den Betrieben die Verantwortung für die Arbeit voll auf den Schultern der Arbeiter lastete. Aus der Lektüre der verschiedenen Publikationen Taylors kann man aber ableiten, dass sich die Leitung praktisch nicht um die Arbeitsweise der Leute kümmerte und damit auch mangels Wissen die Zusammenhänge zwischen der Arbeitsweise, dem Zeitaufwand und der Qualität der Arbeitsleistung ignorierte. Es ist durchaus möglich, dass das alte Prinzip auch bedeutete, dass bei misslungener Arbeit die betreffenden Leute einfach gefeuert wurden.

Nach der Darstellung der vier Grundsätze der wissenschaftlichen Betriebsführung fährt Taylor über 42 Seiten fort, die Anwendung der 4 Grundsätze mit der detaillierten Beschreibung seiner Experimente und Entwicklungen beim Roheisen-Verladen, beim Schaufeln und bei der Prüfung von Kugellagerkugeln zu illustrieren. Er beschreibt das Prinzip des „Pensumsystems“ (engl. task system), das System der funktionalen Organisation und die Notwendigkeit, die Arbeiter, welche nach seinem System arbeiten und die vorgegebene Leistung erreichen, weit überdurchschnittlich zu entlöhnen.

Im dritten Kapitel „Die einzelnen Elemente des neuen Systems“ geht Taylor auf einzelne Punkte seiner vorangehenden Abhandlung nochmals ein. Er schreibt zum Anfang: „Entwicklung einer Wissenschaft! Das klingt wie ein gewaltiges Unterfangen! Tatsächlich erfordert das gründliche Studium einer Wissenschaft, wie die der Metallbearbeitung, eine Arbeit von vielen Jahren. Die Wissenschaft der Metallbearbeitung stellt angesichts ihrer Kompliziertheit und der Zeit, die zu ihrem Aufbau notwendig war, in der ganzen technischen Wissenschaft eigentlich einen Ausnahmefall dar. Trotzdem haben sich schon in wenigen Monaten selbst von dieser komplizierten Wissenschaft genug Kenntnisse erwerben lassen, um die bei den Versuchen aufgewendete Arbeit mehr als bezahlt zu machen. ... Die zuerst aufgestellten Gesetze für die Metallbearbeitung waren noch sehr unvollkommen und enthielten nur eine teilweise Erkenntnis der Wahrheit. Jedoch war auch dieses unvollkommene Wissen schon um vieles besser als das vollständige Fehlen irgendwelcher exakter Kenntnisse oder als die so unvollkommenen Faustregeln von früher.

So bedurfte es z. B. nur ganz kurzer Zeit, um ein paar Werkzeugtypen zu erfinden, die, obschon unvollständig im Vergleich zu den Formen späterer Jahre, doch besser waren als alle bisherigen Formen und Arten. Diese Werkzeuge wurden nun zu Normwerkzeugen; ihre Verwendung ermöglichte jedem Arbeiter sofort ein schnelleres Arbeiten. In verhältnismässig kurzer Zeit wurden diese Normen durch andere Werkzeuge ersetzt, die nun ihrerseits als Normen galten, bis sie wieder späteren Verbesserungen Platz machen mussten“ (Taylor, Grundsätze, 123).

Das alles sieht fast so aus wie „Kaizen“ um 1911! („Kaizen“ ist ein modernes, aus Japan stammendes Prinzip der Verfahrens-Verbesserung in kleinen Schritten.)

Anschliessend beschreibt Taylor im Einzelnen die Methode der Durchführung von Zeitstudien, in die er auch die Methodik der Bewegungsstudien nach Gilbreth einfliessen lässt, indem er fordert, dass man nach der Messung jeder kleinen Einzeloperation „alle falschen, zeitraubenden und nutzlosen Bewegungen ausschalten und nachher die schnellsten und besten Bewegungen und ebenso die besten Arbeitsgeräte in einem Ablauf zusammenfassen soll. ... Zuerst sollen dann die Lehrer oder die für die speziellen Tätigkeiten vorhandenen Meister in den so gestalteten neuen Methoden unterwiesen werden und dann durch diese alle Arbeiter der Fabrik“ (Taylor, Grundsätze, 126).

Taylor geht zum Schluss des dritten Kapitels auf die eine oder andere Kritik ein, die ihm wohl bei den „Boxly-Gesprächen“ entgegengebracht worden ist. So schreibt er: „Es mag scheinen, als ob bei dem neuen System nicht derselbe Anreiz bestünde, seine Intelligenz zum Ersinnen neuer und besserer Arbeitsmethoden oder zur Vervollkommnung seiner Werkzeuge anzustrengen, als unter dem alten System. Allerdings darf der Arbeiter unter dem neuen System nicht jedes Gerät oder jede Methode anwenden, wie es ihm bei seiner täglichen Arbeit gerade richtig erscheint. Er soll jedoch auf jede Weise dazu ermuntert werden, Verbesserungen in den Methoden und in den Werkzeugen vorzuschlagen. Die Leitung sollte es als eine ein für allemal feststehende Regel betrachten, jede Verbesserung, die ein Arbeiter anregt, sorgfältig zu prüfen und, wenn nötig, eine ganze Reihe von Versuchen anzustellen, um genau den relativen Wert des neuen Vorschlags gegenüber der alten Norm zu bestimmen. Wenn aber die neue Methode sich tatsächlich als besser erweist als die alte, dann sollte sie als Norm für die ganze Fabrik angenommen werden und der Arbeiter volle Anerkennung für seine Verbesserung finden. Auch sollte er eine Prämie in bar als Belohnung für seine Findigkeit erhalten. Auf diese Weise wird der gute Wille, das wahre Selbstinteresse (engl. initiative) der Arbeiter unter der wissenschaftlich-methodischen Leitung eher zur Betätigung veranlasst als unter dem alten System" (Taylor, Grundsätze, 136/137).

Im vierten Kapitel „Schlussbemerkungen" wiederholt Taylor die eine oder andere Aussage des Berichts, die ihm wichtig erscheint. Zur Abrundung seiner Philosophie geht er auch noch einmal auf die Frage der gerechten Verteilung der Gewinne aus seinem System ein: „Im ersten Augenblick scheinen nur zwei Parteien in Frage zu kommen, die Arbeitnehmer und die Arbeitgeber. Dabei würde jedoch die dritte grosse Partei, das ganze Volk, übersehen werden – die Verbraucher, die die Produkte der beiden ersten kaufen und die schliesslich die Löhne der Arbeiter und den Gewinn der Arbeitgeber bezahlen müssen.

Die Rechte des Volkes sind stärker als die der Arbeiter oder Kapitalisten. Und diese grosse dritte Partei sollte ihren angemessenen Anteil an jedem Fortschritt haben. Tatsächlich zeigt ein Blick auf die Entwicklung der Industrie, dass am Ende das ganze Volk den grössten Teil des Nutzens erhält, den technische Verbesserungen bringen" (Taylor, Grundsätze, 146). Und noch etwas: „Die Zeit der grossen persönlichen oder individuellen Taten, vollbracht von einem einzelnen ohne Hilfe anderer, geht schnell ihrem Ende zu: Es naht die Zeit, in der alle grossen Dinge durch jenes Zusammenarbeiten zustande kommen, bei dem jeder einzelne die Arbeit tut, die für ihn am besten passt, jeder seine Individualität wahrt und sein spezielles Gebiet voll beherrscht, wo trotzdem niemand etwas von seiner Originalität und seinem persönlichen Arbeitsinteresse verliert und doch unter dem kontrollierenden Einfluss vieler anderer steht, mit denen er harmonisch zusammenarbeitet" (Taylor, Grundsätze, 152).

4.7.3.2 Die Reaktion auf die Publikation der „Grundsätze"

Während man Taylor bis anhin nur in Fachkreisen kannte, hatte seine Artikelserie über die Grundsätze der wissenschaftlichen Betriebsführung im populären und auflagestarken American Magazine zur Folge, dass er über Nacht in ganz Amerika bekannt war. Zahlreich waren die Leserbriefe und die Kommentare in anderen Zeitschriften. Taylor selbst war ein gefragter Referent und schrieb in einem Brief an seinen früheren Partner Maunsel White: „Fast jede Minute meiner Zeit ist belegt mit Verpflichtungen zu Vorträgen und durch Leute, die mich sehen wollen unter dem Hinweis auf diese höllische Geschichte um die wissenschaftliche Betriebsführung" (Kanigel, 442).

Gross war die Zahl kritischer Reaktionen, vor allem auch von gewerkschaftlicher Seite. Doch davon später.

Die grosse Publizität, welche Taylors Ideen erfuhren, hatten eine Wirkung, die Taylor nicht unbedingt willkomen war. Auch wenn es in Amerika seit Jahren sogenannte Efficiency Engineers gab, welche mehr oder weniger seriös als Betriebsberater ihre Dienste anboten, schossen diese nun wie Pilze aus dem Boden. Taylor schrieb im Januar 1911 an einen früheren Präsidenten der ASME: „Ich fürchte, dass viele Leute der Enttäuschung nicht entgehen werden, wenn sie glauben, rasch von der alten zur neuen Art der Betriebsführung übergehen zu können, weil notwendigerweise eine grosse Menge Zeit für die Realisierung der Umstellung gebraucht wird. Es ist nicht möglich, die geistige Haltung sowohl der Arbeiter wie der Arbeitgeber in einer kurzen Zeit zu ändern und es gibt viele Leute, die nicht bereit sind, sich auf ein Unterfangen einzulassen, das viele Jahre dauert und harte Arbeit erfordert." Und in späteren Briefen schrieb er, dass eine ganze Armee von Verrückten und Scharlatanen einer Efficiency-Gesellschaft beigetreten seien, welche jetzt aus der neuen Efficiency-Begeisterung Geld machen wollten oder, dass bis zum Herbst der Wald voller Quacksalber sein werde, welche die wissenschaftliche Betriebsführung einführen und welche wohl der ganzen Bewegung zu einem blauen Auge verhelfen werden. Trotzdem werde genug gute Arbeit überleben, damit die Sache weitergeführt wird und innerhalb von zwei oder drei Jahren würden die Fabrikanten im ganzen Land sich der Notwendigkeit wohl bewusst sein, erstklassige Leute anzuheuern, um ihnen bei der Reorganisation zu helfen (Copley II, 388).

4.7.3.3 Taylors Vorlesungen an der Harvard Universität

Nachdem Taylor es 1901 aufgegeben hatte, für Geld zu arbeiten, entsprach es durchaus seinen Zielen, sein System der wissenschaftlichen Betriebsführung nicht nur interessierten Gästen in seinem Heim näher zu bringen, sondern dessen Weiterverbreitung auch über die Hochschulen zu fördern. Noch bevor die Harvard-Universität ihre Graduate School of Business Administration gründete, wurde in der Amos-Tuck-Schule für Administration und Finanz am Dartmouth College Management gelehrt. 1910 unternahm der damalige Leiter dieser Schule, Dr. Harlow S. Person den wichtigen Schritt, die wissenschaftliche Betriebsführung als Basis der Managementausbildung einzusetzen, mit der Begründung: „Wir haben herausgefunden, dass das Taylor-System das einzige Führungssystem ist, welches kohärent und logisch, und aus diesem Grund lehrbar ist“ (Copley II, 353).

1908 besuchten zwei Professoren von Harvard Taylors Boxly-Gespräche, woraus sich der Plan entwickelte, sowohl an der gerade gegründeten Graduate School of Business Administration unter ihrem Dekan Prof. Edwin F. Gay als auch an der Ingenieurabteilung Vorlesungen über wissenschaftliche Betriebsführung zu halten und das Taylor-System zur Basis der Managementausbildung zu machen. Taylor und seine Gefolgsleute Barth, Hathaway, Cooke und Thompson teilten sich in die Aufgabe, wobei Thompson sogar Kurse in Zeitstudien gab. Taylor bevorzugte Ingenieure als Ziel seiner Lehre und hielt an der Ingenieurabteilung Vorlesungen unter Titeln wie „Arbeiter und ihre Führung“ oder „Ein Umriss über die Organisation eines Fertigungsbetriebes“. Taylor gab auch einzelne Vorlesungen an anderen Universitäten, wobei es für ihn typisch war, dass er nie Honorare entgegennahm und sogar Reiseentschädigungen zurücksandte (Copley II, 298).

4.7.4 Taylor und die Marine, die Armee und die Eisenbahnen

Seit seiner Tätigkeit bei der Manufacturing Investment Company in den Jahren 1890–93 blieb Taylor mit dem seinerzeitigen Captain Caspar F. Goodrich in engem freundschaftlichem Kontakt. Goodrich war indessen zum Admiral avanciert und hatte seit 1907 das Kommando über die Marinewerft von Brooklyn inne. Als er seinen Posten übernahm, war er erschreckt von den antiquierten Methoden, der Bürokratie und der langsamen Arbeitsweise in dieser Werft. Mit dem Einverständnis des Marineministeriums konnte Goodrich die Unterstützung Taylors für eine grossangelegte Reorganisation der Werft gewinnen, wobei vorgesehen war, die dort eingeführten

Massnahmen später in alle anderen Werften zu übertragen. Es gab einige bedeutende Anfangserfolge, inbesondere im Einkaufswesen. Und in einer kalifornischen Werft organisierte ein junger Marineoffizier namens Holden A. Evans den Unterhalt von Schiffen nach den Grundsätzen der wissenschaftlichen Betriebsführung, wobei es ihm gelang, für viele Tätigkeiten, wie zum Beispiel die Überholung der Dampfkessel, die Produktivität um das Drei- bis Vierfache zu erhöhen. Allerdings hatte dann der Präsidentenwechsel von Theodor Roosevelt zu William Taft im Jahre 1909 auch einen Wechsel des Marineministers zur Folge. Der neue Secretary of the Navy befahl, alle Neuerungen des Vorgängers inklusive der Einführung des Taylorsystems rückgängig zu machen. Nicht einmal eine kurze Audienz Taylors bei Präsident Taft konnte hier noch etwas ändern (Copley II, 316).

Für uns ist in diesem Zusammenhang eigentlich nur ein kurzer Briefwechsel zwischen dem Marineoffizier Evans und Taylor von Bedeutung, weil er zeigt, wie sich Taylor zur praktischen Handhabung seiner Theorie der wissenschaftlichen Betriebsführung stellt. Evans berichtete Taylor über seine Erfolge und schrieb: „Sie müssen wirklich verstehen, dass wir in dieser Werft kein Taylor-System eingeführt haben. Ich habe aber nichts desto weniger eine Anzahl von fundamentalen Prinzipien durch das Studium Ihrer Schriften und aus meinen Gesprächen mit Ihnen erworben. Das Wichtigste ist, die Arbeit zu analysieren und herauszufinden, was zu tun ist und welches eine bessere Methode für diese Arbeit ist."

Taylors Antwort zeigt sein Unterscheidungsvermögen zwischen Grundsätzen und Methoden: „Ich sehe, dass Sie erklären, unser System der Betriebsführung in Ihrer Werft nicht anzuwenden. Bitte gestatten Sie mir, dass ich mit Ihrer Aussage nicht einverstanden bin. Das Wesentliche an der modernen wissenschaftlichen Betriebsführung besteht in der Anwendung von bestimmten allgemeingültigen Grundsätzen, aber die besondere Art und Weise wie diese Grundsätze in der Praxis verwirklicht werden, ist ein absolut untergeordnetes Detail. Ich zweifle, ob irgend jemand im Lande die Grundsätze der modernen wissenschaftlichen Betriebsführung umfassender erfasst hat als gerade Sie. Dies muss wahr sein, sonst hätten Sie die Resultate nicht erreicht, von denen Sie berichtet haben. Wie Sie wissen, glaube ich persönlich, dass gewisse Methoden der Anwendung der Grundsätze besser sind als andere und ich empfehle deshalb ausdrücklich die Anwendung dieser bestimmten Methoden. Dies betrachte ich aber als eine den allgemeinen Grundsätzen absolut untergeordnete Sache. Unter denen, die mir im Unternehmen der Einführung der wissenschaftlichen Betriebsführung nachgefolgt sind, gibt es nicht einen, der die gleichen Methoden in irgendwelchen sich folgenden Betrieben verwendet. Die Methoden müssen in allen Fällen so angepasst werden, dass sie die besonderen Bedingungen und Bedürfnisse eines Unternehmens berücksichtigen“ (Copley II, 309).

In der Armee der USA konnte sich das Taylor-System erfolgreicher durchsetzen als in der Marine, was Taylor selbst vor allem auf Gründe der inneren Organisation zurückführte. Die wissenschaftliche Betriebsführung fand vor allem Eingang im Kriegsmaterialwesen und in den Betrieben der grösseren Arsenale der Armee, die zugleich auch Waffenfabriken waren. Ein Major F. E. Hobbs, der das Taylor-System schon in den achtziger Jahren als Inspektor bei der Midvale Steel Co. kennen gelernt und die Karriere Taylors mit Interesse verfolgt hatte, wurde 1908 der befehlshabende Offizier des Arsenals und der Waffenfabrik von Rock Island, Illinois, wo er auf eigene Initiative begann, Zeitvorgaben einzuführen, die auf Unterlagen beruhten, welche mit Zeitstudien ermittelt wurden. Auch auf höchster Ebene in der Armeeverwaltung war man dem System der wissenschaftlichen Betriebsführung gegenüber positiv eingestellt. General William Crozier als Leiter der gesamten Rüstungsbetriebe der US-Armee (Ordnance Department) hatte verschiedentlich Kontakt mit Taylor und sandte oft hohe Offiziere aus seinem Bereich an die Boxly-Gespräche Taylors, worauf auch in anderen Arsenalen Organisationsmassnahmen im Sinne Taylors eingeleitet wurden. Einige der Offiziere waren auch schon durch ihre Tätigkeit als Armeeinspektoren in den Werken von Midvale und Bethlehem Steel mit Taylors System vertraut. Taylor machte stets darauf aufmerksam, dass es wichtig sei, Schwierigkeiten mit den Leuten zu vermeiden. Man sollte diese angemessen auf Änderungen in der Organisation und auf die Durchführung von Zeitstudien vorbereiten. Überdies sollten vor dem effektiven Beginn von Zeitstudien während einer Zeit von ein oder zwei Jahren alle Arbeitsbedingungen bezüglich der Maschinen, Werkzeuge und Werkstoffe usw. standardisiert werden, wobei gerade dieses Vorgehen dazu beitragen würde, die Leute mit den Änderungen vertraut zu machen (Copley II, 333).

Im Jahre 1909 holte General Crozier beim Präsidenten der USA William Taft die Bewilligung ein, in den Arsenalen das Taylor-System einzuführen. Carl Barth begann darauf, die obersten Kader der Arsenale in den Methoden des Taylor-Systems zu unterrichten. Innerhalb relativ kurzer Zeit wurde von der Bewirtschaftung der Magazine über die Ausgabe von Arbeitsaufträgen bis zum systematischen Unterhalt der Werkzeugmaschinen praktisch der ganze Betriebsablauf mit viel Erfolg systematisiert (Copley II, 338).

Im Januar 1911 schlug Taylor via Carl Barth General Crozier vor, einen gewissen Dwight V. Merrick, der bei Bethlehem Steel und Link-Belt ausgebildet worden war, für die Durchführung von Zeitstudien im Arsenal von Watertown einzustellen. General Crozier holte wiederum das Einverständnis von Präsident Taft ein, worauf Merrick im Mai 1911 seine Arbeit aufnahm. Da es sich in Watertown nicht um Serienarbeit handelte, wurde ein Prämiensystem ähnlich dem sogenannten Halsley-Plan eingeführt. Dessen Wirkungsweise kann an einem Beispiel des Fräsens von Zahnrädern illustriert werden, über welches Colonel Wheeler, der Leiter des Arsenals berichtete. Der bisherige Zeitaufwand für einen bestimmten Auftrag betrug 191 Minuten. Die Zeit- und Arbeitsstudien ergaben, dass diese Arbeit in 71 Minuten erledigt werden konnte. Es wurde vorgesehen, dass dem Arbeiter, wenn er diese Zeit erreicht, eine Prämie von 33¹/₃ Prozent über seinen normalen Tagesverdienst offeriert wird. Sobald der Arbeiter eine Zeit von 120 Minuten unterschreitet, beginnt er eine Prämie zu verdienen, die sich bis auf 33¹/₃ % steigert für die Zeit von 71 Minuten und proportional mehr, wenn er diese Zeit unterbietet. Der Mann erreichte 79 Minuten und bekam damit eine Prämie von 20%. Für den Staat war das Resultat eine Reduktion der Kosten von $ 2.41 pro Stück auf $ 1.06, womit beide Seiten von diesem Schritt profitierten.

Colonel Wheeler berichtete weiter: „Der Mann wurde nicht zu höherer Arbeitsgeschwindigkeit angetrieben, aber es wurde von ihm verlangt, eine Reihe von Dingen zu tun, während die Maschine lief, mit denen er sonst wartete, bis die Maschine anhielt. Im Gesamten sieht man, dass der grösste Gewinn davon herkommt, dass man so viele Operationen wie möglich simultan anstatt konsekutiv ausführen lässt und dass die konsekutiven Operationen einander ohne Unterbrechung folgen“ (Copley II, 339).

Nachdem in der mechanischen Werkstätte bei ungefähr zwölf von einhundertundfünfzig Arbeitern Zeitstudien gemacht worden waren, fuhr Merrick in der Giesserei mit Studien weiter, allerdings offenbar ohne die intensiven Vorbereitungen wie in der mechanischen Werkstätte. In der Giesserei baute sich rasch Widerstand gegen die Zeitstudien auf und in einer Petition von vierundzwanzig Giessern an Colonel Wheeler stand unter anderem: „Die sehr unbefriedigende Situation, die in den letzten Wochen in der Giesserei vorherrschte, ist heute Nachmittag in eine akute Phase getreten, als ein Mann gesehen wurde, wie er bei einem unserer Giesser eine Stoppuhr verwendete. Dies glauben wir ist an der Grenze des für uns Erträglichen. Es ist für uns erniedrigend, die wir immer versucht haben, für unsere

Regierung unser Bestes zu geben. Diese Methode ist im Grundsatz unamerikanisch und wir verlangen respektvoll, dass Sie diese Sache abbrechen lassen. General Crozier hatte uns versprochen, dass er keinen Teil des Taylor-Systems einführen würde, der für uns unnanehmbar wäre; wir versichern Sie, dass dieser Teil des Systems von den Giessern nicht toleriert wird." Als am nächsten Tag Merrick die Zeitstudien wieder aufnahm, weigerte sich der Giesser zu arbeiten. Als dieser nach einer kurzen Diskussion mit Major Williams, dem Assistenten von Colonel Wheeler, wiederholte, er könne nicht unter Beobachtung arbeiten, wurde er entlassen. Als er dies den anderen Giessern sagte, schlossen sie sich ihm im Protest an. Damit war der erste Streik unter dem Taylor-System ausgebrochen. Auf Wunsch der Streikenden liess General Crozier innerhalb einer Woche Anhörungen durchführen, bei denen die wichtigsten Gründe für den Widerstand der Giesser gegen die Zeitstudien an den Tag kamen: „Bei jeder Bewegung, die ich mache, muss ich aufpassen; jedesmal wenn ich mich umdrehe, sehe ich jemanden, der mich überwacht; wenn ich etwas hole, beobachtet er mich und wenn ich zurückkomme, beobachtet er mich und auch bei der einfachsten Arbeit macht mich dieser Mann so nervös, dass ich nicht mehr weiss, was ich tue." Vom Zeitstudienmann Merrick sagten sie: „Wir erfuhren von ihm, dass er beabsichtige, uns über unnötige Arbeit zu belehren, aber wir meinen, dass er als ungelernter Mann dazu nicht fähig ist" (Kanigel, 453). Nach einer Woche war der Streik vorbei. Er hatte aber Folgen, die bis ins Repräsentantenhaus reichten. Gewerkschaftsvertreter ausserhalb von Watertown nahmen sich der Sache an und erreichten, dass der Kongress von den unbefriedigenden Zuständen im Arsenal von Watertown infolge der Einführung des Taylor-Systems Kenntnis nahm. Das Repräsentantenhaus beschloss am 21. August 1911, dass ein Sonderausschuss Anhörungen über das Taylor-System durchführen sollte (Copley II, 345). Davon mehr im folgenden Kapitel 4.7.5.

Die amerikanischen Eisenbahnen oder vielmehr deren Forderungen für eine bedeutende Tariferhöhung im Güterverkehr sorgten dafür, dass Taylor im Jahr 1910 in Wirtschaftskreisen definitiv berühmt wurde. Ein Anwalt namens Louis Brandeis aus Boston, der eine Art früher Konsumentenschützer war, lernte Taylor durch die Lektüre von „Shop Management" kennen. Er erkannte rasch das Potential von Taylors System, um Kosten und Preisreduktionen grösseren Ausmasses zu erreichen. Er schätzte an Taylors System vor allem den Umstand, dass es Schätzen und Erraten durch Fakten ersetzte. Und dies war das Problem bei den Eisenbahnen. Sie konnten ihre Forderungen nicht mit Zahlen untermauern, weil sie ihre Kosten nicht kannten. Brandeis rief die wichtigsten Experten aus dem Kreis um Taylor, darunter Barth und Gantt, zu einer Besprechung zusammen sowie Frank Gilbreth und Harrington Emerson, der auf ähnliche Weise wie Taylor Unternehmensberatung betrieb und voll hinter den Thesen Taylors stand. Dies war die Zusammenkunft, an welcher verabredet wurde, dem Taylor-System den Namen „Wissenschaftliche Betriebsführung“ (Scientific Management) zu geben und die „Vereinigung zur Förderung der Wissenschaft der Betriebsführung“ (Society to Promote the Science of Management) zu gründen, aus der sich später die „Taylor Society“ entwickelte (Kanigel, 432).

Am 10. November 1910 fanden Anhörungen über die Tarifforderungen der Eisenbahnen vor der zwischenstaatlichen Handelskommission statt, an denen Brandeis als Vertreter einer Gruppe von Speditionsfirmen darlegte, dass bei den Bahnen grosse Reserven von Kostenreduktionen bestünden und dass diese am besten durch die Anwendung des Systems der wissenschaftlichen Betriebsführung realisiert werden könnten. Und Harrington Emerson doppelte nach mit der Aussage, dass damit die Eisenbahnen eine Million Dollar pro Tag einsparen könnten. Dieser Ausspruch fand sich sofort in den Schlagzeilen der Tagespresse wieder und führte dazu, dass der Begriff der Wissenschaftlichen Betriebsführung auch von den Journalisten der Tagespresse aufgegriffen wurde, sodass das System von Taylor rasch einen Bekanntheitsgrad hatte, für den es sonst Jahrzehnte gebraucht hätte. Vor der zwischenstaatlichen Kommission untermauerten Brandeis, Emerson und Gilbreth die Schätzung Emersons mit Vergleichszahlen und mit Beschreibungen des Vorgehens. Auf Tariferhöhungen wurde dann verzichtet. Am 3. Dezember 1910 erschien in der New York Times ein langer Brief an den Herausgeber, verfasst von Robert Kent, Herausgeber der Zeitschrift „Industrial Engineering“, unter dem Titel „Wissenschaftliche Betriebsführung“, mit den Worten: „Die Welt ist Fred W. Taylor zu grosser Dankbarkeit verpflichtet, dem Mann der die Grundsätze der Betriebsführung zu einer Wissenschaft zusammenfasste und der fast eigenhändig während eines Vierteljahrhunderts angesichts von Opposition und Entmutigungen weiterarbeitete, welche einen gewöhnlichen Mann mit Entsetzen erfüllt hätten“ (Kanigel, 435).

4.7.5 Taylors Aussagen vor dem Sonderausschuss des Repräsentantenhauses

Der im Gefolge des kurzen Streiks im Arsenal Watertown eingesetzte Sonderausschuss des Repräsentantenhauses „zur Überprüfung des Taylor-Systems und anderer Führungssysteme“ stand unter dem Vorsitz von William B. Wilson, der früher ein hoher Funktionär der Gewerkschaft der Vereinigten Minenarbeiter, dann Vorsitzender des Haus-Ausschusses für Arbeitsfragen und später Arbeitsminister in der Regierung von Präsident Wilson war. Er war ein Demokrat, ebenso wie ein weiteres Mitglied des Ausschusses, Mr. Redfield, ein Fabrikant, der viel über wissenschaftliche Betriebsführung aus eigener Erfahrung wusste und später Handelsminister unter Präsident Wilson wurde. Der dritte, Mr. Tilson, der bis zu diesem Moment nichts mit Dingen, wie wissenschaftliche Betriebsführung zu tun hatte und deshalb als eine Art Schiedsrichter vorgesehen war, gehörte zur republikanischen Partei. Copley schreibt, dass die Ernennung eines Ausschusses von solchem Kaliber auf das ernsthafte Bestreben hindeutete, die Wahrheit zu erfahren und dass Taylor darüber erfreut war (Copley II, 346).

Der Sonderausschuss begann seine Arbeit am 4. Oktober 1911 und beendete sie erst am 12. Februar 1912. Der Ausschuss besichtigte Watertown und führte Anhörungen in Boston, New York und Washington durch. Nach Copley war die Art und Weise wie William B. Wilson diese Anhörungen durchführte ein schönes Beispiel dafür, wie ein Mann eifrig bemüht einer Sache zu dienen, in diesem Fall der Sache der Arbeit, und gleichzeitig höchst gewissenhaft, höflich und fair war. Während der verschiedenen Anhörungen waren Taylor und ein Dr. Hollis Godfrey als Laien-Anwälte für die Sache der wissenschaftlichen Betriebsführung anwesend, während die Gegenseite von zwei hohen Gewerkschaftsleuten vertreten war (Copley II, 347).

Die Aussagen (engl. testimony) von Taylor selbst fanden am Schluss der Anhörungen auf dem Capitol zu Washington, verteilt auf vier Tage, vom 25. bis 30. Januar 1912 statt. Fragen und Antworten im Wortlaut sind (auf englisch) unter dem Titel „Taylor's Testimony before the Special House Committee“ zugänglich in den Ausgaben von „Scientific Management“ vom Verlag Harper & Brothers New York, die auch die Publikation „Shop Management“ enthalten. Die Lektüre dieser Testimonies (insgesamt 287 Seiten!) sei jedermann bestens empfohlen, der sich für die Lehre Taylors und deren zeitgenössische Kritik interessiert. Diese Protokolle geben einen tieferen Einblick in Taylors Absichten und die Probleme, die deren Verwirklichung verursachten und immer noch verursachen, als die Lektüre von Taylors Schriften allein.

Es würde den Rahmen dieser Untersuchung sprengen, wenn man auch nur versuchen wollte, eine Zusammenfassung dieser Aussagen zu machen. Einige Aussagen Taylors sind natürlicherweise Wiederholungen oder ausgeschmückte Wiederholungen von Beschreibungen aus seinen Werken. Andere, die für die vorliegende Untersuchung von Bedeutung sind, sind schon in den vorangehenden Kapiteln dieses Berichts zitiert worden oder werden in den folgenden Kapiteln über die Kritik am Taylorismus herangezogen. Direkt hier anschliessend sollen nur ein paar grundsätzliche Punkte aus den Aussagen Taylors näher beleuchtet werden:

Taylor nutzte den Beginn der Anhörungen zu einer ausführlichen Darlegung über das, was wissenschaftliche Betriebsführung nicht ist und über das Ziel der wissenschaftlichen Betriebsführung.

Taylor sagte unter vielem anderem folgendes, leicht gekürzt:

„Wissenschaftliche Betriebsführung ist nicht irgend ein Effizienzwerkzeug, *nicht* ein System der Kostenrechnung, *nicht* ein System zur Entlöhnung der Leute, *nicht* die Verwendung einer Stoppuhr bei den Arbeitern, *nicht* ein Stücklohnsystem, *nicht* Bewegungsstudium, sie ist *nicht* funktionale Werkstattführung, *nicht* irgend eine der Methoden, welche dem durchschnittlichen Menschen durch den Kopf gehen, wenn man von wissenschaftlicher Betriebsführung spricht ... Dies sind alles nützliche Anhängsel zur wissenschaftlichen Betriebsführung und sie sind gleichermassen nützliche Anhängsel zu anderen Führungssystemen.

Die wissenschaftliche Betriebsführung in ihrem Kern bedeutet eine *vollständige geistige Umwälzung* (engl. a complete mental revolution) auf Seiten des Arbeiters, der in irgendeinem Betrieb oder irgendeiner Industrie beschäftigt ist, das heisst eine vollständige geistige Umwälzung auf Seiten dieser Leute, was deren Pflichten gegenüber ihrer Aufgabe, gegenüber ihren Arbeitskollegen und gegenüber ihren Arbeitgebern anbelangt. Und sie umfasst die ebenso vollständige geistige Umwälzung auf Seiten der Leute in der Betriebs- und Unternehmensführung, der Werkmeister, der Abteilungsleiter, der Besitzer des Unternehmens, der Direktionsmitglieder, eine vollständige geistige Umwälzung auf der Seite dieser Leute bezüglich ihrer Pflichten gegenüber ihren Kollegen in der Leitung, gegenüber ihren Arbeitern und bezüglich ihrer alltäglichen Probleme. Und ohne diese vollständige geistige Umwälzung gibt es keine wissenschaftliche Betriebsführung“ (Taylor, Testimony, 26/27).

„Ich hoffe, dass Sie dann sehen werden, dass diese grosse Änderung in der Haltung und im Standpunkt Resultate hervorbringen muss, welche grossartig sind für beide Seiten, ebenso vorzüglich für die eine wie die andere. ...

Ich denke, dass man sagen darf, dass in der Vergangenheit ein grosser Teil der Gedanken und der Interessen sowohl auf der Seite der Arbeiter, als auch auf der Seite der Leute in der Leitung der Fabrikationsbetriebe, sich auf das konzentrierte, was man als die richtige Verteilung des Überschusses bezeichnen kann, der aus den gemeinsamen Anstrengungen hervorgeht. Die

Leitung erstrebte einen möglichst hohen Gewinn zu ihren Gunsten, während die Arbeiter möglichst hohe Löhne in ihrer Tasche sehen wollten; das ist es was ich als die Verteilung des Überschusses bezeichne. (Taylor definiert den Überschuss als Differenz zwischen dem Verkaufserlös einerseits und der Summe der Materialkosten, der Kosten für den Vertrieb und verschiedener indirekter Kosten, wie Raummieten, Steuern, Versicherungen, Energie, Unterhalt der Maschinen, Zins auf den Anlagen usw. andererseits. Aus diesem Überschuss wird einerseits der Gewinn des Unternehmers und auf der anderen Seite der Verdienst der Arbeiter abgegolten.) Jede Seite fixierte ihren Blick auf diesen Überschuss; die Arbeiter wollten den grösstmöglichen Anteil in Form von Löhnen und die Leitung wollte einen grösstmöglichen Anteil in Form von Gewinn. Ich glaube ich habe recht, wenn ich sage, dass in der Vergangenheit diese Verteilung des Überschusses zu den grossen Arbeitskämpfen zwischen Arbeitgebern und Arbeitern geführt hat. Nach und nach sind beide Seiten soweit gekommen, dass sie einander als Gegenspieler betrachteten und zu Zeiten sogar als Feinde – dass sie sich voneinander distanzierten und ihre Kräfte gegeneinander massen" (Taylor, Testimony, 27/29).

„Die grosse Umwälzung, die in der geistigen Haltung der beiden Parteien unter der wissenschaftlichen Betriebsführung stattfindet, besteht darin, dass beide Seiten ihre Augen von der Verteilung des Überschusses als des wichtigsten Gesichtspunktes wegwenden und gemeinsam ihre Aufmerksamkeit *der Vermehrung der Grösse dieses Überschusses* zuwenden, bis dieser Überschuss so gross ist, dass es unnötig wird, darüber zu streiten, wie er verteilt werden sollte. Beide Seiten werden soweit kommen und verstehen, dass wenn *sie aufhören, gegeneinander anzukämpfen*, und sich stattdessen umwenden und Schulter an Schulter in der gleichen Richtung ziehen, dass dann dieser Überschuss, der durch ihre gemeinsamen Anstrengungen entsteht, wirklich *erstaunlich sein wird*" (Taylor, Testimony, 29/30).

„Es gibt jedoch noch einen zusätzlichen Gesichtspunkt, der absolut entscheidend ist für die Existenz der wissenschaftlichen Betriebsführung. Beide Seiten müssen als entscheidenden Grundsatz anerkennen, dass die *genaue wissenschaftliche Untersuchung* an die Stelle von *individuellen Beurteilungen, Meinungen und Faustregeln* sowohl beim Arbeiter wie beim Vorgesetzten treten muss und zwar in allen Angelegenheiten, welche die Arbeit in einem Unternehmen betreffen. Dies bezieht sich sowohl auf die Arbeitsmethoden als auch auf die Zeit, in der jede Arbeit erledigt werden soll. Dieses sind die absolut entscheidenden Elemente der wissenschaftlichen Betriebsführung“ (Taylor, Testimony, 31).

Zusammengefasst könnte man die oben aufgeführten Worte als *Taylors eigene Definition des Taylorismus* bezeichnen, nämlich:

Erstens, *dass Arbeitgeber und Arbeitnehmer sich dafür einsetzen, gemeinsam ihr Interesse darauf zu konzentrieren, den Überschuss des Unternehmens zu vermehren, statt sich wegen dessen Verteilung zu bekämpfen,*

Zweitens, *dass beide Seiten die Notwendigkeit anerkennen, genaue wissenschaftliche Studien an die Stelle von Meinungen und Faustregeln zu setzen.*

Taylors Ausführungen über sein System füllten die beiden ersten Tage der Anhörungen auf dem Capitol aus und dauerten um die acht Stunden. Das darauf folgende Kreuzverhör (engl. cross-examination) nahm die beiden folgenden Tage, einen Samstag und einen Dienstag, in Anspruch. Der grösste Teil der Fragen wurde vom Vorsitzenden des Sonderausschusses William B. Wilson vorgebracht.

Das Kreuzverhör begann mit Fragen über die soziale und ökonomische Notwendigkeit, die Leistung von Arbeitern zu steigern und über die Entscheidungsgewalt der Leitung im Betrieb. Probleme der Rechte der Arbeiter, wenn sie mit den Instruktionen der Leitung nicht einverstanden sind und der Möglichkeit von kollektiven Verhandlungen in Unternehmen mit wissenschaftlicher Betriebsführung wurden debattiert. Dann folgten Fragen, ob es zulässig sei, aufgrund einer Zeitmessung mit der Stoppuhr zu bestimmen, dass dies die Zeit sei, mit der die Arbeit auszuführen sei, ob die Zuschläge Taylors für Erholung und Umtriebe wissenschaftlich ermittelt worden seien, ob nicht die Gefahr der Überanstrengung der Arbeiter zu gross sei und ob ein Arbeiter, der nicht eine „erste Kraft“ (a first-class man) sei, überhaupt Platz in einem nach den Grundsätzen wissenschaftlicher Betriebsführung geleiteten Unternehmen habe. Einen wichtigen Raum nahm die Diskussion über die Verteilung des erzielten Überschusses ein sowie über die Möglichkeit des willkürlichen Machtmissbrauchs der Leitung in solchen Betrieben und die Frage, wer den letzten Entscheid bei Meinungsunterschieden habe. Das Problem der Eintönigkeit der Arbeit und der Degeneration der Arbeiter zu reinen Robotern wurde ebenso erörtert wie die Frage, was mit den eingesparten Arbeitskräften geschehe.

In den letzten Phasen der Anhörung Taylors stellten die anderen Mitglieder des Sonderausschusses ihre Fragen darüber, wer am meisten unter Ineffizienz leide und wer am meisten von erhöhter Effizienz profitiere, was geschehe, wenn sich die Leitung nicht an die von Taylor geforderte Fairness halte und die Lohnansätze wieder auf den alten Stand reduziere, wie verbreitet die Anwendung des Taylor-Systems jetzt sei und was nach der Meinung von Taylor die Haltung der Gewerkschaften zur wissenschaftlichen Betriebsführung sein sollte.

Die Fragen Wilsons und der beiden anderen Mitglieder des Sonderausschusses sowie die Antworten Taylors waren sorgfältig formuliert und zeugten von Vertrautheit mit volkswirtschaftlichen Fragen, wobei entsprechend seiner Herkunft Wilson vor allem an Fragen der Verteilung des Wohlstandes interessiert war, während Taylor sich als ein früher Vertreter der Supply-Side-Ökonomie entpuppte, wenn man seine vor dem Sonderausschuss erhobene Forderung so interpretieren darf, dass man sich im Interesse aller von der Betonung der Verteilung der Überschüsse in der Wirtschaft entfernen und stattdessen die ganze Aufmerksamkeit der Erhöhung der Produktion und der Überschüsse widmen soll. Die Lektüre des Protokolls der Anhörungen ist auf jeden Fall spannend.

Nach den Fragen Wilsons folgten Fragen der anderen Mitglieder des Ausschusses und offenbar auch aus der anwesenden Zuhörerschaft. Die Fragen der Zuhörer und die zugehörigen Antworten Taylors sind allerdings in den unter dem Titel „Testimony“ veröffentlichten Diskussionen nicht aufgeführt.

Besonders gegen das Ende der Befragung wurde Taylor von opponierenden Arbeiterführern richtiggehend gehetzt und mit Spott und Schimpfwörtern überhäuft, bis der Leiter des Ausschusses eingriff und verfügte, dass die gewechselten Worte nicht ins Protokoll aufgenommen wurden. Erschüttert und verwundet habe Taylor am Ende der Anhörungen seinen Zeugenstand verlassen. Trotzdem hätten seine Feinde am Wortlaut des vom Ausschuss verfassten und einstimmig angenommenen Schlussberichts keine Freude haben können (Copley II, 348).

Die Industriejournalistin Ida M. Tarbell schrieb damals: „Eine der sportlichsten Vorstellungen, die unser Land je sah, war Taylors Bereitschaft, sich den Zusetzungen und Zwischenrufen von Arbeiterführern, Kongressmitgliedern und Ermittlern mit allen Abstufungen von Missverständnissen, Verdächtigungen und Böswilligkeit zu stellen. Für einen Mann seines Temperaments und geschulten Intellekts, der ein Vierteljahrhundert härtester Mühe und Plage dafür gegeben hat, nützliche Wahrheiten zu entwickeln, muss die Art der Befragung, der er manchmal ausgesetzt war, unerträglich gewesen sein“ (Copley II, 347).

Der *Schlussbericht* ist nach Kanigel „zahnlos und ein Beispiel eines nutzlosen Kompromisses. Normierung und Systematisierung, beides Eckpfeiler wissenschaftlicher Betriebsführung, seien gut, bestimmte der Ausschuss. Ebenso die Bewegungsstudien, welche unnütze Anstrengung eliminierten. Die effizientere Abwicklung des Arbeitsdurchlaufs durch die Werkstätten, welche die Zustände beendete, in denen eine Maschine, welche heute überlastet war am Tag darauf nichts zu tun hatte – hinter diesen Aussagen konnten sich alle scharen“ (Kanigel, 483).

Die *Schlussfolgerungen* des Sonderausschusses des Repräsentantenhauses bestanden darin, dass weder das Taylorsystem noch die verschiedenen anderen vom Ausschuss behandelten Systeme der Betriebsführung lange genug existiert hätten, um über ihre Wirkung auf die Gesundheit und die Entlöhnung der Angestellten sowie auf die Arbeitskosten Genaues aussagen zu können. Eine generelle Aussage lautete dahin, dass weder das Taylor-System, noch irgend ein anderes System von oben her einer widerwilligen Belegschaft aufgezwungen werden sollte; jedes System der Betriebsführung sollte das Ergebnis des gegenseitigen Einverständnisses sein (Kanigel, 482). Und weiter: „Die Auswahl irgendeines Systems der Betriebsführung für die verschiedenen *Regierungsbetriebe* muss weitgehend eine Angelegenheit der Verwaltung sein und der Ausschuss betrachtet es als nicht angebracht oder zweckdienlich, zu diesem Zeitpunkt irgendeine Empfehlung für eine gesetzliche Regelung dieses Gegenstands abzugeben“ (Copley II, 349).

General Crozier, der Leiter der Rüstungsbetriebe der amerikanischen Armee, bemerkte zu diesem Bericht, dass der Ausschuss bei aller Sorge um die Gesundheit und das Wohlbefinden der Arbeiter, keine nachteiligen Auswirkungen in seinen Rüstungsbetrieben aufdecken konnte (Copley II, 349). Trotzdem gab es schon 1915 wieder Regierungserlasse, die bei der Ausführung von Regierungsaufträgen, sogenannten Appropriation Bills der Armee, der Marine und der Post in staatlichen Regiebetrieben die Durchführung von Zeitstudien und die Bezahlung von Leistungsprämien untersagten (Copley II, 350).

4.7.6 Taylors letzte Jahre

In seinen späteren Jahren liessen Taylors Kräfte schrittweise nach. Mehr und mehr musste er Verpflichtungen ablehnen, so auch den Vorschlag, Präsident des Massachusetts Institute of Technology MIT zu werden. Er konzentrierte sich mehr und mehr auf die Verbreitung seiner wissenschaftlichen

Betriebsführung. Viel Zeit und Energie setzte Taylor aber immer noch ein für die Beratung und Unterstützung seiner engsten Gefolgsleute, die weitherum im Lande zum Teil bedeutende Beratungs- und Leitungsmandate ausübten, wie zum Beispiel Morris L. Cooke, der 1912 die Leitung der städtischen Betriebe von Philadelphia übernommen hatte und dort mit Hilfe der Methoden der wissenschaftlichen Betriebsführung erstaunliche Produktivitätsverbesserungen zustande brachte. Taylors Vortragstätigkeit war nach wie vor sehr intensiv. Öfters beklagte er sich aber über Müdigkeit oder Schlaflosigkeit. Seit jungen Jahren war Taylor anfällig für grippeartige Erkrankungen und er litt im Winter 1912/13 an einem ernsthaften und lange dauernden Bronchialkatarrh, sodass ihn die Ärzte vor der Gefahr einer Lungenentzündung warnten, falls er weiterhin Eisenbahnreisen unternehmen sollte. Da er sich wenig an ärztliche Ratschläge hielt und mit seinen Vortragsreisen fortfuhr, erlitt er immer wieder Rückfälle (Copley II, 399).

Auch Taylors Nerven waren den Belastungen immer weniger gewachsen. Viele Sorgen bereiteten ihm heftige Auseinandersetzungen mit Gewerkschaftsführern. Gegen Ende 1914 wurde Taylor aufgefordert, bei einer Studie mitzuwirken, welche die US-Kommission für Industrielle Beziehungen (industrial relations) in Auftrag gegeben hatte. Diese Studie hatte zum Ziel, die Gründe für den fast unüberwindlichen Gegensatz zwischen den amerikanischen Gewerkschaften (organized labor) und der Bewegung der wissenschaftlichen Betriebsführung abzuklären, der sich sehr deutlich schon bei den Anhörungen vor dem Sonderausschuss manifestiert hatte. Die Gültigkeit der konfliktgeladenen Ansprüche und Gegenansprüche der beiden Seiten sollte geprüft werden und es sollte bestimmt werden, was zu tun sei, um wenn möglich die Beziehungen zwischen den Gewerkschaften und der wissenschaftlichen Betriebsführung zu harmonisieren und um das Wohlergehen aller Betroffenen zu schützen und zu fördern.

Für diese Untersuchung wurde ein Ausschuss gebildet, der unter der Leitung von Prof. Robert F. Hoxie, Professor der Volkswirtschaft, Universität von Chicago, stand und je einen Vertreter der Arbeitgeber (Robert G. Valentine) und einen Vertreter der Gewerkschaften (John P. Frey, Redaktor des International Molders Journal) umfasste. Taylor stand dem Ausschuss von Anfang an skeptisch gegenüber, was sich in einem Brief an einen Industriellen ausdrückte, der ein Befürworter von Taylors System war. Darin schrieb Taylor unter anderem, dass er nicht daran glaube, dass irgend jemand Erfolg haben werde, Gewerkschafter davon zu überzeugen, dass irgend etwas Gutes an der wissenschaftlichen Betriebsführung sei, wenn man ihnen nicht gleichzeitig zeigen könne, dass diese eine sehr gute Sache für die Gewerkschaft selbst sei. „Bei all diesen Leuten ist die Gewerkschaft die Nummer eins, zwei, drei, vier und fünf und alles andere ist Nummer sechs. Ich hoffe sehr, dass etwas Gutes aus Mister Hoxies Untersuchung herauskommt, aber ich glaube nicht daran“ (Copley II, 426).

Nachher schrieb Taylor an Gantt: „Ich bin nahe daran, mit Ihnen einverstanden zu sein, dass unser Versuch, die Gewerkschaften zu bekehren sinnlos ist. Solange jedoch andere Leute, wie die Kommission für Industrielle Beziehungen, daran arbeiten, wenigstens einen einzelnen Gewerkschaftsführer umzustimmen, denke ich sollten wir mit ihnen zusammenarbeiten.“ Bei anderer Gelegenheit soll Taylor bei einer Diskussion mit Hoxie „in seiner gepfefferten Art“ ausgesagt haben, dass eine Zusammenarbeit zwischen Gewerkschaften und der wissenschaftlichen Betriebsführung, in dem Sinne, dass die Gewerkschaften die wissenschaftliche Betriebsführung akzeptieren, wenn die wissenschaftliche Betriebsführung die Gewerkschaften anerkennt, dazu führen würde, dass sich eine solche Zusammenarbeit selbst den Hals abschneiden würde, aus dem Grunde, weil die fundamentalen Grundsätze des Gewerkschaftswesens, wie es heute besteht, ausgesprochen in Feindschaft zu den Prinzipien der wissenschaftlichen Betriebsführung stehen. In seiner Haltung gegenüber den Gewerkschaften und vor allem gegenüber ihren Führern wurde Taylor immer unflexibler und unerbittlicher (Copley II, 427). Seine Gefolgsleute wie James M. Dodge von der Link-Belt Company waren in dieser Hinsicht offener. Dieser befürwortete die Idee von Werkstatt-Kommissionen, die den Arbeitern die Möglichkeit öffnen sollten, ihre Stimme in der Betriebsleitung hörbar zu machen in allen Angelegenheiten, welche die Arbeitsbedingungen betrafen. Taylor selbst bezeichnete diese Idee als grossen Fehler, weil sie die Arbeiter nur dazu anregen würde, sich vermehrt gewerkschaftlich zu organisieren. Solche Kommissionen seien absolut unnötig, weil nach den Grundsätzen der wissenschaftlichen Betriebsführung jeder Arbeiter ungezählte Möglichkeiten habe, seine persönlichen Beschwerden und die betrieblichen Angelegenheiten mit höheren Stellen des Unternehmens zu behandeln. Nach Copley lag der Hauptgrund für Taylors rigide und „letztlich unhaltbare“ Einstellung zum Gewerkschaftswesen darin, dass Taylor überzeugt war, dass die Gewerkschaftsführer, *die selbst nicht aus den Betrieben kamen*, nur darauf aus waren, in der Industrie die Oberhand zu bekommen, und dass die Beherrschung der Betriebe durch diese Individuen alles Übel jener Art von Machtausübung bringen würde, die von der Verantwortung abgetrennt ist (Copley, 429).

Der Bericht des Hoxie-Ausschusses wurde unter dem Titel „Scientific Management and Labor“ 1915 bei D. Appleton and Company, New York und London publiziert. Die ganze Untersuchung und vor allem auch der Bericht stehen auf einem hohen Niveau bezüglich Qualität und Objektivität der Aussagen.

Dass das Bild über die amerikanischen Gewerkschaften zur Zeit Taylors im deutschen Sprachraum nicht vollständig war, mag auch daran liegen, dass der in dieser Untersuchung mehrfach zitierte Hoxie-Bericht über „Die wissenschaftliche Betriebsführung und die Arbeiterschaft“ nicht in deutscher Sprache verfügbar ist, wohl aber gewissermassen ein Gegenbericht des Gewerkschaftsvertreters in der Hoxie-Kommission, John P. Frey, mit dem genau gleichen Haupttitel und dem Untertitel „Eine öffentliche Untersuchung der Betriebe mit dem Taylorsystem in den Vereinigten Staaten von Nordamerika“, was den Leser vorerst vermuten lässt, dass es sich um den offiziellen Bericht der Hoxie-Kommission handelt. Dem ist aber nicht so. Trotzdem wird aus dem Buch von John P. Frey noch heute im Zusammenhang mit dem Taylorismus so zitiert, als wäre es der offizielle Bericht der Hoxie-Kommission. Frey war als Gewerkschaftsvertreter in die Hoxie-Kommission gewählt worden und war damals Herausgeber des „International Molder's Journal“, das heisst der Zeitschrift der Former (bei uns meist ‚Giesser‘ genannt). Seine Version über die Arbeit der Hoxie-Kommission ist äusserst einseitig. Sein Bericht wurde 1917 in der deutschen „Metallarbeiter-Zeitung“ auf Deutsch publiziert und nachher in Buchform bei P. E. Lindner's Verlag Leipzig (zweite Auflage 1920) herausgegeben.

Näheres über die Ergebnisse der Tätigkeit des erwähnten Ausschusses der Kommission für Industrielle Beziehungen unter Robert F. Hoxie kann im folgenden Kapitel gefunden werden.

Im Frühjahr 1915 verschlechterte sich Taylors Gesundheitszustand weiter. Sein letzter Auftritt in der Öffentlichkeit fand am 3. März vor dem Cleveland Advertising Club im Hotel Statler in Cleveland, Ohio statt, wo er mit viel Temperament vor Geschäftsleuten sein altes Thema des Unsinns der Beschränkung der Leistung behandelte und die Vergrösserung des wahren Wohlstands in der Welt pries. Als Folge des vermehrten Produktions-Ausstosses durch die Beteiligten würden die Möglichkeiten der verkürzten Arbeitszeiten zur Verbesserung der Bildung, zur Vermehrung der Vergnügungen, der Künste, der Musik und alles, was wertvoll ist in der Welt genutzt werden können (Copley II, 450). Auf der Rückreise mit der Eisenbahn wurde Taylor erneut von einer heftigen Bronchitis gequält, die nicht nachliess und sich zu einer Lungenentzündung entwickelte, sodass er sich am 10. März in Spitalpflege in Philadelphia begeben musste. Am 21. März 1915 starb Frederick Winslow Taylor im Alter von 59 Jahren.

Taylors erster Biograph, Frank B. Copley schloss seine Biographie 1923 unter anderem mit den Worten: „In seinem Fleisch und Blut war er seiner Zeit um eine Generation voraus. Deshalb musste sein Leben das eines heroischen Kampfes sein und seine eigenen konkreten Beispiele seiner Philosophie und seines Systems mussten notgedrungen unvollständig und unvollkommen sein. Wenn er in seinem Fleisch und Blut seiner Generation voraus war, so ist er in seinem Geist zeitgenössisch mit den Generationen, die nun kommen. Ein Ergebnis seiner intensiven Anwendung der wissenschaftlichen Methode der Betriebsführung, der Schnellstahl, hat die Produktivität von mechanischen Werkstätten in der ganzen Welt um das Zwei- bis Vierfache gesteigert; aber unendlich wichtiger ist, dass sein Idealismus die Verantwortlichkeit der Unternehmensleitungen in jeder Hinsicht geweckt hat, während sein praktischer Sinn bahnbrechend war für die Art und Weise der Ausübung der Verantwortlichkeiten durch die Unternehmens- und Betriebsführung. Heute, weniger als zehn Jahre nach seinem Ableben werden die konkreten Beispiele seiner Philosophie und seines Systems, welche von denen aufgebaut worden sind, die direkt oder indirekt von ihm Feuer gefangen haben als hervorragende Beispiele der amerikanischen Industrie erwähnt und zwar nicht nur als Beispiele der wirtschaftlichen Unternehmensführung, sondern auch als ethische Beispiele für die guten, die harmonischen Beziehungen, die zwischen Besitzern, Führern und Arbeitern möglich sind. In vielen Ländern werden seine Schriften studiert und Anpassungen seiner Philosophien an die besonderen Bedingungen entwickelt. Die Arbeit des Geistes bleibt erhalten“ (Copley II, 453).

In etwas anderer Tonart schliesst der jüngste Biograph Robert Kanigel 1997 sein Werk ab: „Die Natur, wird gesagt, verliert ihr Interesse, wenn einmal ein Individuum seine Saat ausgeschüttet hat; es kann sterben und im evolutionären Ablauf der Dinge spielt es keine Rolle mehr. So war es auch mit Taylor. Zur Zeit seines Ablebens hatte er bereits den Taylorismus gezeugt und genährt.

Taylor sprach mit wenig Takt. Er war ein Unruhestifter. Dies war aber meist nur theatralische Oberfläche. Tief im Innern war er ein konventioneller Mann, er fühlte sich wohl in seiner Zeit, geborgen innerhalb der Wände seiner gesellschaftlichen Klasse und seiner Verhältnisse, die beständig, fest und undurchdringbar waren.

Das Aufkommen des Taylorismus machte aus unserer Zeit das, was sie ohnehin geworden wäre – nur mehr, nur schneller und unwiderruflicher. Taylor starb relativ jung an Jahren. Aber er lebte lange genug, um die Gedankenströme aufzunehmen, welche durch sein Zeitalter flossen – Normen, Ordnung, Produktion, Regelmässigkeit, Effizienz – und sie zu einem System zu entwickeln, welches unser Zeitalter bestimmt. Unter seinem Zwang und unter seinen Segnungen leben wir heute“ (Kanigel, 570).

5

Die Taylorismuskritik

5.1 Die Trennung von Kopf- und Handarbeit

5.1.1 Die Kritiken

Die seit Taylors Zeiten am häufigsten und am intensivsten geäusserte Kritik an seiner Lehre betrifft das Prinzip der Arbeitsteilung, insbesondere die von Taylor propagierte Trennung von Kopf- und Handarbeit. Diese äussert sich im Taylorsystem in der Schaffung des Planungsbüros, dem alle vorbereitenden Aufgaben übertragen werden und das dem Arbeiter mit den Instruktionskarten bis ins letzte Detail die Arbeitsmethode vorschreibt. Ein weiterer Aspekt der Arbeitsteilung, wie sie Taylor propagierte, bestand darin, dass er Facharbeiter, die Maschinen zu bedienen hatten, von Neben-Tätigkeiten wie Werkzeugschleifen entlastete und solche Aufgaben einer spezialisierten Kraft z.B. im Werkzeugraum übertrug. (Dieser Aspekt wird im folgenden Abschnitt 5.2 behandelt.)

Schon nach der Publikation von Taylors „Shop Management“ wurden die Kritik an der Arbeitsteilung und der Vorwurf der Sinnentleerung der Arbeit und die Degradierung des Arbeiters zum Automaten laut, zu welchen Taylor eine erste Entgegnung in seiner Publikation „Die Grundsätze wissenschaftlicher Betriebsführung“ 1912 verfasste (Taylor, Grundsätze, 134). An den Anhörungen vor dem Sonderausschuss des Repräsentantenhauses stellte der Vorsitzende des Ausschusses William B. Wilson ebenfalls im Jahre 1912 die Frage an Taylor: „Wenn der Arbeiter Instruktionen, wie die Arbeit ausgeführt werden soll, stillschweigend befolgen muss, würde er dadurch nicht einfach zu einem Roboter werden und würde das nicht letztlich die Fähigkeiten und den Wert der Fähigkeiten des Arbeiters herabsetzen?“

(Taylor, Testimony, 197). Die Antwort Taylors fiel sehr ausführlich aus. Sie wird hier im Anschluss an weitere Kritiken zum selben Thema ausführlich dargestellt werden.

Im Rahmen der Untersuchungen der Kommission für Industrielle Beziehungen unter Robert F. Hoxie im Jahre 1914/15 kam die Frage der Arbeitsteilung und die Trennung von Kopf- und Handarbeit wiederum auf den Tisch und zwar unter der Liste der Ansprüche der gewerkschaftlichen Seite in folgender Formulierung: „Die wissenschaftliche Betriebsführung verurteilt den Arbeiter zu einer monotonen Routine; sie führt dazu, dass dem Arbeiter das Denken, die Initiative, die Arbeitsbefriedigung und die Arbeitsfreude verweigert wird, sie schädigt und unterdrückt ihn intellektuell; sie tendiert dazu, seine Individualität und seinen erfinderischen Geist zu zerstören. Sie erhöht die Gefahr von Betriebsunfällen; sie unterminiert die Gesundheit des Arbeiters, verkürzt die Zeitspanne seiner Arbeits- und Erwerbsfähigkeit und führt zu vorzeitigem Altern. Sie legt der gesamten Arbeitgeberschaft eine ungeheure Menge von Informationen und Methoden in die Hände, welche skrupellos zum Nachteil der Arbeiter verwendet werden können. Sie schafft die Möglichkeit zu systematischer Erpressung und gestattet keine Garantie gegen den Missbrauch der erklärten Grundsätze und Praktiken“ (Hoxie, 17).

Diese Aufzählung ist nur ein kleiner Teil der aufgelisteten Kritik, welche vom Vorstand der American Federation of Labor AFL, d.h. dem Amerikanischen Gewerkschaftsbund zusammengestellt und dem Hoxie-Ausschuss vorgelegt worden war. Diese Liste lässt kaum noch Lücken für spätere Kritiken offen. Trotzdem sollen zum Thema Arbeitsteilung und zur Trennung von Kopf- und Handarbeit im Folgenden noch neuere Einwände gegen die Lehre Taylors dargelegt werden.

1920 kam bei Julius Springer in Berlin eine Publikation „Kritik des Taylor-Systems“ von Gustav Frenz heraus, worin zitiert wird: „Die Intelligenz des Arbeiters wird nicht gebraucht und nicht gewünscht“ und gefragt wird, ob die Anhänger der wissenschaftlichen Betriebsführung glauben, das Brachliegen dieser Kräfte verantworten zu können (Frenz, 42). Später fragt Frenz, was man von einem guten Arbeiter verlangen könne: „Freude am Beruf und Offenheit in allen Dingen?“ Diese beiden Eigenschaften schliessen laut Frenz „natürlich ein Verfahren nach dem Rezept Taylors, das Denken aus dem Betrieb zu nehmen, vollständig aus“ (Frenz, 83).

Georges Friedmann schreibt in seinem Werk „Grenzen der Arbeitsteilung“ (Deutsche Verlagsanstalt Frankfurt a.M. 1959, S. 3): „Von hier (dem

Zeitalter der industriellen Revolution, Walter Hebeisen) nimmt die unaufhörliche, vielfältige und allgemeine Zersplitterung der Arbeitsverrichtungen ihren Anfang, die im Verlauf des 19. Jahrhunderts vor allem begünstigt wird durch die Spezialisierung der Maschine und den unerschütterlichen, man möchte fast sagen, mystischen Glauben, der die Welt der Techniker durchdringt und ab 1880 im *Taylorismus* seinen reinsten Ausdruck findet: der Glaube, dass jede „wissenschaftliche" Rationalisierung der Arbeit von einer Aufsplitterung der Arbeitsaufgaben begleitet wird, die den Ertrag der nun nicht mehr handwerklichen Arbeit erhöht, die Produktionsmenge steigert und gleichzeitig die Produktionskosten der in genügend grosser Serie hergestellten Güter senkt."

1973 schreiben Ulich, Groskurth und Bruggemann in „Neue Formen der Arbeitsgestaltung", Seite 8: „Durch den *Taylorismus* wurde eine Arbeit postuliert, die infolge extremer Teilung und ständiger Wiederholung minimale Anforderungen an den Arbeiter stellt, wodurch dessen Anlernzeit auf ein Minimum reduziert und der Arbeiter selbst austauschbar wird."

Walter Volpert schreibt 1985 in seinem Buch „Zauberlehrlinge. Die gefährliche Liebe zum Computer", das sich unter anderem mit dem Einzug der „*Taylorisierung*" in der Form von Expertensystemen in die Konstruktionsbüros und selbst in die Arbeitsplanung befasst, auf S. 36: „Zunächst spricht nichts dafür, dass die Folgen bei der neuen *Taylorisierung* grundsätzlich anders sein werden als bei der alten. Man wird weniger Experten der verschiedenen Richtungen brauchen, diese werden einen erheblich verringerten Handlungsspielraum haben und einen verstärkten Leistungsdruck zu spüren bekommen. So wie Fliessbänder den Menschen bestimmt nicht die monotone Arbeit abgenommen haben, so werden das auch die Rechner nicht tun. Hier wie dort werden die Menschen mit einem Ablauf konfrontiert, dem sie sich unterwerfen müssen. All dies wird sich schädlich auf die Gesundheit, die geistige Beweglichkeit und die allgemeine Lebensfreude auswirken."

Im „Handbuch der Arbeitswissenschaft" (Luczak und Volpert, 1997, Schäffer-Poeschel, Stuttgart) steht, verfasst von M. Moldaschl unter 6.1.3.1 „Noch aktuell: tayloristische Rationalisierung" (S. 686): „Charakteristische Konsequenz *tayloristischer* Rationalisierung für die Beschäftigten ist eine Polarisierung in wenige qualifizierte (Planer, Taylorismusexperten) und viele gering qualifizierte Arbeitskräfte mit geringer Autonomie und Bezahlung, geringen Aufstiegschancen und hohen psychophysischen Belastungen."

5.1.2 Kommentare zu den Kritiken

Aus heutiger Sicht wiegen jene Vorwürfe am schwersten, nach welchen die Lehre Taylors zu einer Degradierung des Arbeiters führe, dass diesem das Denken, die Initiative und die Arbeitsbefriedigung verweigert werde, dass seine Intelligenz nicht mehr gebraucht und nicht gewünscht werde, dass wegen extremer Arbeitsteilung und ständiger Wiederholung nur noch minimale Anforderungen an den Arbeiter gestellt werden und dass der Arbeiter einen erheblich reduzierten Handlungsspielraum habe und mit einem Ablauf konfrontiert werde, dem er sich unterwerfen müsse.

Die erste von Taylor selbst stammende Entgegnung zur Kritik, dass das System der wissenschaftlichen Betriebsführung und das darin propagierte Prinzip der Arbeitsteilung zu einer Sinnentleerung der Arbeit und zur Degradierung des Arbeiters zum Automaten führe, findet sich in seinen „Grundsätzen der wissenschaftlichen Betriebsführung" (134): Taylor spricht dort von Arbeitern, die häufig sagten, wenn sie zum ersten Mal mit Taylors System in Berührung kommen: „Was, ich darf nicht denken und mich nicht rühren, ohne dass jemand dreinredet oder es für mich tut?" und sagt dann, dass die gleiche Kritik und der gleiche Vorwurf gegen jegliche moderne Spezialisierung erhoben werden könne. Als Beispiel bringt er die Ausbildung und die Arbeit des modernen Chirurgen. Dessen Ausbildung sei genau so systematisch und auf wissenschaftlicher Grundlage beruhend wie diejenige der Arbeiter unter seinem System. Die Instrumente mit denen der junge Arzt umzugehen lerne, seien Gegenstand einer langen und eingehenden Entwicklungsarbeit gewesen. Der Unterricht, diese Instrumente in der allerbesten Art zu verwenden, verengere in keiner Weise den Gesichtskreis des Chirurgen. Derart ausgerüstet und ausgebildet könne der Chirurg seine eigene Individualität und Intelligenz zu einer *wirklichen Bereicherung des Allgemeinwissens verwenden, anstatt alte Dinge wieder neu zu erfinden.* Dasselbe gelte bezüglich der Ausbildung und der Arbeit der Arbeiter unter seinem System, welche dank der intensiven Schulung durch ihre Lehrer befähigt werden, höher qualifizierte und besser bezahlte Arbeit als bisher zu leisten.

„Der Taglöhner, den man zuvor nur dazu verwenden konnte, um zu schaufeln, Erde von einem Platz zum anderen zu karren, oder Arbeitsstücke von einer Abteilung der Fabrik in die andere zu transportieren, wird in vielen Fällen angelernt werden können, die einfachere Arbeit eines Maschinenarbeiters zu tun. Der billige Maschinenarbeiter, der bisher nur eine Bohrmaschine bedienen konnte, lernt die schwierigere und besser bezahlte Arbeit an der Drehbank, während der geschicktere Dreher Funktionsmeister oder Lehrer wird.

Es mag scheinen, als ob beim neuen System für den Arbeiter nicht derselbe Anreiz bestünde, seine Intelligenz zum Ersinnen neuer und besserer Arbeitsmethoden anzustrengen, als unter dem alten System. Er soll auf jede Weise ermuntert werden, Verbesserungen vorzuschlagen. Allerdings darf der Arbeiter unter dem neuen System nicht jedes Gerät oder jede Methode anwenden, die ihm bei seiner Arbeit gerade richtig erscheint. Er sollte aber auf jede Weise dazu ermuntert werden, Verbesserungen in den Methoden und Werkzeugen vorzuschlagen. Die Betriebsleitung sollte es als feste Regel betrachten, jede Verbesserung, die ein Arbeiter vorschlägt, sorgfältig zu prüfen und genau den relativen Vorteil des neuen Vorschlags gegenüber der alten Norm zu ermitteln. Wenn sich aber die neue Methode tatsächlich als besser erweist als die alte, dann sollte sie als Norm für den ganzen Betrieb festgelegt werden und der Arbeiter sollte die volle Anerkennung für seine Verbesserung finden. Auch sollte er eine Prämie in bar als Belohnung für seine Findigkeit erhalten. Auf diese Weise wird die wirkliche Eigeninitiative der Arbeiter unter dem Regime der wissenschaftlichen Betriebsführung eher verwirklicht als unter dem alten System" (Taylor, Grundsätze, 134–137, leicht gekürzt).

Als William B. Wilson, Vorsitzender des Sonderausschusses des Repräsentantenhauses anlässlich der Anhörungen im Jahre 1912 die Frage an Taylor stellte, ob unter dem dritten Grundsatz Taylors – nämlich dass die Vorgesetzten in herzlichem Einvernehmen mit den Leuten zusammenarbeiten sollen, um auf diese Weise sicherzustellen, dass alle Arbeiten in Übereinstimmung mit der Wissenschaft ausgeführt werden, welche hierfür entwikkelt wurde - das Ziel der wissenschaftlichen Betriebsführung nicht darin bestehe, dass der Arbeiter die Direktiven, wie er seine Arbeit auszuführen habe, strikte befolgen müsse.

Taylor antwortete darauf: „Es entspricht den Regeln der wissenschaftlichen Betriebsführung, dass der Arbeiter in Übereinstimmung mit den Gesetzen arbeitet, welche entwickelt worden sind und dass sich die Leute zu mindest (wenn sie eine neue Arbeit auszuführen haben, die für sie ungewohnt ist) einmal an die Methode halten, die ihnen vorgegeben wurde, bevor sie Einspruch dagegen erheben oder sich beschweren. Wenn nach einem einmaligen Versuch mit der neuen Methode irgend ein Arbeiter einen besseren Vorschlag irgend einer Art machen kann, dann ist dieser Vorschlag für die Betriebsleitung äusserst willkommen. Und es sind diese Vorschläge der

Arbeiter, welche neun Zehntel unseres Fortschritts ausmachen. Auf diesem Weg gewinnen wir den grössten Teil unserer Kenntnisse und den Anstoss für die Verbesserungen der Methoden und der Einrichtungen" (Taylor, Testimony, 196).

Auf die anschliessende, weiter vorne zitierte Frage von William B. Wilson, ob nicht die vom Arbeiter unter dem System der wissenschaftlichen Betriebsführung geforderte strikte Einhaltung der Arbeitsunterweisungen diesen zu einem Roboter werden lasse und ob dies nicht schliesslich dessen Fähigkeiten und den Wert dieser Fähigkeiten vermindere, antwortete Taylor in ähnlicher Weise wie in seinen Grundsätzen. Er brachte wiederum das Beispiel des modernen Chirurgen und dessen Ausbildung und wiederholte, dass Vorschläge der Arbeiter höchst willkommen seien, sofern sie die vorgegebene Methode zumindest einmal ausprobiert haben und dass dann mittels Experimenten geprüft werde, welche Methode wirklich besser sei. Es sei nicht eine Sache der Beurteilung durch die Betriebsleitung oder durch irgend jemand, sondern alleine die Sache der Beurteilung durch einen effektiven Versuch und durch eine Zeitstudie, um herauszufinden, ob ein Vorschlag besser sei als die Norm, welche vorher galt (Taylor, Testimony, 199).

Angesichts dieser Stellungnahmen Taylors können Kritiken von der Art, dass die Intelligenz des Arbeiters nicht gebraucht und nicht gewünscht sei und dass das Rezept Taylors darin bestehe, das Denken aus dem Betrieb zu nehmen (Frenz, 42 und 83) nicht gut aufrechterhalten werden. Allerdings ist das zu beachten, was schon William B. Wilson bei den Anhörungen vorbrachte, nämlich dass trotz allem schliesslich auch unter der wissenschaftlichen Betriebsführung die Betriebsleitung der letzte Schiedsrichter über Fragen der Arbeitsmethoden sei. Hierzu erwiderte Taylor, dass sich unter der wissenschaftlichen Betriebsführung ein Gesetzeswerk (a code of laws) entwickle, welches von beiden Seiten als fair und gerecht akzeptiert werde und: „was ich klar machen will, ist, dass das frühere willkürliche System des Diktators in der obersten Geschäftsleitung, der alles und jedes mit seinem Schiedsspruch entschied, aufgehört hat zu existieren" (Taylor, Testimony, 213). Zu diesem Punkt äussert sich der Hoxie-Bericht über „Wissenschaftliche Betriebsführung und Arbeiterschaft" mit einer Aussage, die auch Ende des zwanzigsten Jahrhunderts gelten kann: „Die letzte Entscheidung muss notwendigerweise beim Arbeitgeber liegen. Dies ist eine Eigenheit des Geschäftslebens (That is inherent with business)" (Hoxie, 102).

Dass der Vorwurf an das Taylor-System, der Arbeiter werde darin zum reinen Ausführenden von festen Regeln mit einem minimalen freien Handlungsspielraum degradiert, auch heute immer wieder erhoben wird, ist zu einem guten Teil auf Taylor selbst und auf die apodiktische, keinen Widerspruch duldende Ausdrucksweise in seinen Worten und Schriften zurückzuführen.

In „Shop Management“ (133) schreibt Taylor zum Beispiel im Zusammenhang mit der Einführung des Planungsbüros: „Jeder Mann muss lernen, seine eigene persönliche Arbeitsweise aufzugeben, in seinen Arbeitsmethoden die zahlreichen neuen Normen zu übernehmen und sich daran gewöhnen, Richtlinien zu gehorchen, welche Einzelheiten betreffen, die gross oder klein sein können und die in der Vergangenheit seiner individuellen Entscheidung überlassen waren. Anfangs sieht der Arbeiter darin nichts als Bürokratie und unverschämte Einmischung und es muss ihm Zeit gewährt werden, sich von diesem Ärgernis zu erholen.“

Oder auf Seite 140: „Der erste Schritt besteht für jeden Mann darin, dass er lernt, die bestehenden Gesetze zu befolgen, so wie sie sind.“

Copley schreibt in seiner Biographie Taylors das Folgende über zwei frühere Mitarbeiter Taylors aus der Zeit in Midvale, die damaligen Maschinisten Fannon und Shartle, welche die spätere Laufbahn Taylors mit viel Interesse verfolgt hatten: „Unter den vielen sarkastischen Bemerkungen, mit welchen Taylor seine Leute bedachte, erscheint diejenige, die am meisten für Aufregung und Ärger gesorgt hat in den folgenden Bemerkungen von William A. Fannon: „Ich habe oft gedacht, dass Mr. Taylor einen rascheren Fortschritt erzielt hätte, wenn er taktvoller und dafür weniger kampflustig auf solch intensive Weise gegenüber jedem gewesen wäre, der nicht mit ihm einverstanden war. Eine Bemerkung, die Mr. Shartle und mich bleibend beeindruckt hat, war ein von ihm oft geäusserter Einwand, wenn wir opponierten oder ihm einen Vorschlag zur Diskussion stellten. ‚Ihr habt nicht zu denken‘, pflegte er zu sagen, ‚es gibt hier andere Leute, die fürs Denken bezahlt werden‘. Diesem Ausspruch fügte Mr.Shartle bei: ‚Ich hatte gegenüber Mr. Taylor nie zugestanden, dass es mir nicht gestattet war zu denken. Wir hatten einige scharfe Auseinandersetzungen gerade über diesen Punkt‘ Können Sie sich irgend einen anderen Manager vorstellen, der eine solche Aussage nicht leichtfertig seinen Leuten hinwirft, sondern sie mit ihnen effektiv ausdiskutiert! Dahinter steckte ganz einfach der Geist von Taylors Schalk und seine scherzhafte Ader. Er hatte nichts desto trotz etwas sehr Ernstes und vor allem Wichtiges im Sinn“ (Copley I, 188). Copley meint damit, dass Taylor aus seiner Erfahrung heraus spreche und handle, die er mit vielen seiner früheren Ideen und dem schier unüberwindlichen Widerstand gegen deren Verwirklichung gemacht hatte. „Die Führungsmethoden, die er im Gefolge seiner Kämpfe mit seinen Leuten entwickelte, waren so neu und fremd, dass er gezwungen war, gebieterisch vorzugehen, damit sie übernommen wurden“ (Copley I, 174). Dabei waren die Widerstände gegen seine Methoden im Kader oft noch wesentlich stärker als bei den Leuten in den Werkstätten.

Zu den apodiktischen Aussprüchen Taylors, die zur wichtigsten Kritik an Taylors System führten, gehört sicher der Satz in „Shop Management“ (98): „Alle vorstellbare Denkarbeit sollte aus den Werkstätten entfernt und im Planungsbüro konzentriert werden, sodass den Meistern und Vorarbeitern Tätigkeiten bleiben, die strikte ausführender Art sind. Sie sollten ihre Zeit bei den Leuten verbringen, diese lehren, voraus zu denken, und sie in ihrer Arbeit anzuleiten und zu instruieren.“ Die Kritiker, und vielleicht auch Taylor selbst, haben aber den Doppelsinn in dieser Aussage übersehen, wenn Taylor am Ende seines Satzes fordert, dass die Meister, die Arbeiter lehren sollten, *voraus zu denken.* Also doch „Denken in der Werkstatt“! Dass Taylor das Denken in der Werkstatt nicht abschaffen wollte, geht auch aus seinen Äusserungen vor dem Sonderausschuss des Repräsentantenhauses hervor, nach denen Verbesserungsvorschläge der Arbeiter sehr erwünscht seien und prämiert werden sollen, vorausgesetzt ein Arbeiter habe die von Taylor entwickelte Methode mindestens einmal selbst angewandt.

Aus heutiger Sicht ist sicher zu bedenken, dass die neuen Arbeitsmethoden, die aus Taylors systematischer Analyse hervorgingen für die Arbeiter damals viel grössere Umstellungen zur Folge hatten, als alles was heute noch in unseren Betrieben durch Verbesserungsschritte ausgelöst wird oder werden kann. Solche Umstellungen führten naturgemäss zu grossen Widerständen und diese wiederum zu drastischen Vorgehensweisen seitens Taylors, der nie im Rufe stand, ein sehr geduldiger Mann zu sein.

Copley schreibt dazu: „Wir können wohl feststellen, dass auch wenn Taylor diplomatische Methoden einsetzen mochte, er bei deren Anwendung äusserst rastlos war. Seine Geduld im Umgang mit Eitelkeiten oder der Selbstliebe der anderen war rasch erschöpft und seine Anläufe, jemanden zu überzeugen oder zu überreden, brachen meist rasch ab. Angesichts seiner Wesensart wäre es ungerecht, ihn stierköpfig zu nennen, jedoch verachtete er es, Gegnerschaft durch Umgehungsmanöver zu überwinden. Es entsprach vielmehr seinem Instinkt, geradewegs durch ein Hindernis durchzustossen, um das Ziel in seiner Mitte zu treffen und dies mit Härte“ (Copley I, 156).

Es ist offensichtlich, dass die zwar nicht von Taylor erfundene, aber von ihm mitpropagierte Arbeitsteilung, insbesondere die stärkere Trennung zwischen planender und ausführender Tätigkeit zu grossen Schritten in der Erhöhung der industriellen Produktivität geführt hat. Das Bestreben, im Betrieb immer wieder Produktivitätsverbesserungen zu erzielen, hat auch heute nicht nachgelassen. Bei den heute angewandten modernen Organisationsformen werden aber Verbesserungen der Produktivität vermehrt in den Werkstätten in Zusammenarbeit mit den Arbeitern erarbeitet. Dass heute Werkstattarbeiter in die Entwicklung neuer Verfahren einbezogen werden, steht aber nicht im Gegensatz zu Taylors Prinzipien. Andererseits wird auch heute ein gewisser Grad der Arbeitsteilung im Sinne der Abtrennung von besonderen Expertenaufgaben als nutzbringend betrachtet.

Ein wichtiger Punkt der Kritik bezüglich der Wirkungen der Arbeitsteilung wurde schon in den Anhörungen des Sonderausschusses des Repräsentantenhauses 1912 und in unserer Zeit erneut erhoben, nämlich dass das Taylorsystem infolge extremer Teilung und ständiger Wiederholung minimale Anforderungen an den Arbeiter stelle, wodurch dessen Anlernzeit auf ein Minimum reduziert und der Arbeiter selbst austauschbar werde (Ulich, Groskurth und Bruggemann, 1973, 8) und dass diese Arbeitsteilung zu einer Polarisierung in wenige qualifizierte und viele gering qualifizierte Arbeitskräfte geringer Autonomie und Bezahlung, geringen Aufstiegschancen und hohen psychophysischen Belastungen führe (M. Moldaschl in Luczak und Volpert, 1997, 686).

In der Hoxie-Kommisssion wurde vor allem die Kritik laut, dass die der wissenschaftlichen Betriebsführung inhärente Tendenz zur Spezialisierung noch gefördert werde durch das progressive Ansammeln von traditionellem Fachwissen, welches das Eigentum der Arbeiter war, in den Händen der Arbeitgeber. Dank diesem Wissen könnten sich die Vertreter der wissenschaftlichen Betriebsführung darauf berufen, keinen Bedarf an gelernten Fachleuten (engl. craftsmen) und deshalb auch keinen Bedarf für ein System der Lehrlingsausbildung mehr zu haben (Hoxie, 126). Die Hoxie-Kommission befürchtete vor allem die Tendenz zur Entstehung spezialisierter Industrien und zu einer Schwächung der Fachgewerkschaften und sie stellt schon 1915 einen spürbaren Rückgang des Bedarfs an gelernten Facharbeitern fest (Hoxie, 135).

Taylors Antworten auf diese Kritiken finden sich einerseits in den Grundsätzen der wissenschaftlichen Betriebsführung: „Jeder Arbeiter ist geschult worden, bis er seine höchste Stufe der Effizienz erreichte und er ist auch für eine höher qualifizierte Arbeit ausgebildet worden, als die welche er unter dem alten System der Betriebsführung ausführen konnte“ (Taylor, Grundsätze, 155, Übersetzung W.Hebeisen).

Hinwiederum bestätigte Taylor bei den Anhörungen vor dem Sonderausschuss des Repräsentantenhauses den Umstand, dass einerseits bei Bethlehem Steel die Anforderungen an die Fähigkeiten der Maschinenarbeiter stark reduziert worden seien, dass es aber auf der anderen Seite die vereinfachten Arbeitsmethoden bei den Maschinen der Grobbearbeitung möglich gemacht haben, dass Handlanger, die früher Kohle oder Schlacke geschaufelt hatten, nun solche Maschinen bedienen und entsprechend auch mehr verdienen konnten. Auf die Frage, was dann mit den Arbeitern geschehen sei, welche früher auf diesen Grobbearbeitungsmaschinen gearbeitet hatten, antwortete Taylor: „Wenn es gute Leute waren und wenn sie fähig waren zu lernen, wurden sie von dort zu den Maschinen der Feinbearbeitung befördert.“ Er beschrieb, dass es unter der wissenschaftlichen Betriebsführung eine allgemeine Aufwärtsbewegung durch alle Bereiche der Werkstätten gebe und dass es die Betriebsleitung als ihre Pflicht betrachte, jeden bis zur höchsten Stufe zu bringen, für die er geeignet ist und ihn so zu entlöhnen, wie es den Anforderungen dieser Stufe entspricht. Die besten der Facharbeiter wiederum seien zu funktionalen Meistern im Planungsbüro befördert worden (Taylor, Testimony, 244–246). Diese Erklärungen tönen wohl etwas idealistisch aber sie bilden doch ein glaubhaftes Gegenargument zum Vorwurf der Reduktion der Anforderungen und der geringeren Aufstiegschancen der Arbeiter.

Die Gegenüberstellung der Kritiken bezüglich der Wirkung der Prinzipien Taylors auf die Anforderungen und Qualifikationen der Arbeiter im Betrieb gemahnt einem an den Vergleich zwischen dem halbleeren und dem halbvollen Glas. Man sieht entweder die Reduktion der Anforderungen an die Facharbeiter (und deren Beschäftigungsmöglichkeiten) oder die Bereicherung der Arbeit für Handlanger. Auf jeden Fall ist zumindest in der Maschinenindustrie seit Taylors Zeiten kein genereller Überfluss an Facharbeitern entstanden und es ist heute noch so, dass Facharbeiter die häufigsten und begehrtesten Beförderungsmöglichkeiten bei denjenigen Tätigkeiten finden, welche früher in Taylors Planungsbüro ausgeübt wurden.

> *Überspitzt könnte man heute formulieren, dass Taylor nicht das Denken aus dem Betrieb genommen, sondern das Denken überhaupt in die Unternehmen gebracht hat.*

5.2 Die Zerlegung der Arbeit in immer kürzere, sinnentleerte, monotone Arbeitsfolgen

5.2.1 Die Kritiken

Neben der Verlagerung der Kopfarbeit in die Planungsbüros und der Ausgabe genauer Arbeitsinstruktionen durch dieses Büro, welche im vorangehenden Kapitel behandelt worden sind, sieht die Kritik im System der wissenschaftlichen Betriebsführung Taylors noch weitere Aspekte, die zu „immer *kürzeren*, sinnentleerten und monotonen Arbeitsfolgen“ führen. Diese Aspekte betreffen einerseits die Aufgliederung zum Beispiel der Maschinenarbeit in vorbereitende und ausführende Arbeiten (Werkzeugschleifen, Maschinenunterhalt und Beschicken und Überwachen der Maschine) und andererseits die Zerlegung in immer kürzere Arbeitsfolgen als Folge einer mehr oder weniger gezielten Aufteilung eines längeren Arbeitsablaufs in sehr kurze Arbeitszyklen wie zum Beispiel auf Montagestrassen des Automobilbaus oder in der Schuhindustrie.

Als Beispiel für diese Art der Kritik seien die Äusserungen von Georges Friedmann hier wiederholt: „Von hier nimmt die unaufhörliche, vielfältige und allgemeine Zersplitterung der Arbeitsverrichtungen ihren Anfang, die im Verlauf des 19. Jahrhunderts vor allem begünstigt wird durch die Spezialisierung der Maschine und den unerschütterlichen, man möchte fast sagen, mystischen Glauben, der die Welt der Techniker durchdringt und ab 1880 im *Taylorismus* seinen reinsten Ausdruck findet: der Glaube, dass jede „wissenschaftliche“ Rationalisierung der Arbeit von *einer Aufsplitterung der Arbeitsaufgaben* begleitet wird, die den Ertrag der nun nicht mehr handwerklichen Arbeit erhöht, die Produktionsmenge steigert und gleichzeitig die Produktionskosten der in genügend grosser Serie hergestellten Güter senkt“ (G. Friedmann, 1959, 3).

Im Bericht der Hoxie-Kommission steht die Aussage, dass trotz dem Ziel der Zeitstudien, die Aufgabe des Arbeiters so einfach zu gestalten, dass er ungestört und ungehindert seine Leistung erbringen könne, „die vorwiegende Tendenz der Zeitstudie darin bestehe, die Arbeit in kleinere und einfachere Aufgaben und Operationen aufzugliedern“ (Hoxie 1915, 125).

Zur Kritik der feinen Aufsplitterung der Arbeit nach den Prinzipien Taylors gehört auch die Kritik, dass man dem Arbeiter die kleinste Bewegung vorschreibe und ihm keinen Spielraum für eine eigene Gestaltung mehr lasse.

5.2.2 Kommentare zu den Kritiken

Die Aufgliederung von Maschinenarbeit (zum Beispiel die Arbeit an Drehbänken und anderen Maschinen in den mechanischen Werkstätten) in vorbereitende und ausführende Arbeiten, verdient eine separate Betrachtung, weil sie ein Hauptgrund für die Kritik war, Taylor nehme den Facharbeitern ihre *Faustregeln* weg und ersetze sie durch ein System, eine Wissenschaft für jedes einzelne Arbeitselement (Volpert, 1985, 29). Taylor machte bei seinen ersten Zeitstudien bei Midvale Steel die Beobachtung, dass die Maschinisten, also die Facharbeiter an den Drehbänken und Bohrmaschinen usw. viel Zeit verloren, wenn sie die für bestimmte Aufträge notwendigen Werkzeuge und Vorrichtungen in den Werkstätten selbst zusammensuchten (Copley I, 267), wenn sie die Schnittwerkzeuge auf ihre eigene und drastisch ungenügende Weise schärften, wenn die Riemenantriebe versagten oder wenn Maschinenstörungen wegen ungenügenden Unterhalts zu Unterbrüchen führten. Diese Umstände hatten in den Augen Taylors die nachteilige Wirkung, dass es dem Arbeiter unmöglich gemacht wurde, seine auf einem reibungslosen Ablauf aufbauenden Zeitvorgaben zu erreichen und damit in den Genuss der differentiellen, hohen Lohnansätze zu kommen. Vor allem waren aber die erwähnten Störungen im Betriebsablauf einer der Gründe dafür, dass die Produktivität der Maschinenarbeiter nur rund ein Drittel des Möglichen betrug.

Aus heutiger Sicht der Betriebspraxis gesehen, war damals einerseits die Betriebsorganisation ineffizient, weil sie wegen mangelhafter Planung der Abläufe und ungenügendem Unterhalt der Betriebsmittel zu grossen Zeitverlusten führte. Taylor begegnete diesem Mangel mit seiner „Systematisierung" oder Normung der Abläufe und der betrieblichen Hilfsmittel, was ihm auch aus heutiger Sicht kaum zum Vorwurf gemacht werden kann. Andererseits wurde damals die Leistungfähigkeit der Maschinen ungenügend ausgenutzt. Taylor entwickelte mit seinen Mitarbeitern mit Hilfe seiner wissenschaftlichen Vorgehensweise neue Techniken für die Formgestaltung und das Schleifen der Werkzeuge und konnte mit diesen Massnahmen und den Verbesserungen der Riemenantriebe wesentlich höhere Maschinenleistungen erzielen. Offenbar waren die von Taylor kritisierten und die insbesondere von den heutigen Taylorkritikern hochgelobten „Faustregeln" der Facharbeiter sehr weit vom betrieblichen Optimum entfernt, sodass deren „Wegnahme" und der Ersatz durch neue wissenschaftlich erarbeitete Arbeitselemente nur durch diejenigen kritisiert werden sollte, welche Produktivitätsfortschritte generell ablehnen und dem Ideal eines gemütlichen, vorindustriellen Handwerksbetriebs nachtrauern.

Eine andere Frage ist die von Taylor vorgenommene Übertragung von solchen Arbeitselementen an andere Personen in den Werkstätten. Danach sollte der Maschinenarbeiter unter anderem nicht mehr selbst seine Werkzeuge schleifen und nicht mehr selbst seine Maschine mitsamt dem Riemenantrieb unterhalten. Dieser Aspekt der Arbeitsteilung setzte sich nach Taylor wegen seiner Effizienz universell durch, hatte aber effektiv zur Folge, dass die Breite der Arbeitsaufgabe des Facharbeiters an den Maschinen abnahm und dass Anforderungen und Anlernzeit reduziert werden konnten, zu mindest was die Arbeit in der Serienproduktion betrifft. Dabei aber von Sinnentleerung der Arbeit und von der Degradierung des Arbeiters zum Automaten zu sprechen, ist sicher stark übertrieben, besonders wenn, wie im vorangehenden Abschnitt gezeigt wurde, damit bisherigen Hilfsarbeitern ermöglicht werden konnte, in diese höher qualifizierten Arbeitsaufgaben aufzusteigen.

In den letzten zwei Jahrzehnten hat eine teilweise Umkehrung dieser Art von Arbeitsteilung stattgefunden, indem die Pflege der Betriebsmittel und die Behebung kleinerer Störungen wieder vermehrt Teil der Aufgabe auch angelernter Maschinenarbeiter (und -arbeiterinnen) geworden sind, allerdings verbunden mit einem entsprechend gestiegenen Ausbildungsaufwand. Bei der Formgebung und dem Schleifen der Werkzeuge ist aber der „tayloristische" Trend noch weitergegangen, indem heute genau dem Fertigungsprozess entsprechende Spanwerkzeuge schon vom Hersteller der modernen Bearbeitungszentren den Betrieben zur Verfügung gestellt und bei Bedarf nachgeliefert werden.

In Bezug auf die oft geäusserte Kritik an der Zerlegung der Arbeit in immer kürzere, monotone Arbeitsfolgen als Folge der Aufteilung eines längeren Arbeitsablaufs in sehr kurze Arbeitszyklen, muss sich der aufmerksame Leser der Schriften und der anderweitig dokumentierten Äusserungen Taylors fragen, wo und für welche Arbeiten denn Taylor eine solche Verkürzung der Arbeitszyklen als Mittel zur Produktivitätssteigerung überhaupt propagiert hat. Die Antwort kann mit genügender Sicherheit lauten: nirgends! Weder Charlie Chaplins Manipulationen mit den Schraubenschlüsseln im Film „Modern Times" noch Henry Fords Fliessbandarbeit im Automobilbau können direkt auf die Lehrsätze oder auf die Applikationen Taylors in den von ihm „systematisierten" Unternehmen zurückgeführt werden.

Taylor selbst wurde anlässlich der Anhörungen vor dem Spezialausschuss des Repräsentantenhauses mit dieser Kritik konfrontiert, als ihn der Vorsitzende William B. Wilson fragte: „Ist nicht die Möglichkeit, die Arbeit so aufzuteilen, dass die Arbeiter den gleichen Arbeitsgang immer und immer wieder auszuführen haben, ein Element der wissenschaftlichen Betriebsführung?" Taylor antwortete darauf: „Bei der wissenschaftlichen Betriebsführung ist es genau gleich wie bei den anderen Typen der Betriebsführung; weder mehr noch weniger" (Taylor, Testimony, 203). Taylor verwies anschliessend auf das Beispiel der Schuhindustrie, wo unter den älteren Systemen der Betriebsführung sehr kurze Arbeitszyklen üblich seien. Dies würde zweifellos auch unter der wissenschaftlichen Betriebsführung so weitergehen. Es gebe in dieser Hinsicht nur einen Unterschied zu den anderen Systemen, sagte dann Taylor in seiner typischen Ausdrucksweise, nämlich dass es unter der wissenschaftlichen Betriebsführung zur Gewohnheit und zur Freude der Leute werde, die auf der Seite der Betriebsleitung stehen, zu versuchen ihren Leuten zu helfen, zur höchsten Stufe der Arbeit aufzusteigen, zu der sie fähig seien. Dies ist natürlich eine ausweichende Antwort Taylors und lässt den Schluss zu, dass er auch nicht *gegen* kurze Arbeitszyklen gewesen wäre, wenn sie sich nach seinen Analysen als effizient erwiesen hätten.

Aber man kann trotzdem festhalten, dass der Eingang sehr kurzer Arbeitsgänge in gewisse Industrien in erster Linie andere Auslöser hatte als Taylors Prinzipien der wissenschaftlichen Betriebsführung. Fords Fliessbandarbeit zum Beispiel hatte ihr Vorbild in den Fliessketten der grossen Schlachthäuser von Chicago (Henry Ford 1922, 94). Um ein Bild zu bekommen mit wie kurzen Arbeitstakten die Arbeiter bei Ford damals konfrontiert waren, kann man aus den Zahlenangaben in Fords Buch die folgenden nach verschiedenen Kürzungen schliesslich erreichten Taktzeiten pro Arbeitsvorgang ableiten: Motorenmontage: 7 min 24 sec; Chassismontage: 44 sec; Montage der Zündmagnete: 27 sec (Henry Ford, Mein Leben und mein Werk, 1922, 94–96).

Man könnte die These aufstellen, dass die auf den Montagebändern bei Ford im Laufe weniger Jahre immer kürzer werdenden Zyklen nicht nur die Konsequenz analytischer Studien sondern auch die Folge der Bequemlichkeit der Arbeitsplaner war, welche infolge des grossen Markterfolgs des T-Modells innerhalb kurzer Zeitabstände den Ausstoss der Produktionslinien zu erhöhen hatten. Zwischen 1910 und 1917 wurde bei Ford der Ausstoss an Automobilen im Durchschnitt um fast 70% pro Jahr gesteigert, in manchen Jahren mehr als verdoppelt (Henry Ford 1922, 169), sodass man annehmen kann, dass die Arbeitsplaner das Problem wenigstens zum Teil mit einer immer feineren Aufteilung der Arbeitsgänge lösten. Derartige Verkürzungen der Arbeitszyklen als Folge von Ausstosserhöhungen konnten auch auf unserer Seite des Atlantiks noch in der zweiten Hälfte des zwanzigsten Jahrhunderts zum Beispiel im Apparatebau beobachtet werden. Erst in den siebziger Jahren kam die Tendenz auf, im Rahmen der sogenannten neuen Arbeitsformen den Arbeitsinhalt der Arbeitszyklen vor allem bei Montagearbeiten wieder substantiell zu erhöhen.

Die Frage stellt sich natürlich, *warum* Taylor mit einer grossen Persistenz der Vorwurf angelastet wird, der Auslöser der extremen Unterteilung in sehr kurze Arbeitszyklen zu sein, wie sie vermehrt in den verschiedensten Industrien anzutreffen waren.

Schon bei der Lektüre des Vorworts zu seiner Publikation „A Piece-Rate System“ trifft man auf die folgenden Sätze: „Die Bestimmung von Zeitvorgaben auf Grund von Arbeitselementen unterscheidet sich von anderen Methoden, die Stücklöhne festzulegen, indem eine sorgfältige Studie der benötigten Zeit für jede einzelne Grundoperation (elementary operation) durchgeführt wird, in welche die Produktion eines Betriebes aufgegliedert werden kann. Diese Grundoperationen werden dann klassifiziert, aufgezeichnet und indexiert und wenn die Vorgabe für eine Arbeit im Leistungslohn benötigt wird, teilt man zuerst die Arbeit in ihre Grundoperationen auf, für welche die zugehörige Zeit in den Zeitunterlagen gefunden werden kann, worauf man aus diesen Zahlenwerten die für die Arbeit benötigte Gesamtzeit aufaddiert“ (Taylor, A Piece Rate-System, 857).

In Taylors Publikation „Shop Management“ steht zu lesen: „Wenn eine Arbeit oft wiederholt werden muss, sollte die Zeitstudie sehr fein und genau sein. Jede Arbeit sollte sorgfältig in ihre Grundoperationen aufgeteilt werden und jede dieser Zeiteinheiten sollte der allergründlichsten Zeitstudie unterzogen werden. Bei der Festlegung der Zeit für die Arbeitsaufgaben und die Stücklohn-Vorgaben für diese Art von Arbeitsaufgaben sollte der Arbeitsablauf in eine Anzahl von Teilen aufgegliedert werden und eine separate Zeit und eine separate Vorgabe (a separate price) sollte jeder Teiloperation zugeordnet werden anstelle einer einzigen Zeit und einer einzigen Vorgabe für die gesamte Arbeitsaufgabe“ (Taylor, Shop Management, 85). Dies sollte aus verschiedenen Gründen so gemacht werden. Für Taylor bestand der wichtigste Grund darin, dass der durchschnittliche Arbeiter bei länger dauernden Arbeiten, wie dem Drehen von Radreifen für Eisenbahnwagen, die

Möglichkeit haben sollte, seine Arbeitsleistung in häufigen Intervallen mit der Vorgabe zu vergleichen.

Vor dem Sonderausschuss des Repräsentantenhauses sagte Taylor aus: „Als Beispiel für die (oben erwähnten) Teiloperationen, wie sie in allen mechanischen Werkstätten anzutreffen sind, möchte ich die Operation erwähnen, welche darin besteht, einen Bolzen und eine Schraubzwinge zu ergreifen und den Kopf des Bolzens in die Nut einer Maschine zu stecken, dann ein Distanzstück unter dem Ende der Zwinge anzubringen und den Bolzen anzuziehen. Nun ist dies eine Operation aus einer Reihe von einfachen Operationen, welche jeden Tag in jeder mechanischen Werkstätte hunderte von Malen vorkommen. Es ist klar, dass eine Serie von Bewegungen wie diese analysiert werden und dass die beste Methode zur Ausführung dieser Bewegungen herausgefunden werden kann. Darauf kann eine Zeitstudie durchgeführt werden, um die genaue Zeit zu bestimmen, die ein Mann benötigt, um seine Arbeit richtig auszuführen, ohne jede Hast und trotzdem ohne Zeitverschwendung. Dies war der generelle Weg während einer unserer Untersuchungen, welche wir zu jener Zeit (bei Midvale Steel) begannen" (Taylor, Testimony, 86).

Diese Zitate belegen, dass es Taylor bei der feinen Unterteilung von Arbeitsgängen um eine Technik der Arbeits- und Zeitstudien ging, mit der rationelle Teilarbeitsgänge entwickelt werden konnten und welche es ermöglichte, die für diese Arbeitsgänge notwendigen Zeiten so zu klassieren und zu registrieren, dass sie für die Ermittlung von Vorgabezeiten auf rationelle Weise aus Tabellen herausgelesen und zur Bestimmung der Vorgabe für eine gesamte Arbeitsaufgabe mit den Zeiten für die anderen Elemente zusammengezählt werden konnten. Es ist keine Rede davon, dass der Zweck der feinen Unterteilung der Messgrössen in der Schaffung von immer kürzeren, sinnentleerten, monotonen Arbeitsfolgen bestand.

Man erhält den Eindruck, dass die Kritiker Taylors diese Passagen in Taylors Werken wenn überhaupt, nur oberflächlich und unkritisch gelesen haben und die Unterteilung zum Zweck der Messung und der Analyse verwechselt haben mit einer Unterteilung zum Zweck einer gezielten Minimalisierung der Länge der Arbeitsschritte.

Der Vorwurf an Taylor, immer kürzere und sinnentleertere Arbeitsweisen propagiert zu haben, ist nicht haltbar.

Auch die Kritik, dass man dem Arbeiter die kleinste Bewegung vorschreibe und ihm keinen Spielraum für eine eigene Gestaltung mehr lasse, greift zu kurz. Sie ist wohl vor allem am Schreibtisch und nicht in Werkstattnähe entstanden. Man könnte meinen, dass es dem Arbeiter im Taylor-System nicht einmal mehr gestattet wäre, sich ab und zu hinter dem Ohr zu kratzen. Taylor selbst hat auf die gemessenen Zeiten, in denen auch Abweichungen vom idealen Bewegungsablauf vorkommen können, Zuschläge von 20-30% für unvermeidliche Unterbrüche gemacht. Darin haben eine Reihe von Zusatzbewegungen Platz und überdies finden die Arbeiter erfahrungsgemäss selbst immer wieder Abkürzungen im Arbeitsablauf, auch gegenüber dem „One best way". Taylor hat, wie andernorts vermerkt wurde – wohl mit einiger Übertreibung – angegeben, dass 90% aller Verbesserungen von den Arbeitern selbst stammten.

5.3 Die Ausbeutung des Arbeiters durch hohe Leistungsvorgaben und Verdienstanreize

5.3.1 Die Kritiken

Taylor wurde schon vor der Veröffentlichung seiner Grundsätze der wissenschaftlichen Betriebsführung öfters mit der Kritik konfrontiert, mit seiner Methode zum Festlegen der Stückpreise und mit seinem System des differentiellen Stücklohns die Arbeiter zur Erschöpfung zu treiben.

In der späteren Auflistung der gewerkschaftlichen Kritik am System der wissenschaftlichen Betriebsführung durch den Vorstand der American Federation of Labor AFL wird folgendes aufgeführt: „Die wissenschaftliche Betriebsführung ist in ihrem Geist und in ihrem Kern ein gerissen ausgedachtes System, welches einen Bonus für Muskeln und Geschwindigkeit statt für Intelligenz gewährt und welches die Individuen dazu zwingt, „Hetzer" und „Raser" zu werden; es stimuliert und treibt die Arbeiter an bis zur Grenze der nervlichen und körperlichen Erschöpfung, ..." und so fort (Hoxie 1915, 15).

Ein weiterer Kritikpunkt, der im Hoxie-Bericht festgehalten wird und der auch später vor allem von gewerkschaftlicher und von sozialpolitischer Seite immer wieder vorgebracht wurde, lautet dahin, dass neben der in der Industrie zunehmenden Verwendung von Maschinen und der Normierung von Werkzeugen, Produkten, Materialien und Prozessen, welche für den Arbeiter eine Reduktion des notwendigen Wissens und des notwendigen

Geschicks zur Folge haben, eine Entwicklung stattfinde, welche „viel heimtückischer und viel gefährlicher“ sei. Sie bestehe „im Zusammentragen all des verstreuten handwerklichen Fachwissens, dessen Systematisierung und Konzentration in den Händen der Arbeitgeber, welche dieses dann wieder in der Form detaillierter Vorschriften verteilen und dabei jedem Arbeiter nur dasjenige Wissen vermitteln, das er für die mechanische Ausführung einer bestimmten, relativ sehr kurzen Arbeitsaufgabe benötigt. Wenn dies vollzogen ist, ist der Arbeiter nicht länger ein Facharbeiter (craftsman) in irgendeinem Sinn, sondern ein belebtes Werkzeug der Betriebsleitung“ (Hoxie, 132).

In heutiger Terminologie wird dieselbe Entwicklung wie folgt taxiert: Kernstück des Systems des Herrn Taylor sei die *Wissensenteignung*. Dabei müsse man dem Arbeitenden jenes grösste Gut wegnehmen, nämlich die Masse von Faustregeln und ererbten Kenntnissen (Zitate aus Taylors Werken), wenn man ihn kontrollieren wolle (Volpert, Zauberlehrlinge, 28).

5.3.2 Kommentare zu den Kritiken

Während der Anhörungen der Sonderkommission des Repräsentantenhauses wurde das Thema der Überforderung der Arbeiter durch Taylors Methoden der Zeitmessung und der Festlegung der Stückpreise mehrmals aufgegriffen. In seiner umfangreichen Darlegung seines Systems zu Beginn der Anhörungen sagte Taylor mit Bezug auf die Zeitstudien und die Entlöhnungsformen für das Verladen von Eisenbarren und das Schaufeln auf dem grossen Lagerplatz bei Bethlehem Steel, dass in den letzten 6 Monaten seiner Tätigkeit bei Bethlehem Steel das Unternehmen mit dem neuen System in diesem Bereich Einsparungen mit einer Rate von $ 78’000 pro Jahr erzielte, „während die Männer von der Platzmannschaft im Durchschnitt sechzig Prozent mehr Lohn erhielten, als ihre Brüder irgendwo im Lande verdienten oder verdienen konnten. Und keiner von ihnen war überarbeitet, weil es nicht Teil der wissenschaftlichen Betriebsführung ist, je einen Mann zu überfordern (engl. to overwork), sondern weil es eines der ersten Erfordernisse der wissenschaftlichen Betriebsführung ist, nie einem Mann eine Arbeit zu geben, welche er nicht leisten kann und bei welcher er sich nicht über viele Jahre gedeihlich entwickeln kann. Es gehört nicht zur wissenschaftlichen Betriebsführung, irgend jemanden anzutreiben“ (Taylor, Testimony, 65).

„Es gehört zu den Prinzipien der wissenschaftlichen Betriebsführung, von den Leuten zu verlangen, die Dinge auf die richtige Weise zu tun, etwas Neues zu lernen, ihre Arbeitsweise zu verändern in Übereinstimmung mit der Wissenschaft und als Gegenleistung einen Lohnzuschlag zu erhalten, der 30 bis 100% beträgt und der in Abhängigkeit des Geschäftszweigs variiert, in welchen die Leute tätig sind" (Taylor, Testimony, 73).

Diese und andere Aussagen Taylors darf man sicher dahin interpretieren, dass es Taylor bei der Produktivitätserhöhung, die er durch sein System erreichen wollte, nicht so sehr um höhere Geschwindigkeit und höhere Anstrengung der Leute ging, als vielmehr um die Übernahme und Einhaltung der verbesserten Methoden durch die Ausführenden. Eine beträchtliche Prämie wurde nicht für ein höheres Arbeitstempo bezahlt, sondern für die Bereitschaft der Arbeiter, ihre Arbeitsweise möglicherweise radikal zu ändern. Zu dieser Änderung gehörte es auch, die systematische Leistungszurückhaltung, das für Taylor unakzeptable systematische Bummeln, aufzugeben. In diesem Aspekt der Änderung der Arbeitsweise steckt natürlicherweise für den Arbeitenden eine Erhöhung der Anstrengung über einen Arbeitstag, weil nicht anzunehmen ist, dass während des Bummelns der Energieaufwand der Arbeitenden besonders hoch war.

In seiner Publikation „A Piece-Rate System" (S. 62) schrieb Taylor zu diesem Punkt: „Die eine Sache besteht darin, zu wissen, wieviel Arbeit in einem Tag geleistet werden kann und eine vollständig andere Sache ist es, auch nur die besten Leute dafür zu gewinnen, ihre höchste Leistung zu erbringen oder sie nur annähernd zu erreichen." Der Biograph Kanigel erweitert diesen Satz: „Und nicht einfach, weil der Mann mehr zu schwitzen oder sich mehr anzustrengen hätte. Des öftern, wenn der Zeitstudienmann seine Untersuchung beendet hatte, war die Arbeit effektiv leichter. Später hat Taylor verneint, dass von den Leuten in seinen Werkstätten jemals anstrengendere Arbeit verlangt worden sei. Wissenschaftliche Betriebsführung bedeutete verbesserte Methoden, normierte Verfahren, besser unterhaltene Maschinen. Die Betriebsleitung erfüllte ihre Aufgabe besser und gab den Leuten die Möglichkeit mehr zu produzieren, vielleicht mit nur einem Häppchen mehr Eifer aber nicht mit härterer Arbeit" (Kanigel, 209).

Auch heute weiss jeder Betriebspraktiker, dass die wirklichen Produktivitätserhöhungen mit besseren Methoden und Verfahren und nicht mit mehr Arbeitstempo erreicht werden können. Er weiss aber auch, dass der Widerstand der Leute gegen Änderungen – und ganz besonders der Widerstand der Fachleute – das grosse Problem bei der Verwirklichung von Verbesserungen ist. Taylor suchte dieses Problem dadurch zu lösen, dass er seinen widerspenstigen Arbeitern einen grossen Bonus offerierte.

Man fragt sich angesichts dieser Ausführungen wiederum, wie die Kritik der Ausbeutung der Arbeiter durch Überforderung bei der Erfüllung der Vorgaben Taylors entstehen konnte, und vor allem auch wie sie sich halten konnte.

Es kann dafür verschiedene Gründe geben. An sich müssen radikale Änderungen im ganzen Betriebsgeschehen und in den Beziehungen zwischen Arbeitgebern und Belegschaft, wie sie Taylor propagierte, Widerstand und Kritik fast automatisch auslösen, nicht zuletzt natürlich auch bei der organisierten Arbeiterschaft. Weiter war auch in diesem Fall *die oft ungeschickte Ausdrucksweise Taylors* ein gewichtiger Anstoss zur Opposition. Und Taylors unglückliche Wahl der schweren Arbeit des Verladens von Roheisenbarren durch den Schwerarbeiter Schmidt als Beispiel für sein Vorgehen bei der Entwicklung seiner Wissenschaft und seiner Gesetze der Arbeit war möglicherweise auch ein Grund für den generellen Widerstand gegen sein System.

Taylor spricht von seinem „*first-class man*" (Roesler übersetzte den Term 1913 mit „erste Kraft", manchmal auch mit „erstklassiger Mann") als dem Arbeiter, „der in den meisten Fällen zwischen zwei- und dreimal soviel leisten kann, als vom durchschnittlichen Mann geleistet wird" (Taylor, Shop Management, 24), was den unvorbereiteten Leser zu mindest an einen Übermenschen denken lässt, den Taylor als Massstab für sein Produktionssystem gewählt hat. Taylor fährt im nächsten Abschnitt weiter und sagt: „Der Schreibende hat herausgefunden, dass dieser enorme Unterschied zwischen dem erstklassigen Mann und dem durchschnittlichen Mann in allen Industrien und Geschäftszweigen vorkommt, die er untersucht hat." Und etwas weiter steht zu lesen: „Es muss klar verstanden werden, wenn er auf die Möglichkeiten eines erstklassigen Mannes hinweist, der Schreibende damit nicht sagen will, was ein Mann leisten kann, wenn er einen Spurt vorlegt oder wenn er sich überanstrengt, sondern was ein guter Mann während einer langen Reihe von Jahren aufrechterhalten kann, ohne seine Gesundheit zu schädigen. Es ist ein Arbeitstempo, unter welchem ein Mann glücklicher werden und gedeihen kann" (Taylor, Shop Management, 25). Natürlich tönt das zu schön, um ganz wahr zu sein, aber aus vielen anderen Äusserungen Taylors kann man ableiten, dass Taylor mit grosser Ernsthaftigkeit bemüht war, eine Arbeitsleistung zu definieren, die von einem geeigneten und für die Arbeit geschulten Mann ohne Überanstrengung über lange Zeit eingehalten werden konnte. Der grosse Unterschied, den Taylor in seinen Untersuchungen zwischen den besten und den durchschnittlichen Leuten gefunden hat, führte er selbst auf die sehr unterschiedlichen Arbeitsmethoden der Leute und ihre unterschiedliche Leistungsbereitschaft im „alten System" zurück, in welchem die Betriebsleitung keine Ahnung hatte von der Zeit, die nötig war, um eine bestimmte Arbeit auszuführen.

Vor dem Sonderausschuss wurde Taylor mehrfach und sehr eingehend über das Phänomen des „first-class man" und was dieser sei und was denn ein „second-class man" sei ausgefragt, bis sich die Diskussion fast ins Komische steigerte: Taylor sagte, es gebe zwei Arten von „second-class men", jene die physisch fähig für eine Arbeit seien, aber es ablehnen, diese zu tun und jene die physisch und mental für eine bestimmte Arbeit ungeeignet seien. Auf die Frage des Vorsitzenden, was denn die wissenschaftliche Betriebsführung vorschlage, wie man sich um die Leute kümmern solle, welche für eine bestimmte Arbeit nicht „first-class" seien, antwortete Taylor ungeduldig: „Ich gebe es auf", nachdem er vorher mehrmals erklärt hatte, es sei Aufgabe der Betriebsleitung, für ihre Leute Arbeitsplätze zu finden, für die sie geeignet wären. Der Vorsitzende insistierte: „Hat die wissenschaftliche Betriebsführung keinen Platz für solche Leute?" und die Antwort Taylors war: „Die wissenschaftliche Betriebsführung hat keinen Platz für einen Vogel, der singen kann und nicht singen will." Nach der Entgegnung des Vorsitzenden: „Ich spreche hier überhaupt nicht von Vögeln", nahm dann die Anhörung wieder sachlichere Formen an. Im angeschnittenen Thema beschäftigte sich der Sonderausschuss schliesslich mit der Frage, ob es in den Vereinigten Staaten genug Arbeitsplätze gebe für Leute aus der Industrie, die nach Taylor nicht genügend qualifiziert sind und endete in wirtschafts-, konjunktur und gewerkschaftspolitischen Überlegungen (Taylor, Testimony, 175). Die Lektüre der Protokolle ist jedenfalls auch heute noch spannend.

Die Frage, ob die Zeitvorgaben Taylors die Arbeiter zur Erschöpfung treiben, wird zur Frage, ob man den Aussagen Taylors Ernsthaftigkeit zugestehen kann oder nicht. Taylors Ziel war es jedenfalls nicht, dass sein System die Leute überfordern sollte. Die Frage bleibt aber offen, ob bei der Anwendung von Taylors System in der Praxis durch Andere Überforderungen ausgeschlossen sind. Doch davon mehr in den nächsten Kapiteln.

Man ist geneigt, die für die Ausführenden in den Werkstätten, für die Arbeiterorganisationen und für die Industrie ganz allgemein wichtige Frage der „Wegnahme des Wissens und der Faustregeln der Fachleute in den Werkstätten und deren Konzentration in den Händen der Arbeitgeber" (Volpert) als ideologisch motivierte Frage abzutun, besonders wenn sie unter dem Namen „Wissensenteignung" erscheint. Schon die Hoxie-Kommission hat aber realisiert, dass Stellung und Bedeutung des handwerklichen Wissens und Könnens in der Industrie durch Taylors System der Betriebsführung grundsätzlich infrage gestellt werden und sie befürchtete, dass mit dem dadurch ausgelösten Rückgang der Anzahl handwerklich ausgebildeter Fachleute der amerikanischen Industrie unverhältnismässig viele Kenntnisse und Fähigkeiten verloren gehen würden. Das von Taylors Prinzipien induzierte Bild des Verschwindens des handwerklich geschulten Arbeiters aus den Werkstätten und die Bildung eines Wissensmonopols in den Büros der Betriebsleitung bewegt heute wie damals viele, die sich mit Fragen der Arbeitsorganisation und der Arbeits- und Sozialwissenschaften befassen.

Taylor beschrieb sein Prinzip auf seine Art sehr drastisch in seiner Darlegung zu Beginn der Anhörungen vor der Sonderkommission wie folgt: „Die erste von vier Gruppen von Pflichten, welche die Betriebsleitung übernimmt, ist das gezielte Zusammentragen der grossen Masse von traditionellem Wissen, welches in der Vergangenheit in den Köpfen der Arbeitenden und in den physischen Fähigkeiten und im Geschick des Arbeiters steckte, das er während der Jahre seiner Erfahrung erworben hat. Die Pflicht zum Einsammeln der ganzen grossen Masse von traditionellem Wissen und dessen Aufzeichnung und Tabellierung und in vielen Fällen dessen Ableitung (engl. reduction) zu Gesetzen, Regeln und sogar zu mathematischen Formeln, wird freiwillig von den Leitern der wissenschaftlichen Betriebsführung übernommen“ (Taylor, Testimony, 40).

Etwas später, am selben Tag der Anhörungen, erläuterte dann Taylor seine Sicht, dass Arbeiter, welche unter dem alten System für sich bessere Methoden entwickelten, ihre Erkenntnisse meist für sich behielten und dass diese dann oft auch wieder verloren gingen. Taylor beschrieb anschliessend die Entwicklung der Kunst oder Wissenschaft des Schneidens von Metallen durch ihn und seine Mitarbeiter bei Midvale und später bei Bethlehem Steel als Beispiel dafür, wie die Leute der Betriebsleitung „ihrer Pflicht und ihrem Vergnügen“ nachkommen, „nicht nur Gesetze zu entwickeln, um die Faustregeln der Arbeiter zu ersetzen, sondern alle Arbeiter, welche ihnen unterstellt sind, unparteiisch in der schnellsten Art, die Arbeit zu tun zu unterrichten. Die nützlichen Ergebnisse, die mit diesen Gesetzen erzielt werden, sind immer derart bedeutend, dass jedes Unternehmen es sich gut leisten kann, die Zeit und die Experimente zu bezahlen, welche nötig sind, um sie zu erarbeiten. Auf diese Weise, unter dem System der wissenschaftlichen Betriebsführung, werden überall, früher oder später, sicher die Faustregeln ersetzt, während unter der alten Art der Betriebsführung die Arbeit in Übereinstimmung mit wissenschaftlichen Gesetzen unmöglich ist" (Taylor, Testimony, 97).

Damit ersetzt oder ergänzt Taylor seine kurz vorher beschriebene einseitige Übernahme des Wissens der Arbeiter in den Werkstätten und dessen Aufzeichnung, Registrierung und Wiederverbreitung durch die Betriebsleitung und statuiert als wichtige Aufgabe der Betriebsleitung die Entwicklung *und Verbreitung* von Arbeitsmethoden und Verfahren, welche wesentliche Steigerungen der betrieblichen Produktivität zur Folge haben.

Es ist deshalb nicht korrekt von Wissensenteignung als Charakteristikum der wissenschaftlichen Betriebsführung zu sprechen. Man könnte umgekehrt sogar sagen, dass die wissenschaftliche Betriebsführung dafür sorgt, dass als Folge der Schulung der Arbeiter in den neuen Methoden das Wissen der Arbeiter vermehrt wird. Jedenfalls ist es zum Beispiel so, dass die Erkenntnisse aus Taylors Untersuchungen über die Zerspanung von Metallen und deren Weiterentwicklung auch noch in heutiger Zeit Inhalt der Lehrlingsausbildung sind und dadurch immer wieder in den „Besitz" der Facharbeiter kommen.

Das von arbeitswissenschaftlicher Seite öfters kritisierte Wegnehmen und Ersetzen der (guten alten) Faustregeln durch die Betriebsleitung mag auch in gefühlsmässiger Hinsicht bedauerlich sein, besonders wenn man idealisierte oder zum Teil noch bestehende Bilder des Handwerks, wie etwa dasjenige eines Geigenbauers vor sich hat. In der industriellen Umwelt können sich nun einmal auf alter Erfahrung beruhende Faustregeln nicht halten, wenn neue Arbeitsweisen wirtschaftlich in ähnlichem Ausmass überlegen sind, wie die von Taylor entwickelten Methoden des Schneidens von Metallen. Auch in den fünfziger Jahren dieses Jahrhunderts konnte der Verfasser dieser Zeilen noch die schmerzhaften Probleme erleben, die das „Wegnehmen" der Faustregeln aus dem Betrieb erzeugen kann. In einem Textilunternehmen pflegte der erfahrene Färbereimeister den korrekten Säuregrad des Farbbads mit seiner Zunge zu prüfen bis die jungen Textilchemiker aus dem Betriebslabor, gegen grossen Widerstand, wissenschaftlichere Kontrollmethoden durchsetzten.

Eine andere Frage als der Wert der handwerklichen Erfahrung ist natürlich die Verlegung der Quelle des Wissens und damit auch von Macht aus dem Schatz der Gilde der Handwerker „in die Hände der Unternehmer", was unter anderem praktisch weltweit zu einem Rückgang der nach Handwerksgattungen aufgezogenen Gewerkschaften und zur steigenden Bedeutung der Branchengewerkschaften geführt hat. Schon 1915 hat die Hoxie-Kommission die Gefahren erkannt, die der organisierten und der nichtorganisierten

Arbeiterschaft aus der nicht aufhaltbaren Verbreitung der wissenschaftlichen Betriebsführung drohten und folgendes festgehalten: „Wenn wir heute nicht zuschauen wollen, wie die amerikanische Arbeiterschaft zu einer grossen Masse von angelernten (engl. semi-skilled) und schlecht organisierten Arbeitskräften wird, muss eine neue Art des Schutzes der Arbeitsbedingungen und des Lebensstandards gefunden werden, welche die Gewerkschaften bisher erzielt haben und etwelche Mittel müssen gefunden werden, um dem Arbeiter das zurückzugeben, was er rasch am verlieren ist als Folge der Einengung der Fertigkeiten und des Diebstahls seines handwerklichen Wissens. Dies ist ein weiteres Problem, das die organisierten Arbeiter für sich und für die Gesellschaft lösen müssen" (Hoxie, 133).

Zusammengefasst kann zur generellen Kritik der Ausbeutung des Arbeiters durch die Leistungsvorgaben nach den Grundsätzen der wissenschaftlichen Betriebsführung gesagt werden, dass es erwiesenermassen nicht das Ziel von Taylors Lehre war, die Leute in ihrer Leistungserbringung zu überfordern.

Ob es in der betrieblichen Praxis bei der Anwendung von Taylors System zu Überforderungen kommt, hängt von der Seriosität und dem Verantwortungsbewusstsein der Leitung der Unternehmen, der Angemessenheit der Leistungsvorgaben und nicht zuletzt auch vom Funktionieren des Zusammenspiels zwischen Arbeitgeber und Arbeitnehmer und von der Existenz geeigneter, wenn möglich gegenseitig verabredeter Kontrollmechanismen ab. Sehr wahrscheinlich ist die Gefahr der Überforderung der Arbeiter bei der Anwendung des Systems der wissenschaftlichen Betriebsführung geringer als bei anderen Systemen, falls es solche heute ausser in der Theorie noch gibt.

5.4 Der Mangel an Wissenschaftlichkeit

Die Wissenschaftlichkeit des Systems von Taylor wurde schon vor 1900 in den Kreisen der ASME angezweifelt. In den Anhörungen des Sonderausschusses des Repräsentantenhauses von 1912 und in den Unterlagen der Hoxie-Kommission von 1915 finden sich direkte Hinweise auf solche Kritiken. Eine generelle Kritik bezweifelt die Zulässigkeit der Anwendung von wissenschaftlichen Methoden bei der menschlichen Arbeit überhaupt und spezifischere Kritikansätze betreffen vor allem die Wissenschaftlichkeit der Zeit- und Leistungsvorgaben Taylors in der Praxis.

Taylor selbst begegnete der generellen Kritik der Anwendung wissenschaftlicher Methoden in seiner breiten Darlegung seines Systems vor dem Sonderausschuss 1912 mit den Worten: „Es amüsiert mich festzustellen, dass dieser Einwand vor allem von den Professoren dieses Landes kommt. Sie nehmen die Verwendung des Wortes Wissenschaft übel, wenn es im Zusammenhang von etwas so trivialem wie den täglichen Gegebenheiten des Lebens gebraucht wird." Taylor zitiert dann einen amerikanischen Wissenschafter namens McLaurin, den Präsidenten des (Massachusetts) Institute of Technology in Boston, welcher kürzlich das Wort Wissenschaft als „klassifiziertes oder organisiertes Wissen irgendwelcher Art" definiert habe (Taylor, Testimony, 41).

Der Ingenieur und Unternehmer und frühere Präsident der ASME, Henry R. Towne, schrieb in seinem Vorwort zu Frank B. Copleys Taylor-Biographie 1923 unter anderem: „Zahllos waren [neben F.W. Taylor] die anderen Organisatoren von Industrie und Handel, jeder von ihnen hat mit mehr oder weniger Erfolg die Lösung seines eigenen Problems erarbeitet aber keiner hat erfasst, dass viele dieser Probleme gemeinsame Einflussgrössen besitzen und dass sich daraus die Möglichkeit und das Bedürfnis für eine organisierte Wissenschaft ergeben könnte. Mr. Taylor war der Erste, der diese Tatsache begriffen hat und erkannte, dass auf diesem Gebiet wie in den Naturwissenschaften das System von Bacon (the Baconian system, Francis Bacon, 1561–1626, engl. Philosoph) angewandt und dass eine praktische Wissenschaft geschaffen werden konnte, indem man die drei Prinzipien dieses Systems befolgte, nämlich die genaue und vollständige Beobachtung der Fakten, die intelligente und unvoreingenommene Analyse dieser Fakten und die Formulierung von Gesetzen durch Ableitung aus den auf diese Weise erzielten Ergebnissen" (Copley I, XXI).

Ein Zeuge für die Wissenschaftlichkeit von Taylors Werk ist der grosse französische Metallurge, Erfinder und Professor der Chemie an der Sorbonne, Henri Louis Le Chatelier, der persönlichen Kontakt mit Taylor pflegte. In einem Brief an Taylor hat Le Chatelier geschrieben, dass die Experimente, die Taylor (im Zusammenhang mit seinen Zerspanungsversuchen) mitten im Werkstatts-Alltag durchgeführt hatte, durch und durch wissenschaftlicher gewesen seien, als die welche üblicherweise in Hochschul-Laboratorien zu sehen waren. Er sei irgendwie beschämt, eine wissenschaftliche Tätigkeit eines praktischen Mannes vorzufinden, die unendlich viel weiter entwickelt sei als seine eigene (Copley I, 126).

In der eigentlichen Befragung Taylors vor dem Sonderausschuss des Repräsentantenhauses 1912 wurde konkret Kritik an der Wissenschaftlichkeit von Ergebnissen in Taylors Werken geübt, insbesondere an der Wissenschaftlichkeit von Taylors Zeit- und Leistungsvorgaben. Taylor erläuterte während dieser Befragung, dass er zu den Resultaten der Zeitstudien, die er oder seine Assistenten bei einem gut geeigneten Mann gemacht haben, der mit einer angemessener Geschwindigkeit (engl. proper rate of speed) arbeitete, einen Zuschlag von 20 bis 27% für unvermeidbare Verzögerungen oder Unterbrüche machten und dass diese Zuschläge durch lange Erfahrung herausgefunden worden seien. Diese Zuschläge seien allgemein von den Arbeitern als korrekt akzeptiert worden und er habe nie gehört, dass diese als unkorrekt zur Diskussion gestellt worden seien. Der Vorsitzende William B. Wilson befragte Taylor darauf, mit welcher wissenschaftlichen oder mathematischen Berechnung er diesen Zuschlag von 20 bis 27% ermittelt habe, um den er die Zeit erhöhte, die er mit der Stoppuhr gemessen hatte. Taylor antwortete darauf: „Wir haben das mit einer sehr sorgfältigen Untersuchung gemacht und diese Untersuchung wurde mehrmals wiederholt bei Leuten, die für eine bestimmte Arbeit geeignet waren." Taylor beschrieb dann weiter, wie die betreffenden Leute angesprochen worden seien und wie man sie um ihre Kooperation bei diesen Messungen ersucht habe und erläuterte dann in vielen Worten, wie man durch gute Zusammenarbeit mit den Arbeitern diese Werte ermittelt habe: „Dies ist typisch für die Art und Weise, wie wir zu diesen Prozentzahlen kommen." Wilson gab nicht auf: „Ist dieser Zuschlag von 20 bis 27% nicht willkürlich entstanden, indem eine Person, welche den Arbeitsvorgang beobachtet hat, darüber entschied, wie gross der Zeitzuschlag sein sollte?" Taylor stritt jede Willkür ab und wiederholte, dass diese Zuschläge durch Beobachtung und mit Hilfe der Stoppuhr über längere Zeiträume ermittelt worden seien (Taylor, Testimony, 162). Die Diskussion kam zu keinem schlüssigen Ergebnis. Da Taylor keine Erhebungsblätter vorlegte, kann auch heute nicht beurteilt werden, wie wissenschaftlich, das heisst wie repräsentativ für die Vorgänge im Betrieb seine Ermittlungen waren. Klar ist nur sein Prinzip, dass solche Zeitwerte durch Beobachtung und Messung und nicht durch Erraten (engl. guesswork) bestimmt werden müssen. Heute gibt es Methoden, um die sogenannten Verteilzeitzuschläge mit statistisch gesicherter Genauigkeit zu ermitteln wie z.B. mit der Technik der Multimomentaufnahmen. Diese stehen durchaus in der Tradition Taylors, solche Daten durch Beobachtung über längere Zeiträume zu bestimmen.

Schwieriger ist die Ermittlung von Erholungszuschlägen, auf die wir schon im Kapitel 4.6.5 „Das Umladen von Eisenbarren“ eingegangen sind. Auch hier war die Vorgehensweise Taylors durchaus wissenschaftlich, obschon der Ansatz, die Belastung der Arbeiter mit der Messgrösse der geleisteten Anzahl Meterkilogramm zu messen, schliesslich nicht praktikabel war, was auch Taylor einsah. Heute kennt man bessere Verfahren, indem man die geleistete physische Arbeit mit dem Verbrauch von Kilokalorien misst.

Wichtiger noch als die „Wissenschaftlichkeit“ oder Genauigkeit der Zuschläge auf die gemessenen Zeiten ist die Genauigkeit der eigentlichen Ausführungszeiten selbst. Dabei geht es selbstverständlicherweise nicht nur um die Genauigkeit der Ablesung der Stoppuhr oder die Feinheit der Unterteilung der gemessenen Arbeitsvorgänge; diese Punkte werden in Taylors „Shop Management“ sehr sauber beschrieben. Während der Anhörungen vor dem Sonderausschuss des Repräsentantenhauses wurde auch die Frage der Messbarkeit gedanklicher Arbeit diskutiert, zum Beipiel beim Lesen von Zeichnungen durch den Arbeiter. Taylor bejahte deren Messbarkeit, worauf Mr. Tilson zu Taylor sagte: „Danach ist doch alles nur eine Approximation“, worauf Taylor antwortete: „Die Gesamtheit der Zeitstudien ist nur eine Approximation. Es gibt keine eindeutige Genauigkeit im ganzen Bereich der Zeitstudien. Alles was wir hoffen, ist dass wir mit der Zeitstudie eine bedeutend bessere Annäherung bezüglich der Zeit erreichen, als wir je zuvor hatten“ (Taylor, Testimony, 260).

Bei der Frage der Genauigkeit der Resultate von Zeitstudien geht es vor allem um die Frage, wie bei der Zeitmessung die unterschiedliche Arbeitsgeschwindigkeit der verschiedenen Arbeiter berücksichtigt wird, weil diese neben der angewandten Arbeitsmethode die Hauptursache für die relativ grossen Unterschiede in den gemessenen Zeiten bildet. Taylor selbst hat festgehalten, dass nicht zwei Arbeiter mit derselben Geschwindigkeit arbeiten. Wie schon erwähnt schlug Taylor zur Lösung dieses Problems vor, die Zeitstudien an einem erstklassigen Mann durchzuführen.

Die Frage nach der Genauigkeit der Zeitwerte wurde zu Taylors Zeiten in der Form der Frage nach der Gefahr der Überforderung der Arbeitenden gestellt, auf die in dieser Untersuchung schon im vorangehenden Abschnitt 5.3 „Die Ausbeutung des Arbeiters durch hohe Leistungsvorgaben“ eingegangen wurde. Das Prinzip Taylors, seine Vorgaben aus Messungen der Leistung erstklassiger Arbeitskräfte abzuleiteten, war damals wie heute eine wissenschaftlich unbefriedigende Lösung. Im Bericht der Hoxie-Kommission ist in diesem Zusammenhang folgendes zu lesen: „Es wurden Fälle festgestellt, wo die Gesundheit und die Leistung der Arbeiter sorgfältig beobachtet wurden und es sind Anläufe unternommen worden, die Arbeit den Bedingungen anzupassen, aber die dabei angewandten Methoden waren die rohen und einfachen Beobachtungsmethoden des gesunden Menschenverstandes" (Hoxie, 90). Und etwas später: „Die wissenschaftliche Betriebsführung hat in Bezug auf diese Angelegenheit keine Methoden zur Ermittlung objektiv wissenschaftlicher Tatsachen entwickelt und sie hat keine Naturgesetze geschaffen, auf welche sich beide Seiten in einem Schlichtungsverfahren berufen können oder müssen, welche für beide Seiten gleichermassen bindend sind und durch welche schliesslich dem Arbeiter die gleiche Stimme gegeben wird wie dem Arbeitgeber. In allen diesen Angelegenheiten bestimmt das Urteil des Arbeitgebers oder dessen Vertreter das Ergebnis, wenn keine Regeln oder keine Prozeduren existieren, durch welche die Leute ihre Auffassungen von Wahrheit und Gerechtigkeit ausdrücken und geltend machen können. Die Vertreter der Arbeitgeber, die Zeitstudienleute, sind wie wir gesehen haben, normalerweise nicht geeignet, als unvoreingenommene Schiedsrichter zwischen Arbeitgebern und Arbeitern einzustehen, als die unbestechlichen Verfechter von wissenschaftlichen Tatsachen und Gesetzen inmitten des Kampfes um den persönlichen Vorteil" (Hoxie, 103).

Über die Gründe für die Mängel der wissenschaftlichen Betriebsführung stellt der Hoxie-Bericht folgendes fest: „Es ist zu beachten, dass die wissenschaftliche Betriebsführung noch in ihren Kinderschuhen steckt oder sich in einem frühen Versuchsstadium befindet und dass Unausgegorenheit und Unvermögen, in der Praxis Idealzustände zu erreichen, unvermeidbare Begleiterscheinungen der Entwicklung irgendeiner neuen industriellen oder sozialen Bewegung sind. Zweifellos werden deshalb viele ihrer Mängel im Laufe der Zeit behoben werden" (Hoxie, 113).

Das Ziel, wissenschaftlich unanfechtbare Zeitvorgaben für industrielle Tätigkeiten zu bestimmen, hat noch viele Jahrzehnte nach Taylor die Betriebswissenschafter beschäftigt. Die im Betrieb zu beobachtenden Leistungsintensitäten variieren von Person zu Person und auch während des Tagesablaufs. Die Betriebswissenschaft stellte sich die Aufgabe, innerhalb der ganzen beobachtbaren Leistungsspanne eine Leistungsintensität zu definieren, die als Normalleistung bezeichnet wird. Als Normalleistung wird zum Beispiel eine Arbeitsleistung definiert, welche eine für eine Arbeit geeignete und eingeübte Person bei einem natürlichen Arbeitstempo ohne übermässige oder wachsende Übermüdung während des gesamten Arbeitstages erbringen kann (Maynard, Handbuch des Industrial Engineering III, 1956, 74). Der Zeitstudienmann hat die Aufgabe, während der Zeitmessung den sogenannten Leistungsgrad zu schätzen, der als Quotient aus der beobachteten Leistung und der Normalleistung definiert ist. Für diese Normalleistung muss der Zeitstudienmann aufgrund seiner Schulung und seiner Erfahrung eine möglichst zuverlässige Vorstellung haben. Der vom Zeitstudienmann beobachtete und als Schätzung festgehaltene Leistungsgrad dient zur Umrechnung der gemessenen Zeit für die Ausführung einer Arbeitsoperation in die Normalzeit für diese Operation. Die Definitionen der Normalleistung sind in der Welt nicht einheitlich und das Prinzip ergibt von Natur aus eine relativ grosse Streubreite beim Leistungsgradschätzen durch den Zeitstudienmann. Seit Taylors Zeiten hat man aber die Streubreite – also die Ungenauigkeit – der Zeitvorgaben sukzessive reduziert und deren Akzeptanz bei den Arbeitern verbessert.

Eine „wissenschaftlich unanfechtbare" Zeitmessung ist aber auch heute nicht erreichbar, schon nur deshalb, weil die menschliche Arbeitsleistung etwas ist, das nicht wie die physischen Dimensionen unbelebter Materie gemessen und in einem starren Skelett festgehalten werden kann. Da in der Wirtschaft Zeitwerte für die Arbeitsleistung als Basis für die Arbeitsgestaltung, für die Arbeitsplanung und auch heute vielerorts für die leistungsabhängige Entlöhnung nach wie vor benötigt werden, haben die Bestrebungen für Verbesserungen auf dem Gebiet der Zeitmessung nie aufgehört.

Eine interessante Entwicklung, ganz im Sinne von Taylor und auch rasch als „letzte Ausgeburt des Taylorismus" geschmäht, war die Einführung der Systeme der vorbestimmten Zeiten, vor allem des Methods-Time Measurement Systems, genannt MTM, das 1948 in den USA erstmals publiziert wurde und seither in der ganzen Welt Anwendung gefunden hat. In diesem System werden für die sehr fein unterteilten Grundbewegungen, welche zur Ausführung von menschlicher Arbeit notwendig sind, Normalzeitwerte in Tabellen angegeben, welche je nach Arbeitsablauf zusammengesetzt werden und eine Ausführungszeit ergeben, welche von einem durchschnittlich eingeübten Arbeiter erreicht und ohne Arbeitsermüdung auf Dauer eingehalten werden kann. Zur Reduktion des Analyseaufwands und zur Verbesserung der Anwendbarkeit bei länger dauernden Arbeitsabläufen wurden auf der Basis von MTM im Laufe der Jahre stark komprimierte Verfahren entwickelt.

Die Vaterschaft Taylors für die Systeme vorbestimmter Zeiten kann man in seinen Äusserungen zum Beispiel in „Shop Management" ersehen: „Es gibt hunderte von Arbeitsoperationen, welche in den meisten grossen Betrieben üblich sind, aber jedes Unternehmen untersucht das Problem der Arbeitsleistung für sich selbst und viele Arbeitstage werden verschwendet für etwas, das ein für allemal geregelt und in einer Form aufgezeichnet werden sollte, die für alle Fabrikationsbetriebe verfügbar ist. Was nötig ist, ist ein Handbuch für die Zeiten, in welchen Arbeiten erledigt werden können, ähnlich den grundlegenden Handbüchern der Ingenieurwissenschaften. Und der Schreibende wagt vorauszusagen, dass in nicht allzuferner Zeit ein solches Buch erscheinen wird" (Taylor, Shop Management, 177). Trotz verschiedenen Anläufen ist es unter Taylor aber nie soweit gekommen.

Auch wenn die Wissenschaftlichkeit der Elementarzeiten von MTM oder anderer Systeme nach wie vor angezweifelt werden kann, weil die Leute, welche die darin enthaltenen Elementarzeiten bestimmten, auch nicht um das Leistungsgradschätzen herum kamen, kann man aus der betrieblichen Erfahrung in vielen Ländern ersehen, dass die Zeiten zum Beispiel von MTM vom Durchschnitt der Arbeitenden unterboten werden und nicht zu Überforderung führen. Ebenso kann man heute feststellen, dass diese Systeme in ihrer Anwendung eine wichtige Kritik der Hoxie-Kommission von 1915 an Taylors System entkräften, laut der „die wissenschaftliche Betriebsführung keine einfachen, bestimmten, anerkannten und dauerhaften Arbeitsnormen (engl. standards of work) und Verdienstnormen enthalte", welche der Arbeiter bei Differenzen anrufen kann (Hoxie, 104). Wenigstens in jenen Betrieben und Industrien, welche ein System vorbestimmter Zeiten anwenden und wo Prozeduren etabliert sind, die es erlauben, dass Arbeiter entweder direkt oder über ihre Vertreter Beanstandungen gegenüber der Betriebsleitung vorbringen können, ist dieser Vorwurf entkräftet.

Wenn dann noch die Forderung im Schlussbericht der Sonderkommission des Repräsentantenhauses aus dem Jahr 1912 erfüllt ist, wonach jedes System der Betriebsführung das Ergebnis des gegenseitigen Einverständnisses sein sollte, hat man eine Situation, wie sie heute in vielen grossen Unternehmen unter anderem in Deutschland herrscht, wo die Anwendung zum Beispiel von MTM Bestandteil von Betriebsvereinbarungen ist. Mit diesen Vereinbarungen hat sich die Betriebsleitung mit den Arbeitnehmern auf einen definierten Leistungsstandard geeinigt, was in einem gewissen Sinn auch Taylors Anspruch genügt, dass in einem Betrieb „das „Gesetz" an die Stelle von Meinungen treten soll", um Streitigkeiten zu vermeiden.

Ein gewichtiger Vorwurf an das Prinzip der wissenschaftlichen Betriebsführung ist noch nicht aus dem Weg geräumt, nämlich die Beanstandung der amerikanischen Gewerkschaftsvertreter im Hoxie-Bericht unter dem Titel „Der *unwissenschaftliche* Charakter der wissenschaftlichen Betriebsführung“: „Die wissenschaftliche Betriebsführung in ihrem Bezug zur Arbeiterschaft ist unwissenschaftlich. Sie zieht nicht alle Elemente in Betracht, sondern geht mit menschlichen Wesen um wie mit unbelebten Maschinen. Sie verletzt fundamentale Grundsätze der menschlichen Natur dadurch, dass sie Gewohnheiten, Temperament und Arbeitstraditionen ignoriert und die Tendenz hat, die erworbenen Fähigkeiten der Arbeiter zu minimalisieren“ (Hoxie, 18).

Man könnte heute argumentieren, dass die moderne Arbeitswissenschaft sich vermehrt gerade mit diesen Fragen der menschlichen Arbeit beschäftigt hat. Wenn es erlaubt ist zu statuieren, dass die Ergebnisse der Arbeitswissenschaften heute Teil der modernen wissenschaftlichen Betriebsführung sind, dürfte man den Schluss ziehen, dass dieser Vorwurf wenigstens heute nicht mehr angebracht ist. Man kann auch argumentieren, dass die heutige wissenschaftliche Beschäftigung mit dem Arbeitenden nicht im Widerspruch zu den Grundsätzen Taylors steht. Die Krux liegt aber auch jetzt noch in der praktischen Anwendung wissenschaftlicher Erkenntnisse in den Betrieben. Diese ist unter anderem das Thema des nächsten Abschnitts.

Taylors Arbeitsweise und seine Prinzipien für das Vorgehen beim Zeitstudium und bei der Verbesserung der Produktivität können nicht als unwissenschaftlich bezeichnet werden. Der Umstand, dass nicht alle Versuchsergebnisse belegt sind, ist kein Beweis für eine mangelnde Wissenschaftlichkeit seines Werks.

5.5 Das Taylor-System als Ganzes

5.5.1 Ansatzpunkte und Ursachen der Kritik

Ein von den Kritikern Taylors gerne zitierter Satz steht in der Einleitung von Taylors Grundsätzen der wissenschaftlichen Betriebsführung. Dieser Satz lautet auf Englisch: „In the past the man has been first; in the future the system must be first.“ Die deutsche Übersetzung von Roesler von 1913, wie sie auch im Neudruck der „Grundsätze“ von 1995 steht, lautet wie folgt: „Bisher stand die „Persönlichkeit“ an erster Stelle, in Zukunft wird die Organisation und das System an erste Stelle treten“ (S. 4). Als Kritiker könnte man die „Menschenverachtung“ des Taylor-Systems nicht schlagender nachweisen, als mit diesem Satz.

Ein Teil der Verantwortung dafür, dass diese Aussage als Waffe gegen Taylor verwendet werden kann, muss ihm selbst und seiner Vorliebe für prägnante aber missverständliche Aussprüche angelastet werden. Auf der anderen Seite haben die Kritiker den Satz gezielt zu einer scharfen Waffe geschmiedet, indem sie ihn auf unfaire Weise aus dem Zusammenhang gerissen haben. Sogar Kanigel, der sich sonst um Unvoreingenommenheit bemüht, hat in seiner Taylor-Biographie diesen Satz ohne Hinweis auf die vorangehenden und die nachfolgenden Aussagen zitiert (Kanigel, 438).

Bei dem Menschen oder der Persönlichkeit, die jetzt nicht mehr an erster Stelle stehen soll, bezog sich Taylor direkt vor dem kritisierten Ausspruch auf die damals herrschende Tendenz, zur Lösung betrieblicher Probleme Leute von aussen einzustellen: „Man war der Ansicht, wenn man nur den richtigen Mann fände, könne die Art der Führung des Geschäftes ruhig ihm überlassen bleiben. In der Zukunft wird man verstehen lernen, dass unsere Führungskräfte sowohl richtig ausgebildet werden als auch von Natur aus die richtigen Anlagen besitzen müssen und *kein grosser Mann* kann mit dem alten System der persönlichen Führung hoffen, es mit einer Gruppe von gewöhnlichen Leuten aufnehmen zu können, welche zweckmässig organisiert sind, um effizient zusammenzuarbeiten“ (Taylor, Grundsätze, 4; Übersetzung W.Hebeisen). Erst jetzt kommt bei Taylor der Satz „In der Vergangenheit kam der Mann an erster Stelle, in Zukunft muss das System an erster Stelle sein“. Der Mann, der gegenüber dem System von der ersten Stelle zurücktreten muss, ist für Taylor der grosse Chef, und das *System*, das in Zukunft zuerst kommt, besteht für ihn aus einer Gruppe gut ausgebildeter Leute, die gut zusammenarbeiten. So leicht kann man eine Formulierung Taylors komplett verschieden auslegen! Welche akzeptiert man jetzt?

Neben den zwei erwähnten Faktoren als Basis von meist ungerechtfertigter Kritik, nämlich die oft unglückliche Ausdrucksweise Taylors und die bewusste Einseitigkeit der Kritiker, gibt es als dritten Faktor viele frühe Anwendungen von Teilen des Systems in der Praxis durch sogenannte „Efficiency Experts“ oder „Fakire“, die vielfach die Prinzipien Taylors geradezu missbrauchten. Zu diesem Punkt ist unter vielem anderem einiges im Bericht der Hoxie-Kommission zu lesen.

5.5.2 Die Kritik im Bericht der Hoxie-Kommission

Das Unterfangen der Hoxie-Kommission, festzustellen, inwiefern in der industriellen Praxis in den USA um 1914 die Ziele Taylors in Firmen realisiert worden sind, welche sich zur Anwendung der wissenschaftlichen Betriebsführung bekennen, ergab ernüchternde Resultate. Kaum eine hätte die Prinzipien Taylors auch nur annähernd in ihrer ganzen Breite durchgesetzt, an vielen Orten befände sich die Einführung noch in den Kinderschuhen. Im allgemeinen werde bei der Einführung nicht entsprechend den Richtlinien vorgegangen, wie sie Taylor festgelegt habe und in vielen Fällen sei eine bemerkenswerte Vernachlässigung des Prinzips einer grundlegenden und organischen Vorgehensweise festgestellt worden. „Die Geschäftsleitungen wollen üblicherweise raschere Ergebnisse sehen als das, was mit dem langsamen Prozess einer systematischen und durchgreifenden Reorganisation erzielt werden kann. Der Berater (the expert) wird meistens gezwungen, der Forderung nach raschen Resultaten nachzugeben, welche mit finanziellen Daten belegt werden können" (Hoxie, 29). Im Einzelnen konnte die Hoxie-Kommission Verbesserungen feststellen, zum Beispiel was die Auswahl und die Ausbildung der Arbeitskräfte betrifft, aber von einer Erfüllung des Anspruchs Taylors, die Leute zur höchstmöglichen Qualifikation zu entwikkeln, sei nichts festzustellen gewesen (Hoxie, 35). Auch bezüglich der Methodik der Zeitstudien und der Ermittlung von Verteilzeit- und Erholungsfaktoren sei nicht viel zu sehen, ebenso, mit wenigen positiven Ausnahmen, sei die berechtigte Forderung Taylors nicht erfüllt worden, die Arbeiter vor Überbelastung zu schützen. Andererseits habe die Einführung des Systems der wissenschaftlichen Betriebsführung ohne Zweifel die Wirkung, die Werkstätten aufzuräumen und den Zustand der Riemenantriebe, der Maschinen und der Betriebsausrüstung allgemein zu verbessern (Hoxie, 91). Es sei aber so, dass der Anspruch auf Demokratisierung der Beziehungen im Betrieb, basierend auf einer engen Beziehung zwischen der Leitung und den Leuten und mit der Möglichkeit, Beanstandungen bei der Leitung vorzubringen, nicht durch Tatsachen nachgewiesen werden könne (Hoxie, 109).

Zu den Gründen dafür, dass die Forderungen und Ziele des Systems der wissenschaftlichen Betriebsführung nur so ungenügend erfüllt würden, gehört laut dem Hoxie-Bericht, dass es Taylor wohl gelungen sei, bei den Unternehmensleitern Begeisterung für das System zu erwecken. Diese hätten aber mit wenig Verständnis für die subtileren Probleme der menschlichen Beziehungen im Betrieb versucht, Taylors Methoden überall zu realisieren. Taylors Methoden seien dann aber auch von einer weniger intelligenten und weniger löblichen Gruppe von Nachahmern übernommen worden (Hoxie, 114). Häufig werde von den Unternehmern ein Experte geholt, weil die Firma in finanziellen oder betrieblichen Schwierigkeiten stecke, wobei die erste Sorge der Leitung einer schnellen Steigerung von Produktion und Gewinn gelte. Ein Unternehmen müsse seinen Konkurrenten jetzt und nicht später begegnen und es könne sich nicht leisten, mehr Geld als notwendig auszugeben. In solchen, leider häufigen Situationen, müsse der Experte üblicherweise in grossem Ausmasse auf eine sorgfältige vorgängige Systematisierung der Betriebsmittel und der Verfahren und auf vieles andere verzichten und unmittelbar auf die Ausgabe von Leistungsvorgaben übergehen. Daraus ergäben sich automatisch Fehler und Ungerechtigkeiten für die Leute und ein Konflikt zwischen dem Experten und der Leitung. Deshalb würden oft Projekte abgebrochen, die nur teilweise verwirklicht wurden, sodass der Leitung nichts übrigbliebe, als die teilweise eingeführten Methoden auf die simpelste Weise anzuwenden, oft zum Nachteil der Arbeiter und ihrer Interessen (Hoxie, 115).

Es gab laut dem Hoxie-Bericht noch zwei andere wichtige Gründe für die damalige unbefriedigende Situation bezüglich der Einführung der wissenschaftlichen Betriebsführung in den Unternehmen. Der eine ist, wie bereits erwähnt, das Vorhandensein und die Tätigkeit von selbsternannten Experten der wissenschaftlichen Betriebsführung und von Zeitstudienspezialisten, denen in vieler Hinsicht die idealen Vorstellungen und die Ausbildung fehlten, um befähigt zu sein, das zu erfüllen, was sie zu erreichen versprachen. „Die wissenschaftliche Betriebsführung als eine Bewegung steht unter dem Fluch von Fakiren“ (Hoxie, 117). Und es gebe keine Normen oder festgelegte Voraussetzungen, mit deren Hilfe die Böcke von den Schafen getrennt werden könnten. Der zweite Grund, warum die Ansprüche der ausgezeichnetsten Pioniere der wissenschaftlichen Betriebsführung vielfach nicht erfüllt würden, sei darin zu suchen, dass mit wenigen löblichen Ausnahmen sowohl die Unternehmer wie die Experten, welche die wissenschaftliche Betriebsführung propagieren, kein Verständnis für die allgemeineren menschlichen und sozialen Probleme hätten, welche durch die wissenschaftliche Betriebsführung geschaffen werden und in ihr enthalten sind (Hoxie, 118).

Aus ihren Beobachtungen leitete die Hoxie-Kommission schliesslich in ihren Schlussfolgerungen aus den Untersuchungen zwei Forderungen ab. Die erste lautete: „Unsere Industrien sollten alle Methoden übernehmen, welche Ungenauigkeit durch genaue Kenntnis ersetzen und welche systematisch dahin wirken, Verschwendung auszuschalten. Wissenschaftliche Betriebsführung in ihrem besten Sinn hat Erfolg gezeigt in der Schaffung eines organischen Ganzen aus verschiedenen Abteilungen eines Unternehmens, in dem eine Koordination ihrer Funktionen eingerichtet wurde, welche vorher unmöglich war, und sie hat in dieser Hinsicht der Industrie grosse Vorteile verschafft." In der zweiten Forderung verlangt die Hoxie-Kommission, dass es sich „die organisierte Arbeiterschaft zur Pflicht machen muss, sich für die menschlichen Rechte und den Schutz der betroffenen Arbeiterschaft einzusetzen und wenn notwendig eine Entwicklung in der Industrie zu bekämpfen, welche nicht die Bedingungen erfüllt, die der Verbesserung der menschlichen Rechte dienen, sondern die in mancher Hinsicht Gefahren und Widerwärtigkeiten in sich birgt" (Hoxie, 138).

Aus heutiger Sicht gesehen, heisst dies wohl, dass die wissenschaftliche Betriebsführung für die Beteiligten Vorteile bringen kann, dass aber die Gefahr von Missbräuchen inhärent ist und dass Massnahmen und Institutionen nötig sind, um die Arbeiterschaft vor solchen Missbräuchen zu schützen.

Die Schlussfogerungen der Hoxie-Kommission in ihrer Untersuchung von 1914/15 über die wissenschaftliche Führung und die Arbeiterschaft sind gleich wie der Schlussbericht des Sonderausschusses des Repräsentantenhauses von 1912 ein typischer politischer und auch praktischer Kompromiss. Den Unternehmern wird die Anwendung von Taylors wissenschaftlicher Betriebsführung als brauchbares Mittel zur Produktivitätssteigerung zugestanden und den Gewerkschaften wird die positive Aufgabe zugesprochen, die Arbeiterschaft vor deren Missbräuchen und Nachteilen zu schützen.

5.5.3 Taylors Definition seines Systems

Taylor versuchte in den späteren Jahren seiner Laufbahn angesichts seiner Kritiker immer intensiver, den Kern seiner Lehre der wissenschaftlichen Betriebsführung herauszuschälen.

Als gegen den Schluss der Anhörungen vor dem Sonderausschuss des Repräsentantenhauses 1912 Mr. Tilson zu Taylor sagte: „Ich möchte Ihnen eine generelle Frage stellen: Wie viele Unternehmen wenden Ihr System in seiner Gesamtheit an?" antwortete Taylor: „In seiner Gesamtheit – keines, nicht eines."

Darauf Tilson: „Wieviele sind es dann, welche Ihr System in erheblichem Masse anwenden?"

Taylor: „Oh, eine sehr grosse Anzahl, Mr. Tilson. Die genaue Anzahl kann ich Ihnen nicht sagen und ich will Ihnen sagen warum: In erster Linie muss ich wiederum definieren, was ich meine, wenn ich sage, dass ein Unternehmen unser System der Betriebsführung anwendet: Wenn die Leitung dieses Unternehmens durch jene geistige Umwälzung hindurchgegangen ist, von der ich in meiner direkten Aussage (Taylor, Testimony, 26/27) ausführlich gesprochen habe und wenn die Arbeiter weitgehend durch eine ähnliche geistige Umwälzung hindurchgegangen sind und wenn beide Seiten Freunde statt effektive Feinde geworden sind (*dieses* ist die Umwälzung, von der ich spreche, aber dieses allein ist nicht genug, um die wissenschaftliche Betriebsführung auszumachen); wenn aber, zusätzlich zu diesem Punkt, die Leute auf der Seite der Leitung erkennen, dass es ihre Pflicht ist, eine wissenschaftliche Untersuchung aller Fakten zu machen, eine wissenschaftliche Untersuchung aller Elemente ihres Unternehmens – wenn eine Firma durch diese zwei Phasen hindurchgegangen ist, dann sage ich, dass diese Firma unter der wissenschaftlichen Betriebsführung arbeitet, aber nicht vorher" (Taylor, Testimony, 280).

Damit hat Taylor selbst seine Lehre auf zwei Punkte reduziert:

Erstens: ***Eine geistige Umwälzung, die Leitung und Arbeiter zu Freunden macht;***

Zweitens: ***Die wissenschaftliche Untersuchung aller Elemente des Unternehmens.***

Die beiden Punkte bedingen einander:

Die geistige Umwälzung ist nur möglich, wenn die wissenschaftliche Untersuchung die Grundlage aller Massnahmen ist. Betriebliche Massnahmen können eher von beiden Seiten akzeptiert werden, wenn sie auf Fakten beruhen und nicht auf Meinungen. Oder kurz, nach Taylor: Beide Seiten unterwerfen sich freiwillig den wissenschaftlich ermittelten Tatbeständen.

Anderseits ist die Schaffung der wissenschaftlichen Grundlage nur möglich, wenn beide Seiten durch die geistige Umwälzung hindurchgegangen sind und freundschaftlich und für ein *gemeinsames* Ziel zusammenarbeiten (siehe auch Kapitel 4.7.5 dieser Untersuchung und Taylor, Testimony, 23-31).

Taylors Idealvorstellung eines gemeinsamen Ziels für Arbeitgeber und Arbeiter beruhte auf seinen Überlegungen, dass die Reduktion von Verschwendung und die allgemeine Erhöhung der Produktivität schliesslich allen zu Gute komme, also nicht nur den Arbeitgebern durch höhere Gewinne, sondern auch den Arbeitnehmern in der Form von Prämien für die Einhaltung der Leistungsvorgaben und von kürzeren Arbeitszeiten und schliesslich der ganzen Bevölkerung in der Form von Preisreduktionen. Taylor illustrierte diese Entwicklung anlässlich der Anhörungen vor dem Sonderausschuss 1912, als er sagte: „Ich bin fest überzeugt davon, dass in den nächsten hundert Jahren der Wohlstand der Welt pro Kopf in einem solchen Umfang wachsen wird, dass der Arbeiter in jener Zeit so gut leben wird, wie heute ein Geschäftsmann der oberen Klasse, was die notwendigen Dinge des Lebens und die meisten Luxusgüter betrifft. Wenn Sie bereit sind, in die Vergangenheit zu blicken, werden Sie sehen, dass unsere heutigen Hilfsarbeiter bereits einen ebenso grossen Fortschritt im Vergleich zu den Hilfsarbeitern in der Vergangenheit gemacht haben.“ Taylor machte dann vor dem Sonderausschuss den folgenden Vergleich: „Ich denke, es war vor 250 Jahren (ich kenne die genaue Zahl von Jahren nicht, aber es werden zwischen 150 und 300 Jahre sein), dass ein Landarbeiter in England seine Arbeitsleistung einer Woche zum Preis eines halben Bushel Weizen verkaufte (1 Bushel = 35,24 Liter). Wir essen Weizen; das heisst wir essen heute Brot genauso wie sie vor 250 Jahren Brot assen, nicht viel mehr pro Mann und nicht viel weniger, und ein Mass, ausgedrückt in Weizen für das, was damals ein Mann erhielt und was er heute für seine tägliche Arbeit bekommt, ist deshalb ein normiertes Mass für die Lebensbedingungen vor 250 Jahren und von heute. Denkt daran! Ein halber Bushel Weizen für eine Woche Arbeit war damals der Lohn eines Mannes!“

Auf die Frage des Vorsitzenden, ob die angegebene Zahl nun die Produktionskosten für Weizen repräsentiere, antwortete Taylor. „Sie ist nicht das, was die Arbeit kostet, es geht um die Frage wieviel Güter (engl. riches, Reichtümer) in die Welt gebracht werden und uns damit zur Verfügung stehen, damals und heute. Damals wurden die Güter, die geschaffen wurden, mit der Menge gemessen, die das Land pro Mann produzierte und was der Produktivität des durchschnittlichen Mannes entsprach. Die Tatsache, dass heute der durchschnittliche Mann 20-mal so reich ist wie damals, bedeutet auch, dass der durchschnittliche Mann heute einen 20-mal höheren Produktionsausstoss aufweist als der Mann vor 250 Jahren. Und der durchschnittliche Mann in 100 weiteren Jahren wird, und das glaube ich fest, mindestens dreimal soviel produzieren wie heute“ (Taylor, Testimony, 187).

Im Klartext heisst dies, dass 1912 der Wochenverdienst eines Hilfsarbeiters dem Äquivalent von 10 Bushel Weizen entsprach und dass 100 Jahre später, also bald nach der Jahrtausendwende 2000 ein Wochenlohn 30 Bushel wert sein werde.

Diese etwas verwirrlichen und durch keine Quellenangaben gestützten Aussagen Taylors könnte man erweitern und beleuchten, indem man prüft, wie viele Bushel Weizen der Wochenlohn eines durchschnittlichen Amerikaners heute wert ist. Laut den Angaben im Börsenteil unserer Tageszeitungen galt der Bushel am 31. Juli 1998 per Sept. $ 2.52, mit Langzeitschwankungen zwischen $ 2.51 und $ 3.72. Bei einem Stundenlohn im Juli 1998 (Quelle: US Dept. of Labor) von $ 12.74, einer mittleren Arbeitszeit von 34,8 Stunden pro Woche und einem mittleren Weizenpreis von $ 3.00 pro Bushel kann deshalb der Wochenlohn des Durchschnitts-Amerikaners (nicht des Hilfsarbeiters) mit 148 Bushel Weizen abgewogen werden. Wenn man nur den 1998 gültigen Minimallohn von $ 5.15 einsetzt, kommt ein den Minimallohn verdienender Hilfsarbeiter in der Woche auf einen Gegenwert von 60 Bushel. Die so gemessene Produktivität pro Woche wäre damit heute doppelt so hoch wie von Taylor für das Jahr 2012 prognostiziert und das bei einer knapp mehr als halb so langen Arbeitszeit.

Ein anderer Vergleich für die Entwicklung der Produktivität der amerikanischen Wirtschaft über einen längeren Zeitraum konnte der Zeitschrift Business Week vom 16. Oktober 1995, Seite 39 entnommen werden. Danach stieg das reale Bruttosozialprodukt pro Kopf in den USA von 1870 (also zur Jugendzeit Taylors) bis 1990 um das 8,2fache. Die Angaben gehen von einen Stand von $ 2224 pro Jahr im Jahr 1870 aus (zu Dollars mit der Kaufkraft von 1985 gerechnet).

Die enormen Produktivitätssteigerungen, die aus solchen Zahlen sprechen, sind in erster Linie eine Folge besserer technischer Verfahren, besserer Organisation und besserer Arbeitsmethoden. Sie haben zu einem wesentlich höheren materiellen Wohlstand der breiten Masse geführt, als alle denkbaren und für die Arbeiter erfolgreichen Verteilungskämpfe hätten erreichen können. Damit haben sich auch die materiellen Erwartungen mehr als erfüllt, die Taylor an sein System der wissenschaftlichen Betriebsführung stellte. Die Frage, die sich manche Taylorismus- und andere Gesellschaftskritiker stellen, ist natürlich die Frage nach dem Preis, den der in der Wirtschaft Tätige seit Taylors Zeiten für diese Entwicklung bezahlt hat.

5.5.4 Taylors „Grosse geistige Umwälzung der Leitung und der Arbeiter“ und der Mensch als Maschine

Bei der Realisierung der geistigen Umwälzung hatte Taylor mindestens soviele Schwierigkeiten auf der Seite der Unternehmensleitungen wie in den Werkstätten zu überwinden. Laut Copley „wollte Taylor deutlich klar machen, dass die haupsächlichsten Schwierigkeiten, denen er begegnete, wenn er sein System der Betriebsführung installierte, nicht in der Haltung der Arbeiter als Klasse sondern in der Haltung der Arbeitgeber als Klasse lagen. ... Was vor allem die Lösung des Problems der Arbeitgeber/Arbeitnehmer-Beziehungen schwierig machte, war die wie unter einem bösen Fluch stehende kurzsichtige Habgier derer, die üblicherweise auf der Seite der Unternehmensleitung stehen. ... Deshalb war eine unverzichtbare Voraussetzung für die Erzielung einer Ära des betrieblichen Friedens die radikale Änderung der Geisteshaltung auf der Seite der Arbeitgeber als Klasse. ... Taylor sagte immer und immer wieder, dass sich die Arbeitgeber einer Änderung ihrer Geisteshaltung (engl. change of heart) unterziehen müssen, welche der einer religiösen Bekehrung ähnlich sei. *Sie müssen ein für alle Mal die Idee aufgeben, dass menschliche Wesen auf gleiche Weise betrachtet werden wie Maschinen*" (Wrege, 193, als Zitat aus einer Publikation von Copley aus dem Jahre 1916).

Die häufige Kritik des Taylorismus', welche dahin lautet, dass das System der wissenschaftlichen Betriebsführung von Taylor den arbeitenden Menschen als Maschine betrachte, steht in absolutem Widerspruch zu dieser Taylor zugesprochenen Aussage. Schon zu Lebzeiten Taylors äusserten sich amerikanische Gewerkschafter: „Die wissenschaftliche Betriebsführung zieht nicht alle Elemente in Betracht sondern geht mit menschlichen Wesen um wie mit *unbelebten Maschinen*" (Hoxie, 18) oder man kann bei Peter F. Drucker 1946 lesen: „Die technischen Prinzipien der Serienproduktion... ergeben sich nicht aus ihren Grundgedanken, sondern aus aus dem rücksichtslosen Einsatz des menschlichen Wesens, das behandelt wird, als ob es eine einem einzigen Zweck dienende *Werkzeugmaschine* wäre. Auf dieser Hypothese basieren die Zeit- und Arbeitsstudien *Taylors* und all die Systeme zur Erhöhung des Arbeitstempos" (Zitat in Friedmann, 43). Auch im Handbuch der Arbeitswissenschaft von Luczak und Volpert, 1997, fand diese Art der Interpretation von Taylors Lehre Eingang: „Das *mechanistische*, vornehmlich an monetären Anreizen ausgerichtete Menschenbild Taylors... fand Eingang in den durch Gutenberg geprägten faktortheoretischen Ansatz der Betriebswirtschaftslehre" (Reichwald und Kesch in Luczak und Volpert, 211).

Auch hier werden also Aspekte von Taylors System der wissenschaftlichen Betriebsführung kritisiert, die nicht Taylors eigener Definition seiner Lehre entsprechen.

In Taylors Manuskript für seine Harvard-Vorlesungen steht: „Der Arbeiter, der unter der modernen wissenschaftlichen Betriebsführung mit seinen vielen Lehrern zusammenarbeitet, hat mindestens die gleiche, im allgemeinen aber die bessere Chance, sich intellektuell weiter zu entwickeln als damals, als das ganze Problem auf seinen Schultern lag und er gänzlich ohne Unterstützung arbeiten musste. ... Wie ich einige Male versucht habe herauszustreichen, sollte jedes System der Behandlung oder Führung von Mitarbeitern hauptsächlich an der Wirkung gemessen werden, die es auf die Dauer auf die Persönlichkeit des Mitarbeiters ebenso wie auf seinen Wohlstand ausübt" (Copley I, 326).

5.5.5 Der Arbeiter als reiner Befehlsempfänger oder als kooperativer Mitarbeiter

Es lohnt sich, einen anderen häufigen Vorwurf, der dem Taylor-System als Ganzes und der im Zusammenhang mit der Frage der Zusammenarbeit gemacht wird, noch einmal etwas näher zu betrachten. Es handelt sich um die oft geäusserte Kritik, dass Taylor die Arbeiter zu reinen Befehlsempfängern degradiere, die genau das zu tun hätten, was man ihnen bis ins letzte Detail vorschreibe und dass deren Mitdenken unerwünscht sei. Diese Kritik steht in krassem Gegensatz zur Forderung Taylors, wie er sie im dritten Grundsatz formulierte, nämlich dass Leitung und Arbeiter in herzlichem Einvernehmen zusammenarbeiten sollen und dass sie sich zu besten Freunden entwickeln sollen.

Was gilt nun: Ist die wissenschaftliche Betriebsführung ein hierarchisches System oder ein System der engen Kooperation von Gleichgestellten und Gleichgesinnten?

Man kann aus Äusserungen von Taylor selbst sowohl das eine als auch das andere herauslesen. In seiner Publikation „Shop Management" schrieb Taylor: „Alle vorstellbare Denkarbeit sollte aus den Werkstätten entfernt und im Planungsbüro konzentriert werden, sodass den Meistern und Vorarbeitern Tätigkeiten bleiben, die strikte ausführender Art sind. Sie sollten ihre Zeit bei den Leuten verbringen, diese lehren, voraus zu denken, und sie in ihrer Arbeit anleiten und instruieren" (Taylor, Shop Management, 98). In diesen zwei Sätzen finden wir direkt nebeneinander, dass das Denken aus der Werkstätte entfernt werden soll, aber dass die Meister die Leute lehren sollen, vorauszudenken! Sollen die Leute jetzt denken oder nicht? Auch an anderen Stellen hat Taylor zum Beispiel gefordert, dass die Arbeiter genau die auf den Instruktionskarten festgelegten Methoden ohne Diskussion einzuhalten hätten, um dann andernorts wieder zu sagen (siehe auch Kapitel 5.1, „Die Trennung von Kopf- und Handarbeit"): „Es mag scheinen, als ob beim neuen System für den Arbeiter nicht derselbe Anreiz bestünde, seine

Intelligenz zum Ersinnen neuer und besserer Arbeitsmethoden anzustrengen, wie unter dem alten System. Er soll auf jede Weise ermuntert werden, Verbesserungen vorzuschlagen." Dadurch und mit der Bezahlung einer Prämie für Verbesserungen werde „die wirkliche Eigeninitiative der Arbeiter unter dem Regime der wissenschaftlichen Betriebsführung eher verwirklicht als unter dem alten System" (Taylor, Grundsätze, 136–137).

Taylor hat nirgends beschrieben, wie das Zusammenspiel zwischen den Funktionsmeistern und den Arbeitern im einzelnen funktionieren soll und es ist kaum anzunehmen, dass Taylor selbst bereits Vorstellungen von der Teamarbeit zwischen Spezialisten und Gruppen von Arbeitern hatte, wie sie heute als moderne Form der betrieblichen Organisation verbreitet ist. Heute hat diese Teamarbeit auch zum Zweck, Neuerungen mit den Ausführenden zusammen zu erarbeiten, um dadurch den natürlichen Widerstand gegen Veränderungen zu mindern. Solches war für Taylor vor allem auf Grund seiner Charaktereigenschaften nicht denkbar. Ihm fehlte offensichtlich die Geduld, Arbeiter (und auch leitende Leute) dafür zu gewinnen, andere Methoden als die alten und gewohnten zu übernehmen. Sicher war auch damals der Widerstand gegenüber Neuerungen intensiver als heute, da man es nicht gewohnt war, dass Veränderungen von ausserhalb der Werkstätten propagiert wurden. So blieb Taylor offensichtlich nicht viel anderes übrig, als wie im Falle der Dreher bei Midvale Steel, die Arbeiter zu forcieren, wenigstens einmal die neuen Methoden anzuwenden, bevor sie reklamierten.

Der Widerspruch in Taylors Worten zwischen „Tue, was befohlen" und „herzlicher Zusammenarbeit" kann als Widerspruch in Taylors Charakter zwischen „wollen" und „können" erklärt werden und ist nicht notwendigerweise ein Widerspruch in seiner Lehre. Aus seiner idealistischen Gesinnung heraus, die sehr zu Gunsten des individuellen Arbeiters orientiert war, kann man schliessen, dass der Kern seiner Lehre wirklich die „herzliche Zusammenarbeit" war und nicht die Idee der Befehlsgewalt der Leitung und der Spezialisten, höchstens noch die „einigende" Macht der Wissenschaft, die für jeden eindeutig erkennen lässt, was richtig ist.

Zur herzlichen Zusammenarbeit gehört für Taylor auch die Notwendigkeit, den Arbeitern zu erläutern, worum es zum Beispiel bei der Durchführung von Zeitstudien geht. Dies ist offensichtlich bei den erstmaligen Zeitstudien durch den Zeitstudienmann Merrick bei den Giessern im Watertown Arsenal im Jahre 1911 übersehen worden, was dann auch, sehr zum Ärger von Taylor, den ersten Streik unter dem System der wissenschaftlichen Betriebsführung auslöste.

Insgesamt wurde das Ziel, das Taylor auch als Bedingung seiner wissenschaftlichen Betriebsführung formulierte, nämlich dass die grosse geistige Umwälzung auf beiden Seiten des Unternehmens stattfindet und die Leitung und Arbeiter zu Freunden macht, nie dem Taylorschen Ideal gemäss voll erreicht, weder zu seinen Lebzeiten noch später. Trotzdem sind in der Wirtschaft auf der ganzen Welt Produktivitätsgewinne und materielle Verbesserungen für die grosse Masse der Bevölkerung realisiert worden, welche Taylors Vorstellungen bei weitem übertreffen.

Andererseits wäre dieser grosse Erfolg systematischer Massnahmen im Sinne von Taylors zweiter Hauptregel, nämlich dass in den Unternehmen alle Elemente einer wissenschaftlichen Untersuchung unterzogen werden sollen, nicht denkbar, wenn die Arbeitgeber/Arbeitnehmerbeziehungen nicht wesentlich besser geworden wären, als wie sie Taylor in den Industrieunternehmen seiner Zeit antraf.

Es würde den Rahmen dieser Untersuchung sprengen, wenn man hier die historische Entwicklung der Arbeitgeber/Arbeitnehmer-Beziehungen, oder auf amerikanisch, die der „industriellen Beziehungen", von Taylor bis heute aufzeichnen wollte. Vor allem haben die Verbreitung von Gesamtarbeitsverträgen ganzer Industriebranchen und von Betriebsvereinbarungen mit Klauseln für schiedsgerichtliche Verfahren bei Interpretations-Differenzen oder grundlegende Schritte wie das „Friedensabkommen" zwischen den Arbeitgebern der schweizerischen Maschinenindustrie und der Gewerkschaft der schweizerischen Metall- und Uhrenarbeiter vom 19.7.1937 vieles zustande gebracht. Wichtige Bestandteile dieses historischen Vertragswerks sind die Austragung von Meinungsverschiedenheiten nach Treu und Glauben, die unbedingte Friedenspflicht (Ausschluss von Streiks und Aussperrungen) und eine mehrstufige Konfliktlösung im Betrieb, in den Verbänden und bei Schlichtungsstellen. Dieses Abkommen ist im Kern immer wieder erneuert worden. In seinem Rahmen wurden in den Unternehmungen Betriebskommissionen geschaffen, welche ein wesentliches Element der Sozialpartnerschaft bilden. Auf diese Weise sind die innerbetrieblichen Beziehungen dem Ideal Taylors von Frieden und Freundschaft schon sehr nahe gekommen. Auch in anderen Ländern, wie in Deutschland, sind zum Teil auf gesetzlichem Wege Institutionen geschaffen worden, welche darauf ausgerichtet sind, Konflikte zwischen Unternehmern und Arbeitnehmern auf einvernehmliche Art zu lösen.

Unterschiedliche Interessenlagen bleiben natürlich bestehen, und es wird heute wohl niemand erwarten, dass grosse betriebliche Umstellungen mit

Personalabbau oder gar Betriebsschliessungen stets ohne Antagonismen und Kampf erfolgen können. Auch die Frage der Aufteilung des (meist wachsenden) Kuchens des Sozialprodukts kann nicht einfach auf der Basis der „freundschaftlichen Zusammenarbeit" zwischen Leitung und Arbeiter- und Angestelltenschaft nach dem Ideal von Taylor gelöst werden. Sicher aber ist, dass der Streit um einen dank Produktivitäts-Verbesserungen wachsenden Kuchen leichter zu lösen ist als der Kampf um die Verteilung eines gleichbleibenden Sozialprodukts.

5.5.6 Ein Beispiel aus der neueren Praxis

Der Verfasser dieser Zeilen hatte die Gelegenheit, in den späten sechziger Jahren in London in einem Werk des Apparatebaus bei der Einführung eines neuen Systems der Leistungsentlöhnung praktische Erfahrungen mit einer „tayloristischen" Lösung zu sammeln. Ein grosser Teil der etwa 600 Arbeiterinnen und Arbeiter wurde in einer Art Stücklohnsystem entlöhnt, basierend auf alten, inkohärenten Leistungsstandards und unzuverlässigen Zeit-Schätzungen für neue Verrichtungen. Das Phänomen der Leistungszurückhaltung und die Angst vor Erhöhung der Leistungsstandards durch die Zeitstudienleute (dort rate-fixer genannt) waren so offensichtlich, dass ich mich als Werkleiter entschloss, die Leistungsstandards und das Entlöhnungssystem auf eine neue Grundlage zu stellen. Als Methode zur Bestimmung der Vorgabezeiten wählte ich ein System der vorbestimmten Zeiten und zwar das Verfahren des Methods-Time Measurement (MTM), mit dem ich persönliche Erfahrungen erworben hatte und für dessen Einführung mir ausgebildete Fachleute zur Verfügung standen. Das Hauptproblem bestand darin, sowohl für die Umstellung des Lohnsystems als auch für die Anwendung des als amerikanische Antreibermethode verschrienen MTM-Systems, die Zustimmung der gewerkschaftlich organisierten Belegschaft zu gewinnen. Das sogenannte Shop-Stewards Committee bestehend aus je einem Delegierten pro Meisterbereich, vertrat die Belegschaft gegenüber der Werkleitung und wurde von seinem Vorsitzenden und dem Convener, dem Verhandlungsleiter, geführt. Die Hauptgewerkschaft des Betriebs, die Amalgamated Engineering Union, also die englische Metallarbeiter Gewerkschaft, gestattete in ihrem Einflussbereich keine Anwendung von MTM. Allerdings wurde es nie nötig, mit den externen Funktionären dieser Gewerkschaft zu verhandeln. Alle Verhandlungen konnten mit Leuten aus dem Betrieb abgewickelt werden. Dabei muss beachtet werden, dass in den sechziger Jahren unter der Labour-Regierung von Harold Wilson die englischen Gewerkschaften noch in voller Kraft standen und mit viel Militanz ihre Interessen verfochten. Als Werkleiter verbrachte ich um die 30% meiner Arbeitszeit mit Diskussionen und Verhandlungen mit den Arbeitervertretern über alle möglichen Beschwerden und Forderungen: eine drastische Umstellung gegenüber meinen vorgängigen Erfahrungen in Schweizer Betrieben!

Wir organisierten sowohl für das Werkstattkader, das auch noch für die neuen Verfahren gewonnen werden musste, als auch für die Shop-Stewards Einführungskurse in MTM mit praktischen Anwendungsbeispielen. Als Entlöhnungsverfahren schlugen wir ein einfaches Zeit-Akkordsystem vor, bei dem die Leute bei Erreichen der neuen MTM-Vorgabezeiten die bisher in den Abteilungen erreichten Durchschnittslöhne verdienen und für jedes Prozent Mehrleistung eine Prämie von einem Prozent dieser Lohnansätze erhalten sollten. Aufgrund meiner Erfahrungen mit den Zeitwerten des MTM-Systems konnte ich den Leuten voraussagen, dass ihre Durchschnittsleistung sehr wohl um 15% über den MTM-Normen sein werde und dass sie damit 15% mehr verdienen könnten. Skepsis und Widerstand schienen am Anfang fast unüberwindlich und die Shop-Stewards verwahrten sich dagegen, dass ihre Leute in Zukunft mit amerikanischem Tempo arbeiten müssten. Es war klar, dass noch viel Aufklärungsarbeit und Vertrauensbildung notwendig war. Hierzu erwies es sich als nützlich, dass ich den Shop-Stewards zusicherte, dass das System nicht eingeführt werde, bevor alle damit einverstanden waren. Es mussten eine Reihe von Fragen geregelt werden, wie zum Beispiel: Was für ein Lohn wird bei Maschinenstörungen bezahlt, was geschieht mit Leuten, die den bisherigen Verdienst nicht erreichten, wie ist die Bezahlung, wenn fehlerhafte Stücke produziert werden? (dies löste die Frage des Conveners aus, ob Vorgesetzte auch Gehaltsabzüge zu gewärtigen hätten, wenn sie Fehler machten.)

Die ganze Vorbereitungszeit dauerte fast ein Jahr und erforderte sehr viel Geduld auf beiden Seiten. Entscheidend dafür, dass die Leute schliesslich die Umstellung akzeptierten, war unsere Zusicherung, dass wir uns jedes Arbeiters persönlich annehmen würden, der mit dem neuen System nicht auf seinen bisherigen Verdienst kam, dass wir herauszufinden suchten, ob seine Arbeitsweise nicht der vorgesehenen Methode entsprach und er oder sie deshalb den gewohnten Verdienst nicht erreichte und was sehr wichtig war, dass wir allen während der ersten vier Wochen den bisherigen Lohn garantierten.

Bei der Einführung, die abteilungsweise erfolgte, kamen bald die ersten, erwarteten Schwierigkeiten zum Vorschein. Schon zu Beginn erreichten zwei

Frauen bei weitem nicht die vorgegebene Leistung, obschon ihre Arbeitsmethode korrekt war. Eine länger dauernde Beobachtung durch den Zeitstudienmann zeigte aber, dass es in der betreffenden Abteilung Brauch war, nach Arbeitsbeginn und nach den Teepausen noch viertelstundenweise zu plaudern und dass auch die Mittagspause und der Arbeitsschluss eine länger dauernde „Vorbereitungszeit“ erforderten. Nachdem man diese Mitarbeiterinnen auf die Wirkung dieser Art Zeitverwendung aufmerksam gemacht und ihnen den Effekt auf ihren Verdienst vorgerechnet hatte, änderte ihr Verhalten rasch, und sie erreichten ohne viel Umtriebe eine nicht geringe Erhöhung ihres Lohns. In anderen Fällen arbeiteten die Leute nicht nach den mit dem MTM-Verfahren ermittelten Methoden. Sie wurden daher entweder am Arbeitsplatz oder in einem speziell dafür eingerichteten Ausbildungsraum gründlich instruiert. Auch hier war zuerst Widerstand abzubauen, weil es vor allem unter den Frauen als beschämend galt, wieder „in die Schule geschickt zu werden“.

Insgesamt war die Einführung des neuen Leistungslohnsystems ein Erfolg für beide Seiten. Die Produktivität der Werkstätten stieg um 30%, und die Verdienste erhöhten sich im Schnitt erwartungsgemäss um 15%. Die Firma, welche vorher mit Verlusten arbeitete, konnte die Verbesserung der Produktivität gut gebrauchen, und die Leute kamen zu einer Verdiensterhöhung, die sonst unmöglich gewesen wäre. Die Labourregierung unter Harold Wilson hatte nämlich damals aus Gründen der Inflationsbekämpfung Lohnerhöhungen ohne gleichzeitige Produktivitätssteigerungen untersagt. Da die Einführung in den Werkstätten sich über mehr als ein Jahr erstreckte und die Fluktuationsrate des Personals im Raum London relativ hoch war, konnte das ganze Projekt auch ohne Entlassungen realisiert werden.

Das ganze Unternehmen fand seinen Abschluss mit einer sehr menschlichen Note. Während der lange dauernden Verhandlungen mit den oft militant agierenden Shop Stewards wurde der des Englischen noch nicht so mächtige schweizerische Werkleiter nicht nur mit Cockney-Ausdrücken sondern auch mit typischem Gewerkschaftsjargon konfrontiert. Wenn die Shop Stewards mit Wörtern wie Victimisation oder gar Procrastination auffuhren, pflegte ich zu fragen, ob das Wort wohl im Oxford Dictionary zu finden wäre. Die nachfolgende Erläuterung durch die Verhandlungspartner führte meist schon zu einer Lockerung der Spannung. Nachdem später bekannt wurde, dass ich in Kürze in die Schweiz zurückkehren würde, bekam ich Besuch einer Delegation des Shop Stewards Committees in meinem Büro. Der Convener trug ein in braunes Packpapier eingewickeltes Buch in seinen

Händen und begann mit den Worten, dass er sich früher nicht hätte vorstellen können, „seinem Governor" ein Geschenk zu präsentieren. Das Packpapier enthielt einen Illustrated Oxford Dictionary mit einer freundlichen Widmung des Shop Steward Committees!

Damit tönt das ganze Projekt im Rückblick wie ein gelungenes Unternehmen nach dem Rezeptbuch Taylors:

- Eine enge, auch in diesem Fall gegen den Schluss fast herzliche Zusammenarbeit zwischen der Leitung, ihren Vertretern und der Belegschaft,
- mit wissenschaftlichen Methoden erarbeitete Methoden und Zeitvorgaben,
- Erfolg für alle Beteiligten.

> *Wenn man unter dem Taylor-System die Pflege einer guten Zusammenarbeit zwischen der Leitung und den Mitarbeitern in Kombination mit einer systematischen Untersuchung aller Elemente des Unternehmens versteht, sind nach wie vor Resultate möglich, die für alle Beteiligten positiv sind.*

Zur Verbesserung der Zusammenarbeit hat in den letzten Jahren die breite Akzeptanz der durch die Arbeitswissenschaft stark geförderten *„Neuen Arbeitsformen"* mit den Aspekten der erhöhten Autonomie der Ausführenden sowie der Teamarbeit viel beigetragen. Eine solche Entwicklung kann man wohl nicht als Gegensatz zu Taylors Idealen der engen Zusammenarbeit zwischen der Leitung (und der Fachkräfte und Spezialisten) und den Ausführenden bezeichnen.

In diesem Sinn hat Taylor selbst, weniger als drei Wochen vor seinem Tod an seinem Vortrag vor dem Cleveland Advertising Club gesagt: "Wissenschaftliche Betriebsführung war bei jedem ihrer Schritte eine Entwicklung und nicht eine Theorie. In allen Anwendungen ist die Praxis der Theorie vorangegangen und nicht nachgefolgt. In jeder Anwendung ist eine Massnahme um die andere ausprobiert worden, bis die richtige Lösung gefunden war. Jedes neue Element hatte für seine Verwirklichung zu kämpfen gegen die Elemente, die ihm vorausgegangen waren und musste beweisen, dass es das bessere war. Alle Leute, die ich kenne und welche mit der wissenschaftlichen Betriebsführung verbunden sind, sind bereit, irgend ein Programm oder irgend eine Theorie zu Gunsten von irgend etwas anderem aufzugeben, bei dem herausgefunden worden ist, dass es besser ist. Es gibt in der wissenschaftlichen Betriebsführung nichts, was fixiert ist" (Copley I, 347).

6 Wissenschaftliche Betriebsführung und Taylorismus heute

6.1 Was ist tayloristisch und was ist un-tayloristisch?

Wenn das System der wissenschaftlichen Betriebsführung, meist unter dem Namen Taylorismus, im Zusammenhang mit heutigen Betriebsverhältnissen zur Diskussion gestellt und kritisiert wird, kann man zwei Dinge feststellen: erstens betreffen die Abhandlungen nicht mehr so sehr die Werkstätten und zweitens ist das, was für den einen die Überwindung des Taylorismus bedeutet, für den andern eine reine Ausgeburt von Taylors Lehre. Ein Grund für das heute reduzierte Interesse der Taylorismuskritik an der Arbeit in den Werkstätten kann daher kommen, dass man in entwikkelten Industrien nur noch selten ganze Gruppen von Arbeitskräften antreffen kann, die alle die gleichen kurzen Bewegungsabläufe auszuführen haben. Solche Arbeitsweisen sind entweder in neuen Arbeitsformen nach den Prinzipien des Job-Enlargement und des Job-Enrichment aufgegangen (vor allem in der Montage) oder sind durch Roboter oder andere Formen der Automatisierung wegrationalisiert worden.

Was in den Werkstätten etwa noch zur Diskussion gestellt wird, ist das Vorgehen bei der Durchführung der „kontinuierlichen Verbesserung" der Methoden und Verfahren resp. des Kaizen-Prinzips. In der Zeitschrift „New Technology, Work and Employment" 8:1, 1993 (ISSN 0286-1072), schreiben Robert F. Conti und Malcolm Warner, (zwei Professoren an amerikanischen Universitäten) unter dem Titel, „Taylorismus, neue Technologie und Just-in-Time Systeme in der japanischen Produktion" unter anderem, dass zum Beispiel bei Toyota bei der Montagesteuerung mit gemischten Modellen, die Arbeiter sich ständig umstellen müssten, um sich an die für jedes Modell wechselnden Arbeitsaufgaben anzupassen. Dies erfordere eine gut ausgebildete und engagierte Arbeiterschaft und eine *tayloristische* Arbeitsplanung, welche ein hohes Niveau von „narrensicheren" tayloristischen Arbeitsaufgaben (tasks) erfordere, um hohe Qualitätsstandards und einen gleichmässigen Ausstoss zu erreichen. Die Entwicklung der Arbeitsmethoden sei in den besuchten Werken in Japan im Prinzip die Aufgabe von Arbeitsgruppen aus der Werkstätte gewesen, die sich zweimal pro Monat freitags für zwei Stunden trafen und einen Strom von Verbesserungen produzierten. Der Arbeitsprozess sei insofern widersprüchlich gewesen, als die Angestellten, welche vier Stunden pro Monat in einer sehr un-tayloristischen Weise zusammenarbeiteten, sich die Arbeit für den Rest des Monats umso tayloristischer eingerichtet hatten. Während in der klassischen tayloristischen Arbeitsweise von den drei Phasen Planung, Ausführung und Prüfung die erste und die dritte Phase Sache der Leitung sei, habe man in den japanischen Betrieben beobachten können, dass die Arbeiter in allen drei Phasen einbezogen werden (Conti, Warner, Seite 39).

Man könnte auch hier argumentieren, dass diese Art der Organisation durchaus und in jeder Hinsicht im Sinne Taylors war und zwar in Bezug auf Zusammenarbeit mit und unter den Beteiligten, in Bezug auf systematische Analyse aller Schritte und in Bezug auf die Festlegung klar definierter Arbeitsaufgaben. Auch das Resultat hinsichtlich der Produktivität war durchaus im Sinne Taylors. Nach der Meinung der beiden Autoren ist aber die Methodenentwicklung und die Arbeitsplanung in diesen Beispielen sehr untayloristisch. Auch die klischeehafte tayloristische Vorschrift werde nicht befolgt, dass die Leitung „die eine beste Methode" bestimmen und deren Einhaltung monopolistisch kontrollieren soll.

Auch hier muss man wieder fragen: „Was ist denn tayloristisch und was ist un-tayloristisch?" Nach Taylors Aussage 1915 in Cleveland (siehe Schluss der Kapitel 4.7.6 „Taylors letzte Jahre" und 5.5.6 „Ein Beispiel aus der neuen Praxis") lautet seine Lehre folgendermassen:

„In jeder Anwendung ist eine Massnahme um die andere ausprobiert worden, bis die richtige Lösung gefunden war. Jedes neue Element hatte für seine Verwirklichung zu kämpfen gegen die Elemente, die ihm vorausgegangen waren und musste beweisen, dass es das bessere war. Alle Leute, die ich kenne und welche mit der wissenschaftlichen Betriebsführung verbunden sind, sind bereit, irgend ein Programm oder irgend eine Theorie zu Gunsten von irgend etwas anderem aufzugeben, bei dem herausgefunden worden ist, dass es besser ist. Es gibt in der wissenschaftlichen Betriebsführung nichts, was fixiert ist." Danach könnte man argumentieren, dass auch die Aufteilung der Aufgaben zwischen Leitung und Ausführenden gemäss Taylor nicht fixiert ist und der ganze oben beschriebene Kaizen-Ablauf tayloristisch ist.

Eine Gegenposition nehmen Peter Webb und Harold L. Bryant von der Xavier University, Cincinnati, Ohio USA ein. In einem achtseitigen Artikel mit dem Titel: „Die Herausforderung der Kaizen-Technik für die amerikanische Konkurrenzfähigkeit“ schreiben sie 1993, dass die alten Führungsmethoden auf der Grundlage von Taylors Vorgehen im Sinne der „wissenschaftlichen Betriebsführung“ die meisten amerikanischen Unternehmen daran gehindert hätten, die qualitativ besten Produkte und Dienstleistungen zu produzieren. „Die Arbeiter müssen mehr Autonomie erhalten (engl., „must be empowered“), und die kontinuierliche Verbesserung aller Prozesse des Unternehmens muss den Vorrang erhalten. Dies wird nur verwirklicht werden, wenn amerikanische Firmen das Prinzip des Total Quality Management TQM einführen.“ TQM zusammen mit der Einführung der statistischen Qualitätsprüfung sei genau das Gegenteil der vorwiegenden amerikanischen Führungsphilosophie, welche auf dem Taylor-Modell beruhe und „welche vorschreibt, dass die Arbeiter immer die Instruktionen der Leitung befolgen müssen und nie Verbesserungen vorschlagen dürfen“. „Eine Betriebsführung auf der Basis des Taylor-Modells ist nicht kompatibel mit den langfristig wirksamen Qualitätsverbesserungen durch Kaizen. Sie ist deshalb inkompatibel, weil solche Verbesserungen nur entstehen können, wenn die Arbeiter aktiv in die Produktionsprozesse einbezogen werden.“

Interessanterweise schreiben David M. Boje und Robert D. Winsor von der Loyola Marymount University, Los Angeles, in derselben Zeitschrift in der gleichen Nummer unter dem Titel: „Die Wiederauferstehung des Taylorismus, das verborgene Programm des Total Quality Management TQM“: „Während sich das TQM in einem Kostüm der Arbeiterentwicklung, der Zusammenarbeit und der Arbeiterautonomie verkleidet, wird sein verborgenes Programm enthüllt durch Kontrollmechanismen, welche vorsätzlich in das Gewebe der menschlichen Existenz eingewoben werden durch dessen Prozess der rationalen, „gleichzeitigen Entwicklung“ (engl. „concurrent engineering“). Diese Anstrengungen haben dazu gedient, der Anwendung des Taylorismus neue Lebenskraft und neue Ehrenhaftigkeit zu verleihen, indem man ihn neu-verpackt in das neu-formulierte Wörterbuch einer Bewegung des „Nationalen Fortschritts durch Qualität“ eingebracht hat.“

„Es ist wohl offensichtlich, dass das Kaizen-System der Qualitätsverbesserung eine neue Stufe in der Anwendung und Verfeinerung von Taylors

Grundsätzen der „wissenschaftlichen Betriebsführung“ darstellt. ... Joseph Juran, einer der Qualitäts-Gurus, glaubt, dass das Taylor-System ersetzt werden sollte durch „Selbst-Steuerung, Selbst-Prüfung und Selbst-Überwachung“. Doch diese „Verfeinerung“ der wissenschaftlichen Betriebsführung ist nichts als ein innovativer Anlauf, die Unterstützung der Arbeiter zu gewinnen, sich ihre Arbeit selbst zu „taylorisieren“. ... Auf diese bizarre Weise werden Leute dazu verführt, ihre eigenen Arbeitsplätze zu taylorisieren mit dem Endresultat, dass das Unternehmen Einsparungen macht auf Kosten der Arbeiter.“

Und noch gegen den Schluss des Artikels: „Der TQM-Kultivierungsprozess wirkt auch zur Verwischung des Gewerkschaftseinflusses, indem er die Illusion schafft, dass Leitung und Arbeiter auf ‚der selben Seite‘ seien.“

Es ist also möglich, dieselbe Entwicklung in den Methoden der Betriebsführung, hier die Methode der kontinuierlichen Verbesserung („Kaizen“), einmal als „Überwindung des Taylorismus“ und ein andermal als „bizzare Ausgeburt des Taylorismus“ zu klassieren.

Offensichtlich ist der Begriff „Taylorismus“ mit den Jahren so weich und facettenreich geworden, dass man damit alles kritisieren und klassieren kann, was heute in der Wirtschaft zum Schlechten oder auch zum Guten getan wird. Es fällt dabei auf, dass die Kritik am vehementesten ausfällt, wenn sie ideologisch-klassenkämpferisch orientiert ist, wie im letzten hier zitierten Artikel. Und Verfasser solcher Artikel gibt es vor allem auch an den Universitäten auf unserer Seite des Atlantik.

6.2 Der „Neue Taylorismus“

Ähnlich orientierte Texte sehen heute das „Gespenst des Taylorismus“ auch ausserhalb der Werkstätten der Industrie. Man liest von der Taylorisierung der Mathematik, wenn der englische Mathematiker Alan Turing (1912–1954) zitiert wird, welcher die These aufstellte, dass das, was Menschen mechanisch tun, auch eine Maschine tun kann oder spezifischer: Jede symbolische Operation, die einer klaren Vorschrift – einem Algorithmus – folgt, kann im Prinzip auch von einer Maschine ausgeführt werden.

Anwendungen im Sinne der oben erwähnten „Taylorisierung der Mathematik“ werden oft nicht ganz korrekt als „künstliche Intelligenz“ bezeichnet. Mit ihrer Anwendung in den Planungsbüros hat sich zum Beispiel Walter Volpert in seinem Buch „Zauberlehrlinge. Die gefährliche Liebe zum

Computer“ 1985 beschäftigt. Er bezeichnet die damalige Entwicklung und Einführung von Expertensystemen in den Konstruktionsbüros und in den Büros der Arbeitsvorbereitung, entsprechend dem Planungsbüro Taylors, als den „Neuen Taylorismus“ (Volpert 1985, 30). Volpert sieht auch hier eine Wissensenteignung durch Wissensingenieure, welche Wissensdatenbanken aufbauen, und schliesslich würden „die Experten (die noch verblieben sind) angehalten, sich nach deren System zu richten. Das eigene Wissen tritt ihnen – ganz wie früher Taylors Arbeitern – als eine fremde Vorschrift gegenüber“ (Volpert 1985, 32). In seinem ebenfalls 1985 erschienenen Buch „Fabrik 2000: Alternative Entwicklungspfade in die Zukunft der Fabrik“ sieht Peter Brödner die Anwendung von Expertensystemen als Mittel der Unternehmen, „sich vom Wissen und Können der lebendigen Arbeit unabhängig zu machen“ (Brödner 1985, 47), oder: „Das Babbage-Prinzip und die Grundsätze wissenschaftlicher Betriebsführung verwandeln so den Planer in den Verplanten, den Koordinator in den Koordinierten und den Detail-Konstrukteur in einen Maschinenbediener. Ehe es ihnen bewusst ist, tritt ihnen nun ein grosser Teil ihres Wissens, das sie als unentbehrlich hielten, verkörpert in den Programmen und Dateien des Rechners gegenüber. Statt der bloss formalen erleben nun auch sie die reale Subsumption ihrer lebendigen Arbeit unter das Kapital“ (Brödner 1985, 78).

Bei beiden Autoren vermischt sich offensichtlich Taylorismus-Kritik mit marxistisch orientierter Kapitalismus-Kritik. Gewisse Kritikpunkte tauchen aber auch anderwärts immer wieder auf, wie die von beiden Autoren erwähnte Verdrängung der „lebendigen Arbeit“. Der betrieblich erfahrene Praktiker muss sich hier nun aber wirklich fragen, worin denn bei der Verwendung von Expertensystemen zum Beispiel in der Konstruktion oder in der Arbeitsvorbereitung ein Verlust an lebendiger Arbeit bestehe. Ist denn der Ersatz des bisherigen oft mühseligen Zusammensuchens von Prozessabläufen und technischen Daten aus Handbüchern und alten Unterlagen durch zeitsparendes systematisiertes Suchen und Finden und Neu-Zusammenstellen am Bildschirm überhaupt ein Verlust? Gewinnt der Planer dadurch nicht wertvolle Zeit, um sich umso intensiver einer lebendigen und schöpferischen Tätigkeit zur Erarbeitung neuer Lösungen zu widmen? Oder wie steht es mit dem Verlust an lebendiger Arbeit beim Arzt, der bei schwierigen Diagnosen sein medizinisches Expertensystem beizieht?

6.3 Positive Stellungnahmen zu Taylors Lehre

Nachdem kritische Autoren noch in den 80er Jahren Peter F. Drucker aufgrund seines Werkes „Gesellschaft am Fliessband“ (1950) als Kritiker des Taylorismus zitieren konnten, hat sich dieser in seinem neuen Buch „Die postkapitalistische Gesellschaft“ (1993) definitiv als wortstarker Befürworter der Lehre Taylors herausgestellt. Er schreibt hier unter anderem: „Es war purer Zufall, dass Frederick Winslow Taylor, ein wohlhabender, gebildeter Mann, die manuelle Arbeit kennenlernte. ... Was ihn dazu bewegte, die Arbeit zu untersuchen, war sein Schock über den gegenseitigen und wachsenden Hass zwischen den Kapitalisten und den Arbeitern, der das ausgehende neunzehnte Jahrhundert prägte. Taylor sah mit anderen Worten, was auch Marx, Disraeli und Bismarck gesehen hatten. Er erkannte aber auch, was diese nicht erkannt hatten: Der Konflikt war unnötig. Sein Ziel wurde es, den Arbeitern zur Produktivität zu verhelfen, damit sie einen angemessenen Lohn verdienen konnten.

Sein Motiv war nicht die Effektivität. Es war nicht Gewinnsteigerung für den Eigentümer. Bis zu seinem Tod sagte er, der wichtigste Nutzniesser der Früchte der Produktivität müsse der Arbeiter – nicht der Eigner – sein. Sein wichtigstes Ziel war die Schaffung einer Gesellschaft, in der die Eigentümer und die Arbeiter, die Kapitalisten wie die Proletarier, ein gemeinsames Interesse an der Produktivität entwickeln und durch die Anwendung des Wissens auf die Arbeit eine harmonische Beziehung aufbauen konnten“ (Drucker 1993, 57).

Zur Taylorismuskritik schreibt Drucker: „Wenige Personen in der Geistesgeschichte bewegten mehr als Taylor. Wenige wurden so willkürlich missverstanden und mit so viel Eifer falsch zitiert. Taylors Ruf litt teilweise darunter, dass die Geschichte ihm recht gab und die Intellektuellen sich geirrt hatten. Und teilweise wird er wiederum ignoriert, weil die Verachtung für die Arbeit – bei den Intellektuellen allemal – auch heute noch nicht abgebaut ist“ (Drucker 1993, 58).

Eine notwendige Ergänzung zum Wissen, das diesseits des Ozeans über das Verhältnis der amerikanischen Gewerkschaften zur wissenschaftlichen Betriebsführung Taylors bekannt ist, liegt in den anschliessenden Darlegungen Druckers:

„Mehr noch litt sein Ruf deshalb, weil er das Wissen auf die Untersuchung der Arbeit anwendete. Den Gewerkschaften seiner Zeit gruselte es bei dem blossen Gedanken daran. Sie inszenierten gegen Taylor eine der bösartigsten Rufmordkampagnen der amerikanischen Geschichte. In ihren

Augen bestand das Verbrechen Taylors darin, dass es keine „Facharbeit“ gebe. Bei manuellen Arbeiten gibt es nur „Arbeit“. Alle Arbeitsvorgänge können auf dieselbe Art analysiert werden. Jeder Arbeiter, der die Arbeit der Analyse entsprechend verrichtet, ist ein „erstklassiger Mann“ und verdient deshalb einen erstklassigen Lohn. Dieser Lohn entspricht dem des Facharbeiters nach seinen langen Lehrjahren oder liegt fast noch etwas darüber.

Die Gewerkschaften, die im Amerika jener Zeit geachtet und und mächtig waren, sassen in den staatlichen Arsenalen und Schiffswerften, in denen vor dem Ersten Weltkrieg die gesamten Rüstungsgüter der USA in Friedenszeiten produziert wurden. Diese Gewerkschaften besassen Monopole auf die einzelnen Handwerke. Nur Söhne oder Verwandte eines Mitglieds konnten selbst Mitglied werden. Die Gewerkschaften bestanden auf einer fünf- bis siebenjährigen Lehrzeit, verfügten aber nicht über systematische Ausbildungsmethoden oder eine Untersuchung der Arbeit. Es war nicht gestattet, jemals irgendetwas aufzuschreiben. Es gab noch nicht einmal Vorlagen oder Zeichnungen über die zu verrichtende Arbeit. Die Mitglieder mussten einen Eid auf Geheimhaltung ablegen und durften mit Nichtmitgliedern nicht über ihre Arbeit sprechen. Taylors These nun, dass Arbeit sich untersuchen und analysieren liesse, stellte also in der Tat einen Frontalangriff auf die Gewerkschaften dar“ (Drucker, 59).

In der neuesten Zeit mehren sich positive Kommentare zur Lehre Taylors in amerikanischen Fachzeitschriften. G.R. Butler, professor emeritus of business and engineering administration an der Michigan Technological University schrieb 1991 unter dem Titel: „F.W. Taylor: Der Vater der wissenschaftlichen Betriebsführung und seine neu-überprüfte Philosophie“ unter anderem:

„Taylors Beiträge zur Betriebsführung in der Industrie waren vielfältig, und Elemente seiner „Ansichten“ und seiner Philosophie sind auch heute mehr als nur angebracht. Taylor lebte und arbeitete in einer sozial und politisch sehr unstabilen und wechselhaften Zeit. Die Beziehungen zwischen Arbeiterschaft und Arbeitgebern waren voller Unrast, und die Entwicklung zu einer Industriegesellschaft war noch im Fluss. Eine Anzahl seiner Ideen und Konzepte war sehr umstritten und alles andere als allgemein anerkannt. Viele Kontroversen scheinen zum Missverständnis und zur häufigen Fehlanwendung seiner Philosophie und seines „Systems“ geführt zu haben, wobei es scheint, dass er zu Zeiten selbst zu diesem Missverständnis beigetragen hat.“

Butler stellt in seinem Artikel auch fest, dass noch heute hochgestellte Persönlichkeiten an Universitäten einen Mangel an Verständnis für die Philosophie Taylors an den Tag legen, wenn sie dahingehend Aussagen machten, dass „die Industrie im Grossen und Ganzen immer noch die Taylor/Ford-Auffassung habe, dass der Arbeiter Kosten bedeute, welche zu minimieren seien und nicht eine Ressource, die zu maximieren sei." Butler sagt darauf: "Obschon Taylor eine ziemlich komplexe Persönlichkeit mit einer grossen Menge von geschriebenen oder sonstwie ausgedrückten Ansichten war, stützen seine Texte diese Interpretation seiner „Ansichten" oder seiner Philosophie in keiner Weise." Butler schreibt weiter: „Viele von Taylors Ideen, Konzepten und Regeln scheinen heute noch besser angebracht zu sein als zur Zeit, als er sie verkündete." Butler bezieht sich dabei vor allem auf Taylors Grundsätze bezüglich des Prinzips, hohe Löhne zu zahlen und niedrige Stückkosten zu erzielen, die Produktionsabläufe und Verfahren mit wissenschaftlichen Methoden zu verbessern und zu beherrschen, die Mitarbeiter systematisch auszulesen und auszubilden und eine Atmosphäre der engen und freundlichen Zusammenarbeit im Betrieb zu kultivieren. Butler betont am Ende seines Artikels: „Taylor sah auch die Vorteile für die Arbeiter voraus, die in der Teamarbeit und im Teilhaben an den Ergebnissen höherer Produktivität liegen – und nicht die Verwendung eines Systems zur Ausbeutung der Arbeiter mit dem Zweck des Vorteils eines anderen (normalerweise der Geschäftsleitung)."

Ein wichtiger Grund, warum man sich in den USA wieder vermehrt und in positiver Weise mit der Lehre Taylors befasst liegt darin, dass man in der Industrie festgestellt hat, dass die Restrukturierungs- und Sparmassnahmen der letzten Jahre zu einem Abbau der klassischen Aufgaben des Industrial Engineering geführt haben, also im Prinzip der Aufgaben, die Taylor seinem Planungsbüro zugeordnet hatte. Lawrence S. Aft, Professor der Industrial Engineering Technology an der Southern Polytechnic University in Marietta, Georgia schreibt im Dezember 1997:

„Eine wichtige Funktion des Industrial Engineering ist die des Messens, des Messens der Zeit und des Messens der Kosten. Der Verlust dieser Funktion des Industrial Engineering hat dazu geführt, dass viele Unternehmen nicht mehr wissen, wieviel Zeit benötigt wird, um ihre Produkte oder Dienstleistungen zu erzeugen. ... Für jedes Unternehmen, das eine vielfältige Produktepalette aufweist, bedeutet der Mangel an solchen Daten, dass man nicht mehr weiss, ob man mit einem bestimmten Produkt oder einer Dienstleistung Geld verdient oder verliert." Professor Aft zitiert dann eine

Reihe von Beispielen von Unternehmen, welche wegen der Vernachlässigung des Arbeits-, Methoden- und Zeitstudiums in grosse Schwierigkeiten geraten sind.

Was Professor Aft in seinem Artikel feststellt, ist nicht sehr von dem verschieden, was Taylor vor über hundert Jahren in den damaligen Betrieben festgestellt hat: „Die Leitung weiss nicht, wieviel Zeit man braucht, um eine Arbeit, einen Auftrag auszuführen.“ Die Folgen einer solchen Unkenntnis sind heute eher noch gravierender als zur Zeit Taylors, vor allem was die richtige Steuerung der Produkte in ihrem Durchlauf durch den Betrieb und die Beherrschung der Fertigungskosten betrifft. Professor Aft stellt denn auch die Forderung auf, die in der Ausbildung der Betriebsingenieure und in den Unternehmen in den letzten dreissig Jahren immer mehr vernachlässigten traditionellen Methoden des Betriebsingenieurwesens (also der wissenschaftlichen Betriebsführung), vor allem das Arbeits- und Zeitstudium, wieder in den Vordergrund zu stellen und zu fördern.

Auch in Europa findet man nun in Zeitschriften, die sonst eher Taylorkritisch waren, Äusserungen wie die folgende von Ekkehart Frieling in der Zeitschrift „Arbeit“ 1998: „Fast bin ich geneigt zu behaupten, dass der vielbeschimpfte Taylor humanorientierter war als die „streamline Trainees“ der neunziger Jahre. Taylor hat sich mit den konkreten Tätigkeiten, Arbeitsbedingungen und Erschwernissen der Mitarbeiter befasst und arbeitsgestalterische Vorschläge unterbreitet, die den heutigen Jungmanager als Systemschädling denunzieren würden.“ Frieling erinnert dann noch an den Vorschlag Taylors, den Kugellagerprüferinnen alle 75 Minuten zehn Minuten Pause zu gewähren plus eine Arbeitszeitverkürzung mit vollem Lohnausgleich.

Es ist zu hoffen, dass in Zukunft die vielen positiven Aspekte der Lehre Taylors wieder vermehrt herausgestrichen und beherzigt werden – zum Wohle vieler Beteiligter.

6.4 Was ist überhaupt „Taylorismus“ ?

Taylor selbst hat seine Lehre der wissenschaftlichen Betriebsführung anlässlich der Anhörungen vor dem Sonderausschuss des Repräsentantenhauses 1912 auf die zwei Kernpunkte zusammengefasst, die in dieser Untersuchung im Kapitel 5.5.3 folgendermassen aufgeführt wurden:

Die wissenschaftliche Betriebsführung ist:

Erstens: ***Eine geistige Umwälzung, die Leitung und Arbeiter zu Freunden macht;***

Zweitens: ***Die wissenschaftliche Untersuchung aller Elemente des Unternehmens.***

Ähnlich hat Volpert in seiner Einführung zum letzten Neudruck der deutschen Ausgabe von Taylors Grundsätzen wissenschaftlicher Betriebsführung 1995 das „Taylor-System", wie er es bezeichnet, wie folgt charakterisiert:

„Das "Taylor System" als Ganzes stellt den Versuch einer systematischen und wissenschaftlichen Betriebsorganisation dar, auf das sich Managementtheorien und Systeme der Betriebswirtschaftslehre heute noch stützen."

Volpert gliedert Taylors Gedanken in drei Teile (zusammengefasst):

- *Das Ausgangsproblem* der „wissenschaftlichen Betriebsführung" sind die Leistungszurückhaltung und die unökonomische Verausgabung der Arbeitskraft, das Ziel ist die systematische Erhöhung der Arbeitsleistung ohne weitere Steigerung der Belastung,
- *Die beiden Prinzipien der Lehre Taylors* – ähnlich wie oben aufgeführt – sind:

  Erstens: Statt gegeneinander zu kämpfen, sollen sich Arbeiter und Unternehmensleitung gemeinsam um das höchstmögliche Wohlergehen bemühen. …

  Zweitens: Diese Harmonie wird durch das zweite Prinzip ermöglicht und gefördert: das Vertrauen beider Seiten auf eine neue Wissenschaft, welche die Erfordernisse und Bedingungen der Arbeitstätigkeit unparteiisch und unzweifelbar festlegt.

- *Die Methoden und Instrumente* der „wissenschaftlichen Betriebsführung" wurden von Taylor als zweitrangig und ersetzbar gehalten. Zu diesen Methoden und Werkzeugen gehörten insbesondere das Festlegen jeder Arbeitstätigkeit bezüglich Ablauf und Zeitbedarf als Ergebnis von Bewegungs- und Zeitstudien, das sorgfältige Auslesen und Anlernen der Arbeitenden und die Herstellung von Arbeitsmotivation durch ein System der Leistungsentlöhnung (Taylor, Grundsätze, XXIII).

Diese Darstellung ist sicher eine konzentrierte und treffende Beschreibung von Taylors wissenschaftlicher Betriebsführung. Ist es aber auch eine zutreffende Definition des Ausdrucks „Taylorismus“?

„Offizielle“ Definitionen des Taylorismus finden sich zum Beispiel in Wörterbüchern. Im Duden, Deutsches Universal Wörterbuch, steht zu lesen: „Taylorismus, (engl. Taylor system): System der wissenschaftlichen Betriebsführung mit dem Ziel, einen möglichst wirtschaftlichen Arbeitsablauf zu erzielen.“

The Oxford English Dictionary zitiert unter „Taylorism“ eine Definition aus dem Times Literary Supplement vom 11. Oktober 1928, 724/2: “The essential was the substitution of exact scientific investigation and knowledge for the old individual judgement and opinion“ (auf deutsch: „Das Entscheidende war der Ersatz der alten individuellen Beurteilung und Meinung durch genaue wissenschaftliche Ermittlung und Kenntnis“).

Auch dies sind zwar Definitionen des „Taylorismus“, die man in Kenntnis der Publikationen und Äusserungen Taylors durchchaus akzeptieren kann. Aber sie widerspiegeln in keiner Weise das, was man heute unter Taylorismus, wie in den vorangehenden Kapiteln gezeigt, in den meisten gelehrten und auch weniger gelehrten Texten zu lesen bekommt.

Danach ist „Taylorismus“ oder auch „Taylorisierung“ je nach Wahl:

- die Erhaltung hierarchischer Strukturen im Unternehmen, die Rationalisierung der Denkarbeit in den Büros (Bungard in seinem Vorwort zu den Grundsätzen, Seiten X und XIV),
- die Reduktion des Tuns in den Werkstätten auf eine stereotype Folge von Bewegungen,
- die Herabsetzung des Arbeiters zum Roboter,
- die Betrachtung menschlicher Wesen als Maschinen,
- der Arbeiter als reine Befehlsempfänger,
- die Wissensenteignung in der Werkstatt und die Konzentration des Wissens in den Händen der Arbeitgeber,
- die feine Aufsplitterung und die Sinnentleerung der Arbeitsaufgaben,
- die Polarisierung in wenige qualifizierte Planer und viele gering qualifizierte Arbeitskräfte mit geringer Autonomie und Bezahlung,
- die Antreibung der Arbeiter bis zur Erschöpfung,
- die Entwicklung und Anwendung der Systeme vorbestimmter Zeiten,
- die Einführung von Expertensystemen in den Planungsbüros sowie die „Taylorisierung“ der Arbeitsvorbereiter und der Produktionsplaner,

- die Einführung der Just-in-time-Systeme,
- das Total Quality Management TQM
- die kontinuierliche Verbesserung nach den Prinzipien des Kaizen „als letzte Ausgeburt des „Taylorismus.““

Wenn man alle diese als „Taylorismus“ bezeichneten Erscheinungen der am Beginn dieses Abschnitts angeführten Definition der Lehre Taylors von der wissenschaftlichen Betriebsführung und den Kommentaren im Kapitel 5 „Die Taylorismuskritik“ gegenüberstellt, müsste man folgern, dass „Taylorismus“ nicht die Anwendung der Lehre Taylors im Sinne seiner eigenen Auslegung bedeutet, sondern dass der „Taylorismus“ zu definieren ist als die Missachtung, der Missbrauch und die schädlichen Auswüchse einer falschen Anwendung der Lehre von der wissenschaftlichen Betriebsführung.

Die gängige Art der Taylorismuskritik ist zum Teil als Kapitalismuskritik gedacht. Ein weiterer Anlass zur Kritik an den Anwendungen von Taylors System ist Kritik an der Rationalisierung der menschlichen Arbeit überhaupt oder spezifisch der „geistigen“ Arbeit. In vielen Fällen ist solche Taylorismuskritik mit einem Missverständnis oder der Unkenntnis von Taylors Lehre verbunden. Seine Ziele bestanden in einer breiten Verteilung des wachsenden Wohlstands auf alle Kreise, inklusive der Konsumenten, und seine Rationalisierungsidee sollte in erster Linie die unnötige Verschwendung von menschlicher Arbeitskraft bekämpfen. Es ist praktisch, aber es ist weder korrekt noch fair, Taylor zum Sündenbock für alle möglichen negativen Aspekte unseres heutigen Arbeitslebens zu machen.

Das Wort „Taylorismus“ wird weitherum nur noch negativ gesehen und seine breite Verwendung führt dazu, dass der Pionier der wissenschaftlichen Betriebsführung, Frederick Winslow Taylor, selbst in ungerechtfertigter Weise in einem sehr negativen Licht erscheint.

Man ist versucht, beim Wort „Taylorismus“ eine Parallele zu ziehen zu einem anderen modernen Schimpfwort, dem „Darwinismus“ im Sinne des „survival of the fittest“, dem Überleben des Stärkeren. Die Situation eines Unternehmens im Markt ist nicht unähnlich der Situation eines Lebewesens in der Natur, und es ist nicht unüblich, die Art und Weise, wie es seinen Existenzkampf führt, als „darwinistisch“ zu bezeichnen, besonders wenn der Kampf mit wenig Rücksicht auf menschliche Belange geführt wird. Die Bezeichnung „tayloristisch“ wird unbedenklich im gleichen, also negativen Sinne eingesetzt. Taylors Ziel war aber eindeutig das Wohlergehen und das gute Einvernehmen der in den Unternehmen tätigen Menschen.

Es ist zumindest unfair gegenüber Frederick W. Taylor, wenn sein Name verwendet wird, um *menschenunwürdige und missbräuchliche Anwendungen* des von ihm propagierten Systems der wissenschaftlichen Betriebsführung als *„tayloristisch“* zu brandmarken.

> *Es wäre zu wünschen, dass Kritiker von Zuständen und Entwicklungen in der Arbeitswelt zurückhaltender und überlegter mit dem Wort „Taylorismus“ umgehen würden und, wenn schon notwendig, eher die heutigen Akteure und ihre Haltungen und Taten kritisierten als den „Vater der wissenschaftlichen Betriebsführung“ und seine Lehre.*

7 Anhang

7.1 Biographische Daten zu Frederick Winslow Taylor (1856–1915) in Kurzform

20.3.1856	Taylor wird in Germantown geboren, einem Vorort von Philadelphia, USA Sein Vater war als Advokat tätig, und seine Familie lebte in finanziell guten Verhältnissen
1872–74	Privatschule Phillips Exeter, Vorbereitung auf die Aufnahme an das Harvard College, Augenleiden verhinderte Eintritt ins College
1874–77	3jährige Lehre als Modellschreiner und Maschinenmechaniker
1878–90	Anstellung bei der Midvale Steel Company Wichtigste Stationen Taylors: – Handlanger – Werkstattschreiber – Dreher – Vorarbeiter und Meister – Leitender Ingenieur Erste Zeit- und Bewegungsstudien, Leistungsvorgaben für Dreher Erste Experimente mit spanabhebender Bearbeitung mit Drehstählen
1880–83	Fernstudium am Stevens Institute, Abschluss als Maschineningenieur

1883	Einführung des Systems der funktionalen Meister
	Einrichtung des Planungsbüros
	Experimente zur Verbesserung der Spanleistung an Bohrmaschinen, Kühlung der Werkzeugschneiden mit Wasser
1884	Taylor wird Chief Engineer bei Midvale
1890–93	Taylor ist General Manager bei der Manufacturing Investment Co. und leitet eine Fabrik der Papierindustrie in Madison, Maine
1893	Taylor beginnt seine Tätigkeit als beratender Ingenieur bei verschiedenen Unternehmen
	Experimente mit der Kontrolle von Kugellagerkugeln bei Simonds Rolling Machine Co. in Fitchburg
1895	Vortrag über „Ein Stücklohn-System" (A Piece-Rate System) vor der ASME (American Society of Mechanical Engineers)
1898–1901	Taylor arbeitet bei der Bethlehem Steel Co. als Berater
	Entwicklung des Schnelldrehstahls mit Maunsel White
	Einführung von Taylors Buchhaltungssystem und seiner Kostenrechnung bei Bethlehem Steel
	Experimente mit dem Umladen von Eisenbarren und mit dem Schaufeln von Kohle und anderen Materialien
1900	Taylor und White verkaufen Schnelldrehstahl-Patente an Bethlehem Steel
1901	Taylor wird von Bethlehem Steel gekündigt
ab 1901	Tätigkeit als „unbezahlter Berater und Manager"
	Boxly-Gespräche
	Niederschrift seiner Arbeit „Shop Management"
1903	Vortrag „Shop Management" vor der ASME
1905	Taylor wird Präsident der ASME
1906	Vortrag über „Die Kunst Metalle zu schneiden" vor der ASME
	Taylor wird Ehrendoktor der Universität von Pennsylvania

1907	Taylor unterstützt Admiral C.F. Goodrich bei der Reorganisation der Marinewerft in Brooklyn
1908	Taylor beginnt Vorlesungen an der Harvard Business School
1909	General William Crozier, Rüstungschef der US-Army führt das System der wissenschaftlichen Betriebsführung in Rüstungsbetrieben ein
1910	Der Bostoner Anwalt Louis Brandeis zeigt vor der Interstate Commerce Commission, dass das System der wissenschaftlichen Betriebsführung nach Berechnungen von Harrington Emerson bei den amerikanischen Eisenbahnen Einsparungen von 1 Million $ pro Tag ergeben würde. Diese Aussagen wecken das landesweite Interesse an Taylors System
1911	Die „Grundsätze wissenschaftlicher Betriebsführung“ werden publiziert
1912	Anhörung Taylors vor der Sonderkommission des Repräsentantenhauses
1914	Untersuchung des Hoxie-Ausschusses über die wissenschaftliche Betriebsführung und die Arbeiterschaft
1915	F.W. Taylor stirbt am 21. März an den Folgen einer schweren Erkältung und allgemeiner Erschöpfung

Auf seinem Grabstein steht die Inschrift:

Frederick Winslow Taylor 1856–1915
“Father of Scientific Management”

7.2 Literaturliste

BÜCHER:

BRÖDNER, P. (1985) Fabrik 2000. Alternative Entwicklungspfade in die Zukunft der Fabrik. Edition Sigma Bohn, Berlin

COPLEY, FRANK B. (1923) Frederick Winslow Taylor, Father of Scientific Management, Vol I and II, Harper, New York and London

DRUCKER, PETER F. (1993) Die postkapitalistische Gesellschaft, Econ, Düsseldorf

EMERSON, HOWARD P. & NAEHRING, DOUGLAS C.E. (1988) Origins of Industrial Engineering, The Early Years of a Profession, Institute of Industrial Engineers,

FORD, HENRY (1923, 1922)) Mein Leben und Werk, Paul List Verlag, Leipzig, My Life and Work, Ayer Co. New Hampshire USA

FREY, JOHN P. (1920) Die Wissenschaftliche Betriebsführung und die Arbeiterschaft, P.E.Lindner's Verlag, Leipzig

FRIEDMANN, GEORGES (1959) Grenzen der Arbeitsteilung. Europ.Verlagsanst.Frankfurt A.M.

GILBRETH, FRANK B. – ROSS, COLIN (1925) Das ABC der wissenschaftlichen Betriebsführung (Primer of Scientific Management), Julius Springer, Berlin

HOXIE, ROBERT FRANKLIN (1920) Scientific Management and Labor, New York and London, D. Appleton & Co New York und London

KANIGEL, ROBERT (1997) The one best way, Penguin Books, New York, USA

LUCZAK, H. und VOLPERT, W. (1997) Handbuch der Arbeitswissenschaft, Schäffer-Poeschel, Stuttgart

MAYNARD, HAROLD B. (1956) Handbuch des Industrial Engineering, Beuth Vertrieb, Berlin

MOLDASCHL, MANFRED (1997) Betriebliche Rationalisierungssatrategien, Seite 685, in Luczak und Volpert, Handbuch der Arbeitswissenschaft, Schäffer-Poeschel, Stuttgart

REICHWALD R. und HESCH G. (1997) Betriebswirtschaftslehre, Seite 211, in Luczak und Volpert, Handbuch der Arbeitswissenschaft, Schäffer-Poeschel, Stuttgart

SPITZER, H. und HETTINGER, TH. (1969) Tafeln für den Kalorienumsatz bei körperlicher Arbeit, Verband für Arbeitsstudien REFA e.V., Darmstadt

TAYLOR, F. W. und WALLICHS, A. (1907) Über Dreharbeit und Werkzeugstähle, deutsche Fassung von The Art of cutting Metals, Julius Springer, Berlin

TAYLOR, FREDERICK W. (1895) A Piece-Rate System, Transactions of the American Society of Mechanical Engineers, Vol XVI, New York, N.Y.

TAYLOR, FREDERICK W. (1911/1947) The Principles of Scientific Management. Harper & Brothers, New York

TAYLOR, FREDERICK W. (1913/1995) Die Grundsätze wissenschaftl. Betriebsführung, Übersetzung Rudolf Roesler, Beltz, Weinheim

TAYLOR, FREDERICK W. (1911/1947) Shop Management. Harper & Brothers, New York, enthalten in The Principles of Scientific Management, siehe oben

TAYLOR, FREDERICK W. (1914) Die Betriebsführung, deutsche Fassung von Shop Management, Übersetzung Adolf Wallich, Julius Springer, Berlin

TAYLOR, FREDERICK W. (1911/1947) Taylor's Testimony before the Special House Committee, Harper & Brothers New York, enthalten in The Principles of Scientific Management, siehe oben

TAYLOR, FREDERICK W. (1911/1998) The Principles of Scientific Management, Neuauflage, Engineering&Management Press, Atlanta

ULICH , EBERHARD (1998) Arbeitspsychologie, 4. Aufl., vdf Hochschulverlag, Zürich; Schäffer-Poeschel, Stuttgart

ULICH E., GROSKURTH, BRUGGEMANN (1973) Neue Formen der Arbeitsgestaltung. Europ.Verlagsanstalt, Frankfurt A.M.

URWICK, LYNDALL & BRECH E.F.L. (1946) The Making of Scientific Management Volume II, Management Publication Trust, London

VOLPERT, WALTER (1975) Die Lohnarbeitswissenschaft und die Psychologie der Arbeitstätigkeit. Fischer, Frankfurt A.M.

VOLPERT, WALTER (1975) Zauberlehrlinge. Die gefährliche Liebe zum Computer. Beltz, Weinheim

WARNECKE, HANS-JÜRGEN (1992) Die Fraktale Fabrik, Springer, Berlin Heidelberg NewYork

WREGE, CHARLES D.,GREENWOOD, RONALD G. (1991) Frederick W. Taylor, The Father of Scientific Management, Myth & Reality, Richard D. Irwin, Homewood, Ill

ZEITSCHRIFTEN:

AFT, LAWRENCE, S. IIE Solutions, December 1997, The Need for Work Measurement, Seiten 16–19, Institute of Industrial Engineering, Atlanta, GA

BOJE, DAVID, M. und WINSOR, ROBERT, D. Journal of Organizational Change Management, Vol. 6, No. 4, 1993, The Resurrection of Taylorism, Seiten 57–71, MCB University Press, Bradford, UK

BUTLER, G. R., Industrial Management, May/June 1991, F. W. Taylor: the Father of Scientific Management and his Philosophy Revisited, Seiten 23–27, Institute of Industrial Engineers, Atlanta, GA

FRIELING, EKKEHART, Arbeit, 7. Jahrgang, 1/1998, Drei Jahre in der Praxis, Seiten 7–20, Westdeutscher Verlag, Wiesbaden

WEBB, PETER und BRYANT HAROLD, J., Journal of Organizational Change Management, Vol. 6, No. 4, 1993, The Challenge of Kaizen Technology, Seiten 9–16, MCB University Press, Bradford UK

INTERNET:

STEVENS INSTITUTE OF TECHNOLOGY, HOBOKEN NJ, Taylor Collection: www.Lib.stevens-tech.edu

7.3 Biographische Angaben über den Verfasser

1927	geboren in Zweisimmen, Kanton Bern
1952	Diplom als Machineningenieur an der Eidgenössischen Technischen Hochschule, Zürich. Fachrichtung Betriebswissenschaften
bis 1959	Leiter des Organisationsbüros der Societé de la Viscose Suisse in Emmenbrücke, eines Unternehmens der Kunstfaserherstellung, Aufgabenbereich Zeit- und Arbeitsstudien, Rationalisierung, Fabrikplanung
bis 1964	Leiter der Fertigungsplanung und des Qualitätswesens der Firma Landis & Gyr AG in Zug, eines Unternehmens des elektrischen Apparatebaus
bis 1969	Leiter der Entwicklung und Fertigung im englischen Zweigwerk des Unternehmens
bis 1989	Leiter des Konzernstabs Fabrikation von Landis & Gyr AG in Zug
bis 1994	Partner des Beratungs-Unternehmens Geneva Management and Consulting AG, Mandate auf dem Gebiet der Arbeitsorganisation im Betrieb
1957–1964	Präsident der Schweizerischen MTM-Vereinigung (Methods-Time Measurement)
1958–1975	Mitglied des International MTM Directorate
1964–1969	Vorstandsmitglied der United Kingdom MTM Association
1983–1989	Vorstandsmitglied der Schweizerischen Arbeitsgemeinschaft für Qualitätsförderung

Adresse des Autors:
Walter Hebeisen
Oberwiler Kirchweg 9h
6300 Zug
Telefon: 041 711 78 47
E-Mail: kran@bluewin.ch

Schriftenreihe "Mensch – Technik – Organisation"

herausgegeben von Eberhard Ulich

Band 1: Günther Cyranek, Eberhard Ulich (Hrsg.)
CIM – Herausforderung an Mensch, Technik, Organisation
1993, 428 Seiten, broschiert, ISBN 3 7281 1907 5

Band 2: Gudela Grote
Schneller, besser, anders kommunizieren?
1993, 148 Seiten, broschiert, ISBN 3 7281 1833 8

Band 3: Matthias Rauterberg, Philipp Spinas, Oliver Strohm, Eberhard Ulich, Daniel Waeber
Benutzerorientierte Software-Entwicklung
1994, 236 Seiten, broschiert, ISBN 3 7281 1959 8

Band 4: Heinz Schüpbach
Prozessregulation in rechnerunterstützten Fertigungssystemen
1994, 304 Seiten, broschiert, ISBN 3 7281 1960 1

Band 5: Heiner Dunckel, Walter Volpert, Martina Zölch, Ulla Kreutner, Cordula Pleiss, Karin Hennes
Kontrastive Aufgabenanalyse im Büro
Band 5a: **Grundlagen und Manual**
1993, 386 Seiten, broschiert, ISBN 3 7281 1975 X
Band 5b: **Arbeitsblätter**
1993, 80 Seiten, broschiert, ISBN 3 7281 1981 4

Band 6: Wolfgang G. Weber, Rainer Oesterreich, Martina Zölch, Loni Leder
Arbeit an CNC-Werkzeugmaschinen
1994, 268 Seiten, broschiert, inkl. Diskette, ISBN 3 7281 2049 9

Band 7: Winfried Hacker, Birgit Fritsche, Peter Richter, Anna Iwanowa
Tätigkeitsbewertungssystem TBS
1995, 344 Seiten, broschiert, inkl. Diskette, ISBN 3 7281 2079 0

Band 8: Ingrid Sattes, Harald Brodbeck, Hans-Christoph Lang, Heinz Domeisen (Hrsg.)
Erfolg in kleinen und mittleren Unternehmen
2. Aufl. 1998, 260 Seiten, broschiert, ISBN 3 7281 2376 5

Band 9: Winfried Hacker (Hrsg.)
Erwerbsarbeit der Zukunft – auch für "Ältere"?
1996, 212 Seiten, broschiert, ISBN 3 7281 2215 7

Band 10: Oliver Strohm, Eberhard Ulich (Hrsg.)
Unternehmen arbeitspsychologisch bewerten
1997, 464 Seiten, gebunden, inkl. CD-ROM, ISBN 3 7281 2171 1

Band 12: Charles M. Savage
Fifth Generation Management
1997, 348 Seiten, broschiert, ISBN 3 7281 2173 8

Band 13: Karlheinz Sonntag, Niclas Schaper (Hrsg.)
Störungsmanagement und Diagnosekompetenz
Leistungskritisches Denken und Handeln in komplexen technischen Systemen
1997, 348 Seiten, broschiert, ISBN 3 7281 2228 9

Band 14: Heiner Dunckel (Hrsg.)
Handbuch psychologischer Arbeitsanalyseverfahren
1999, 592 Seiten, gebunden, ISBN 3 7281 2238 6

Schriftenreihe "Mensch – Technik – Organisation"

herausgegeben von Eberhard Ulich

Band 15: Oliver Strohm
Produktionsplanung und -steuerung im Industrieunternehmen aus arbeitspsychologischer Sicht
Arbeits- versus technikorientierte Gestaltungskonzepte
1996, 250 Seiten, broschiert, ISBN 3 7281 2338 2

Band 16: Gudela Grote
Autonomie und Kontrolle
Zur Gestaltung automatisierter und risikoreicher Systeme
1997, 380 Seiten, broschiert, ISBN 3 7281 2388 9

Band 17: Jürg Baillod, Felix Davatz, Christine Luchsinger, Martin Stamatiadis, Eberhard Ulich
Zeitenwende Arbeitszeit
Wie Unternehmen die Arbeitszeit flexibilisieren
1997, 244 Seiten, gebunden, ISBN 3 7281 2495 8

Band 18: Toni Wäfler, Anna Windischer, Cornelia Ryser, Steffen Weik, Gudela Grote
Wie sich Mensch und Technik sinnvoll ergänzen
Die Gestaltung automatisierter Produktionssysteme mit KOMPASS
1999, ca. 256 Seiten, broschiert, ISBN 3 7281 2574 1

Band 19: Gudela Grote, Toni Wäfler, Cornelia Ryser, Steffen Weik, Martina Zölch und Anna Windischer
Wie sich Mensch und Technik sinnvoll ergänzen
Die Analyse automatisierter Produktionssysteme mit KOMPASS
1999, ca. 150 Seiten, broschiert, ISBN 3 7281 2387 0

Band 20: Marianne Resch
Arbeitsanalyse im Haushalt
Erhebung und Bewertung von Tätigkeiten ausserhalb der Erwerbstätigkeit mit dem AVAH-Verfahren
1998, 256 Seiten, broschiert, ISBN 3 7281 2643 8

Band 21: Bärbel Bergmann
Training für den Arbeitsprozess
Entwicklung u. Evaluation aufgaben- und zielgruppenspezifischer Trainingsprogramme
1998, 336 Seiten, broschiert, ISBN 3 7281 2644 6

Band 22: Pierre Sachse, Adrian Specker (Hrsg.)
Design Thinking
Analyse und Unterstützung konstruktiver Entwurfstätigkeiten
1999, 268 Seiten, broschiert, ISBN 3 7281 2701 9

Band 23: Martina Zölch, Wolfgang C. Weber, Loni Leder (Hrsg.)
Praxis und Gestaltung kooperativer Arbeit
1999, ca. 208 Seiten, broschiert, ISBN 3 7281 2687 x

Band 24: Walter Hebeisen
F. W. Taylor und der Taylorismus
Über das Wirken und die Lehre Taylors und die Kritik am Taylorismus
1999, ca. 160 Seiten, broschiert, ISBN 3 7281 2521 0

Band 25: Antje Ducki
Arbeits- und organisationspsychologische Gesundheitsanalysen
1999, ca. 200 Seiten, broschiert, ISBN 3 7281 2705 1

v/d/f Hochschulverlag AG an der ETH Zürich